make it stick
The Science of Successful Learning

Peter C. Brown , Henry L. Roediger III , Mark A. McDaniel
ピーター・ブラウン＋ヘンリー・ローディガー
マーク・マクダニエル　依田卓巳 訳

使える脳の鍛え方
成功する学習の科学

NTT出版

記憶はあらゆる知恵の母である
——アイスキュロス『縛られたプロメテウス』——

MAKE IT STICK
The Science of Successful Learning
by Peter C. Brown, Henry L. Roediger Ⅲ, Mark A. McDaniel

Japanese translation published by arrangement with
Harvard University Press through The English Agency (Japan) Ltd.

使える脳の鍛え方——成功する学習の科学—目次

5章 知っていると錯覚しない ……109

6章 「学び方」を越える……139

7章 能力を伸ばす……171

使える脳の鍛え方——成功する学習の科学

はじめに

たいていの人はまちがった方法で学んでいる。学習と記憶について調べた実証研究によれば、われわれが金科玉条のごとく信じてきた学習法の多くは、無駄な努力だ。学ぶことが本業の大学生や医学生でさえ、最適とはとても言えない方法にしたがっている。一方で、一二五年ほどまえに始まったこの分野の研究では、近年とくに成果があがっている。あまり効果はないのに広く普及したやり方に代わる、効果抜群の学習法の実証研究が進み、理解が深まっているのだ。昔ながらのやり方はいまも理論や、教訓や、直感のなかで生きているが、じつは落とし穴がある――**もっとも効果的な学習法は直感に反するのだ**。

本書の著者のうちふたり、ヘンリー・ローディガーとマーク・マクダニエルは認知心理学者で、学習と記憶を専門に研究してきた。ピーター・ブラウンは作家だ。学習と記憶の働きをわかりやすく説明するために結成したこのチームで、たんなる研究成果の発表ではなく、複雑な知識や技術の習得方法を独自に見出した人たちの話を紹介したい。それらの実例を通して、非常に効果があることが判明した学習の原則を示していく。

本書はある意味で一一名の認知心理学者の共同作業だ。二〇〇三年、ローディガー、マクダニエルと、ほか九名の認知心理学者は、学習に関して認知心理学の基礎知識と教育現場の橋渡しをしている、ミズーリ州セントルイスのジェイムズ・S・マクドネル基金から、「教育実務向上のための認知心理学応用」という研究助成金を授与された。ローディガーを主任研究員とするその一一名が共同で研究し、認知心理学を教育科学に取り入れようとした成果の多くが本書に反映されている。研究者によるさまざまな研究成果については、本文のほか、巻末の注、謝辞で言及する。ローディガーとマクダニエルの研究は、ほかの複数の出資者からも支援されている。またマクダニエルは、ワシントン大学の学習・記憶総合研究所の共同理事でもある。

たいていの本は、ひとつのテーマを終わらせて次というふうに、テーマを順に取り上げていく。章ごとに新しいテーマを扱う点ではわれわれも同じだが、本書の中心となる学習の原則をふたつ取り入れることにしたい。まず、主要な概念は間隔をあけてくり返し説明する。そして、異なるけれど関連のあるテーマを交互に取り扱う。ひとつのテーマについて、ある程度の間隔をあけて何度も復習すると、記憶が定着しやすくなるのだ。また、あいだにちがうテーマを挟むと、ひとつずつ順に学ぶ場合より、それぞれのテーマに対する理解が深まる。そこで本書では、**主要な概念や原則をちがったコンテクスト（文脈）のなかであえて何度も説明する**。結果として読者はそれらをしっかりと記憶し、より効果的に活用できるようになるだろう。

より効果的に学び、より長く記憶しておくために、自分ですぐに始められることを紹介していきたい。いかに学ぶかは本人次第だ。あなたが教師やコーチなら、教え子にそれらの原則を理解させたうえで学習させれば、実り多い指導ができるだろう。本書は教育方針や学校システムの改革を説く本ではないが、方針の策定に役立つことも含まれているのはまちがいない。たとえば、ここで紹介した手法をいち早く授業に導入した大学教授は、認知心理学を教育現場に活かす実験をおこなって、すでにめざましい結果を出している。

学生や教師はもちろん、効果的な学習法をぜひとも知らなければならないすべての読者——ビジネス、産業、軍事分野の教官や、専門家協会の研修責任者や、コーチ——に向けて、この本を書いた。現役で働きつづけるために技能を磨きたい中高年の生涯学習者にもぜひ読んでもらいたい。

学習とそれを支える神経の働きについては、まだわからないことが多々あるが、膨大な研究の蓄積によって、コストをかけずにすぐに始められ、すばらしい効果のある原則と実践的な手法が見つかっているのだ。

1章 学びは誤解されている

Learning Is Misunderstood

新人パイロットのマット・ブラウンは、テキサス州北西のハーリンジェン上空で、操縦していたセスナの右側エンジンの油圧低下に気づいた。組立ラインを停止して部品の到着を待っているケンタッキー州の工場に向かって、高度三三五〇メートルを単独で夜間飛行していたときだった。

修理ができるルイジアナ州の給油予定地までもってくれと祈りながら、高度を下げてオイルゲージに目を光らせていたが、油圧は下がる一方だった。レンチが握れるようになってからずっとピストン・エンジンをいじっていた彼には、深刻な問題が発生したことがわかった。頭のなかのチェックリストを確かめ、選択肢を考えた。油圧が下がりすぎると、エンジンが停止する怖れがある。停止するまでにあとどれぐらい飛べる？　飛行を続けてエンジンが停止したらどうなる？　右側の浮力がなくなっても飛行を続けられるだろうか。セスナ４０１について記憶しているフォールト・トレランス〔障害が発生したときに正常な動作を続けられる能力〕を再検討した。積み荷がある場合、単独のエンジンでとれる最善策は、降下速度を落とすことだ。しかし、荷物は少なく、燃料はほとんど残っていなかった。そこでマットは、故障した右エンジンを停止し、プロペラの抗力を最低限に減らし、左エンジンの出力を上げ、方向舵を逆にして目的の給油地までの残り一六キロをかろうじて進んだ。目的地上空までたどり着くと、大きく左に旋回した。それには、たったひとつだが決定的な理由があった。右側の推進力がない状態では、左に旋回しなければ着陸に必要な浮力を保つことができないからだ。

マットのとった行動をわれわれが細部まで理解する必要はないが、彼自身はもちろん理解していなければならない。窮地を脱するためのマットの技術は、本書でこれから説明する「学習」の好例である。つまり、将来起こりうる問題や状況に、記憶から必要な情報を呼び出してすぐに対応できる知識や技術を習得することだ。

学習について、おそらく誰もが同意する不変の条件がある。

第一に、**いつでも知識が使えること**。必要になったときに思い出すためには、学んだことを記憶しておく必要がある。

第二に、**人は生涯、学んで記憶しなければならないこと**。中学校を卒業するには、国語、数学、理科、社会をある程度習得しなくてはならない。職場で出世するには、仕事の能力を高め、気むずかしい同僚ともうまくやっていかなければならない。歳をとれば、まだ余力があるうちに簡素な生活に入るべきだが、学ぶことが得意ならそこでも苦労しなくてすむ。

第三に、**学習とは後天的な技術であり、もっとも効率のよい学習法はだいたい直感に反すること。**

本書の提言

最後の項目には同意が得られないかもしれない。しかし、読み進めるうちに納得していただけると思う。まず簡単な箇条書きで、主要なポイントをあげておこう。くわしくは各章で解説する。

学習はつらいほうが深く定着しやすい。楽に学んだことは砂に書いた文字のようなものであり、今日は憶えていても明日には忘れてしまう。

本当に学べているかどうか判断するのはむずかしい。なかなかうまくいかず、目に見えて上達しないときには、成果がすぐに出る方法に引かれるものだが、そうした方法で得られるものはだいたい長持ちしない。

あらゆる分野の技術や知識を学ぶ手段として好んで用いられる「テキストの再読」と「集中練習」は、きわめて非効率だ。集中練習では、何かひとつのことを脇目もふらずにくり返して記憶に焼きつけ、型どおりの反応を憶えこもうとする。たとえば、試験前の一夜漬け。テキスト再読と集中練習ですらすら答えが出てくると、身についた気になるが、本当に習得して記憶を持続させるには、こうした手法は時間の無駄でしかない。

事実や概念や出来事を記憶から呼び出す「想起練習」が、テキスト再読で復習するより効果的な学習法だ。わかりやすい例として、フラッシュカードがある。呼び出すことで記憶は強化され、忘れるのを防げる。教科書を読んだり講義を受けたりしたあとに、簡単なクイズをするほうが、教科書の再読やノートの見直しより学習内容が身につきやすい。脳は筋肉のように動かして鍛えられないが、想起練習で記憶を呼び出す練習をすれば、学習を司る神経回路が強化される。定期的な練習は、忘れることを予防し、過去に学んだことを思い起こす想起の経路を強くするだけでなく、憶えておきたい知識を手放さないためにも不可欠だ。

学習の間隔をあけて、少し忘れかけたころか、ほかの科目をいくつか挟んだあとにする。思い出すのがむずかしくなって効率が悪いように感じるが、その努力によって学習内容が持続し、あとで臨機応変に使えるものになる。

答えを教えられるまえに問題を解こうと努力する。たとえその過程でまちがったとしても、そのほうが有益な学習になる。

自分の好みに合うスタイルのほうがよく学べると思われがちだが、実証研究による裏づけはない。人には学ぶためのさまざまな知性が備わっている。もっともなじみやすいと感じるスタイルに説明方法や経験を押しこめるより、いまの能力と柔軟性をできるだけ活用して「学びの幅を広げる」ほうが、高い学習効果が得られる。

問題の種類を区別する基本原則や法則を導き出すことに慣れれば、なじみのない状況でもうまく正解を見つけられる。この技術は、集中練習より「交互練習」や「多様練習」のほうが習得しやすい。たとえば、さまざまな種類の立体図形の体積を計算する練習をくり返し交互にしておくと、テストでどの図形が出ても正しく解けるようになる。鳥の種類や画家の作品を代わるがわる特定する練習を積めば、ある種類や作品に共通する特性や、個別のちがいを見分けることにも、新しいものに出会ったときに分類する技術を高めることにも役立つ。

人は、知っている、できるという錯覚に陥りやすい。テストをすれば、学習内容が身についたかどうか判断する目安になる。フライト・シミュレータで油圧システムの故障に気づくパイロットは、実際の飛行でも即座に矯正行動がとれるだろう。ほぼすべての学習分野に言えることだが、テストを弱点の発見と向上のためのツールに使えば、より高い学習効果が得られる。

新しいことを学習するには、土台となる予備知識が必要だ。セスナがひとつのエンジンで着陸する方法を理解するまえに、ふたつのエンジンでどう着陸するのかを知らなければならない。三角法を学ぶには、代数と幾何を身につける必要がある。家具製作を学ぶには、木や複合材料の特性、板の組み合わせ方、さねはぎ加工〔二枚の板を連結させるために、一方の側面に溝を彫り、他方の側面を凸に削る〕、縁の削り方、角の留め継ぎ方法を習得しておかなければならない。

ゲイリー・ラーソンのひとコマ漫画『ファー・サイド』で、目をむいた生徒が教師に尋ねる。「オズボーン先生、早退してもいいですか？　ぼく、もう頭がぱんぱんです！」。機械的に反復するだけでは、早々に憶えきれなくなるのも当然だ。しかし、「精緻化」の訓練をすれば、学べる量に限界はない。精緻化とは、新しい物事を自分自身のことばに置き換え、すでに知っていることと関連づけて意味を与える作業だ。新しく学んだことを過去の知識と関連させてうまく説明できるようになるほど、より深く理解し、あとで思い出すためのつながりを作ることができる。暖かい空気は冷たい空気より水蒸気を多く含むことができるが、みずからの経験でそれが真実であることを理解するには、エアコンの裏から垂れる水滴や、息苦しいほど暑い夏の日、にわか雨のあとで気温が下がることを思い出すといい。蒸発に冷却効果があるとわかるのは、汗がまたたく間に蒸発する乾燥した気候のフェニックスのいとこの家より、アトランタのおじの家のほうが暑いと感じるからだ。熱伝達の原理を知れば、ホットココアのコップを包む手が温まる熱伝導も、寒い冬の日に太陽光で部屋のなかが温まる放射作用も、アトランタのおじの大好きな路地裏散歩につき合ったあとで味わう、生き返るようなエアコンの冷風の対流も理解できる。

新しい知識を「より大きなコンテクスト」に当てはめることで、学習効果が高まる。たとえば、歴史は背景を知れば知るほど理解が深まる。その背景も、人間の野望や運命のいたずらとからめるなど意味を与えることによって、より鮮明に記憶に残る。同様に、抽象的な概念を学ぶときには、すでに知っている具体的な事象に当てはめるほうがわかりやすい。フィギュアスケーターが回転する際に、腕を胸元に引き寄せると回転スピードが速くなることなどだ。

新しい題材から重要なアイデアを読み取り、「メンタルモデル」にして既存の知識と関連づければ、複雑なことを学びやすい。メンタルモデルとは、実世界の事象をひとつのイメージにまとめることだ。[*1] 野球で、投球を待っている打者を考えてみよう。変化球かチェンジアップか、はたまた別のボールか解明している時間はない。ではどうするか。投手の投球モーション、投球フォーム、ボールの縫い目の回転といったわずかな徴候に目を凝らすのだ。すぐれた打者は、気を散らすほかの情報をすべて遮断し、投球のそうした変化のみを見抜き、練習をつうじてそれぞれの投球に合ったメンタルモデルを作る。そしてボールの芯をとらえるために、それらのメンタルモデルを、構え方、ストライクゾーン、スイングに関する知識と連動させる。次に呼び出すのは、選手たちの位置に関するメンタルモデルだ。一塁と二塁に走者がいるなら、進塁させるために犠牲バント。ワンアウトで走者が一塁三塁ならば、ダブルプレーは避けなければならないが、走らせて点を取るためにヒット。選手の位置に関するメンタルモデルは、続いて相手チームに関するメンタルモデル（深く守っているか、浅く守っているか）や、ダグアウトからベースコーチ、そして彼自身に飛び交うサインのメンタルモデルへとつながる。うまくいった打席ではこれが流れるように連続して起きる。打者がボールをとらえて外野へ飛ばし、自身は一塁へ、仲間が先の塁に進む時間も稼ぐ。一球ごとの投球を見抜いて反応するのにもっとも重要な要素を取捨選択し、習得したことからメンタルモデルを組み立て、この複雑な競技に不可欠なほかの技術に結びつけるからこそ、ベテラン選手は得点しやすいのだ。未熟な選手は、バッターボックスに立つたびに押し寄せる膨大で変化の速い情報を処理しきれない。

知的能力は生まれつきのもので、学習がうまくいかないのは生来の能力が足りないからだと信じている人が多いが、**何か新しいことを学ぶたびに、その人の脳には変化が起きている**。経験は蓄積されるのだ。遺伝子の質に左右されるのは確かだが、学習とメンタルモデルの発達によって、思考、解決、創造ができるようになる。言い換えれば、知的能力を形作る要素は、自分次第でいかようにも拡張できる。失敗は努力の勲章であり、もっと掘り下げるべきか、別の戦略をとるべきかを判断するための有益な情報源だ。学ぶのがむずかしいと感じたときこそ、重要なことをしていると認識しなければならない。テレビゲームのアクションや新しいＢＭＸ〔競技用自転車〕のスタント演技と同じで、果敢に挑戦して失敗をくり返すことは、現在の能力を真に高度な技能に引き上げるために欠かせない。こつこつとまちがいを直していくことで、より高度な学習ができるようになる。

「経験的証拠」対「理論、教訓、直感」

多くの訓練や教育の仕組みは、うまくいったという自分の感覚や、教師、コーチ、生徒、さらには一般の人々の個人的な経験によって形作られる、昔ながらの学習理論にもとづいている。指導法や勉強法の多くは、理論と教訓、直感が混じり合ったものだ。しかし、ここ四〇年かそれ以上にわたって、認知心理学者たちはどの方法でどのような効果が得られるかを実証し、成果のあがる手法を発見しようと研究に取り組んできた。

認知心理学は、知覚、記憶、思考の方法を実証的に研究し、人の精神の働きを知るための基礎科学だ。学習の謎に取り組む研究者はほかにも大勢いる。発達心理学者や教育心理学者は人間の発達理論を研究し、テスト制度、教育管理表、補習授業や英才教育といった特別なグループ向けの教材などの教育ツールに、その理論を活かそうとしている。神経科学者は新しい映像技術などを用いて、学習の根底にある脳のメカニズムの解明を進めているが、教育の改善を提案するまでの道のりは遠い。

では、もっとも効果的に学習するには、誰のアドバイスを求めるべきか。

疑い深くなったほうがいい。それこそ二、三回マウスをクリックすればアドバイスは簡単に見つけられるが、実証研究にもとづくものはほとんどない。結果が客観的で普遍的であることを確かめる対照実験など、科学的基準を満たしているものもまずない。すぐれた実証研究にはそもそも実験が必要だ。研究者が仮説を立て、設計や客観性に関する厳しい基準にしたがった一連の実験をおこなう。

これからの各章では、専門誌に掲載されるまえに科学界の審査に合格した膨大な研究成果を選りすぐって紹介する。そのいくつかにわれわれも協力したが、最大の功労者ではない。まだ科学的に立証されていない理論を示すときには、そう明記する。主張を理解していただくために、科学的な実験のほか、パイロットのマット・ブラウンのように、複雑な知識と技術が求められる仕事についている人のエピソードも取り上げる。それらによって、人がどのように学習し、記憶するかという基本原則がわかりやすくなるだろう。研究そのものについての議論は最小限にとどめたが、くわしく知りたいかたは巻末の注を参照していただきたい。

学びは誤解されている

われわれが教師や生徒として取り組んできたことは、じつはあまり役に立っていない。時間さえかければ、教科書の文章だろうと中学校の生物の用語だろうと記憶にしっかり刻みこめると考えている人が多いが、それはまちがいだ。楽に短時間で学べれば学習効果が上がると考えている教師も多いけれど、いくつもの研究がその考えを覆している。実際には、**困難であるほど学習効果は高まり、長持ちする**。たいていの教師や教官やコーチは、新しい技術を習得するなら、粘り強く身につくまでひたすら練習するのがいちばん効果的だと信じている。その考えが根強いのは、ひとえに集中練習をすると早く憶えられるからだ。しかし、われわれの研究結果から、集中練習で憶えたことは長持ちせず、あっという間に忘れられることが明らかになっている。

テキストを何度も読むことが無駄となると、教えるほうも教わるほうもぞっとするだろう。ある調査結果では大学生の八割以上がその方法で勉強しており、彼らも含めて大半の人が、学習のなかでもテキストの再読に最大の時間をかけている。テキストの再読には三つの欠点がある。時間がかかること、永続する記憶にならないこと、そして読み慣れることで内容を理解したという錯覚に陥ることだ。再読に時間をつぎこむのは正しいと思われがちだが、**学習時間の長さで習熟度を測ることはできない**[*2]。

長時間専念すれば学習が進むと信じきっている訓練システムは、枚挙にいとまがない。本書冒頭で紹介したマット・ブラウンを思い出してもらおう。マットが小型プロペラ機を卒業して、本来操縦するために雇われたビジネス航空機の免許取得に進んだときには、まったく新しい知識体系を習得しなければならなかった。本人の説明によると、雇い主はマットを一日一〇時間で一八日間の「超詰めこみ」方式の訓練に送り出した。最初の七日間はぶっ続けで飛行機の仕組みを学ぶ座学だった。電気系統や、燃料、空気作用などにかかわるシステムの操作方法や相互作用、さらに気圧や重量、温度、速度などに関する安全装置や緊急措置について学んだ。急な減圧、飛行中の逆推力装置の誤作動、エンジントラブル、火災事故など一〇以上ある想定外の事態のどれかが起きたときに、躊躇したり悩んだりせず確実に実行して飛行機を安定させる、八〇もの「記憶反射事項」を習得しなければならなかった。

マットと同僚のパイロットたちは、飛行機のシステムの基礎が図解された退屈きわまりないパワーポイントを何時間も眺めつづけた。そのとき、興味を引く出来事があった。「五日目が半分ほどすぎたころだった」とマットは語った。「スクリーンには燃料システムの図解が表示されていた。圧力センサー、遮断バルブ、エジェクタポンプ、バイパスライン、その他いろいろあって、集中力を維持するのがたいへんだった。そのとき講師が『誰か、飛行中に燃料フィルターのバイパスのランプが点灯した経験のある人は？』と質問したんだ。うしろの席にいたパイロットが手を上げた。講師は『そのときどうした？』と訊いた。で、みんな『うわ、自分だったらどうするだろう』と考えた。

そのパイロットは高度一万メートルほどにいたんだけど、燃料に凍結防止剤が入っていなかったのでフィルターが氷でふさがれて、エンジンが両方とも停止しそうになった。話を聞いたとたん、目のまえの図解がリアルになってすっかり理解できたよ。ジェット燃料にはふつう少量の水が混じっていて、高度が上がると氷結して配管系をふさぐことがある。だから、給油するときにはかならず燃料に凍結防止剤が入っていることを確認しないといけない。そして、飛行中にそのランプが点いたら、少し気温の高いところまで急いで高度を落とすしかない」[*3]。**問題が重要で、抽象的な話が具体的になり、自分にかかわってくればくるほど学習は強化される**。

マットの受けた講義は次の段階に移った。続く一一日間は、座学とフライト・シミュレータの訓練を織り交ぜたものになった。その実演訓練は永続的な効果のあるものだった。航空機の操縦を手順どおりにおこない、想定外の状況にも対応し、コックピットで要求される行動のリズムと動作を体に刻みこんだ。フライト・シミュレータは「想起練習」になる。間隔をあけて交互に多彩な訓練がおこなわれ、マット自身が飛行実務で呼び出せるメンタルモデルがめいっぱい含まれている。シミュレータでは抽象的なことが具体的、個人的になる。また一連のテストとして、マットが習熟するためにはこれからどこに集中すべきか、講師といっしょに判断する指針にもなる。

マット・ブラウンのフライト・シミュレータのように、教師や教官が非常に効果的な学習方法を見出すこともあるが、実際にはどの分野でもこうした方法がとられるのはまれで、「超詰めこみ」講習（もしくは類似の方法）が横行している。

多くの場合、生徒は明らかにまちがった方法で指導されている。たとえば、ジョージ・メイソン大学のウェブサイトにはこんな勉強法が紹介されている——「学習のコツは、くり返しです。教材の復習をくり返すほど永続的な知識が身につきます」[*4]。また、ダートマス大学のウェブサイトには、「記憶しようと意識することで憶えられます」[*5]とある。「セントルイス・ポストディスパッチ」紙にときどき掲載される勉強のアドバイスの記事には、たとえば本に顔を埋めた子供が描かれ、「集中しろ」というキャプションがついている。「たったひとつだけに集中するんだ。くり返し、くり返し、またくり返し！　憶えるべきことをくり返せば、記憶に焼きつけられる」[*6]。再読や、意識することや、くり返しの力が広く信じられているが、現実には、たんに何度もくり返すだけでは記憶は定着しない。その戦略は電話番号を見て電話に打ちこむあいだだけ憶えていればいい場合には有効かもしれないが、永続的な学習には向いていないのだ。

単純な例をあげよう。インターネットで「ペニー記憶テスト（penny memory test）」と検索すると、それぞれ少しずつ絵柄のちがう一二枚のペニー硬貨の画像が出てくる。正しいのはたったひとつだけだ。何度も目にしたことのあるペニー硬貨でも、どれが本物か自信を持って答えるのは非常にむずかしい。同様に、カリフォルニア大学ロサンジェルス校（UCLA）の心理学科の教員と学生を対象に、自分の研究室、教室にもっとも近い消火器はどこにあるか尋ねる調査をおこなったところ、ほとんど不正解だった。UCLAで二五年間教えている教授は、研究室を出ていちばん近くにある消火器を探しにいこうとしたが、消火器はいつも部屋に入るときにまわすドアノブのすぐそばにあった。つまり、長年くり返し見ていても、くずかごが燃えたときにすぐ手に取れる消火器の場所を学ばなかったということだ。[*7]

誤りの証明

くり返すことで記憶が定着するという考えの誤りは、一九六〇年代なかごろの一連の調査で証明された。トロント大学の心理学者エンデル・タルヴィングが、一般的な英語の名詞を暗記するテストを実施したのが始まりだ。実験の第一段階では、被験者はペアになった語句（たとえば「椅子－9」）を六回読むだけでテストは受けない。どのペアも最初の語句は名詞だった。ペアの語句を六回読んだあと、被験者たちには憶えてもらいたい名詞のリストが渡される。ひとつのグループには先ほど六回読んだのと同じ名詞のリスト、もうひとつのグループには先ほどとは別の名詞が並んだリストが渡される。意外なことに、ふたつのグループの名詞の学習結果には差がなく、学習曲線は統計的に見分けがつかなかった。直感的には差がありそうだが、先に見てもあとで思い出しやすくなることはなかったのだ。**ただくり返すだけでは学習効果は高まらなかった。**のちの研究でも多くの研究者が、くり返し見たり長いあいだ考えたりすると思い出しやすくなるのか、さらに調査したが、やはりくり返しだけでは長期記憶がしっかり残らないことが確認された。[*8]

そうした結果を受けて、研究はテキストの再読効果の調査へと移った。二〇〇八年、「コンテンポラリー・エデュケーショナル・サイコロジー」誌に掲載された論文で、ワシントン大学の科学者たちは、散文の理解と記憶を向上させる手法としての再読に着目し、同大学とニューメキシコ大学でおこなった一連の実験結果を報告した。過去の実験のなかには、同じ文章を何度か読むと同じ推論が定着し、主題間に同じつながりを作るというものもあれば、再読にはほどほどの効果が見込めるというものもあった。それらの効果はふたつの異なる実験環境で確認されていた。ひとつめの環境では、一度読んだ教材をすぐにもう一度読んだ学生たちと、一度しか読まなかった学生たちがいる。両グループで読後すぐに試験をおこなうと、二度読んだグループのほうが一度しか読んでいないグループより少しだけ成績がよかった。しかし、短期間の再読の効果が消えたあとに実施した試験では、二度読んだグループも一度読んだグループと同程度の成績だった。もうひとつの環境では、教材を初めて読んだあと、再読するまでに数日あけた。このグループは、一度しか読んでいないグループより成績がよかった。[*9]

ワシントン大学とニューメキシコ大学では、そうした過去の実験で浮かび上がった疑問を解消するために、実際の授業と同様の学習環境で、能力のそれぞれ異なる学生を対象に再読の効果を調べた。合計一四八人の学生が、教科書や「サイエンティフィック・アメリカン」誌から抜粋した五つの異なる文章を読んだ。学生たちはふたつの大学で、読解力にすぐれた学生とそうでない学生、文章を一度しか読まないグループと、続けて二度読むグループに分けられた。そして、どれだけ学んで記憶しているか確認するために全員が試験を受けた。

その実験では、どの大学、どのグループ、どの条件の試験でも、短期間の再読が有益な勉強法という確証は得られなかった。研究者たちはそれらの条件で再読の効果をまったく見出せなかったのだ。

では結論は？　**最初に読んでから充分時間をあけて再読することは有意義だが、短期間に何度も再読することは時間がかかるわりに大した効果も得られず、もっと即効性のある手法を犠牲にしてまでやることではない**。ところが、調査によると、教授たちが昔から知っていたとおり、ノートや教科書のいたるところにハイライト、アンダーライン、書きこみをする再読が、現在もっとも浸透している勉強法なのだ。[*10]

知っているという錯覚

再読にはほとんど効果がないのに、学生がこの復習方法に好んで取り組むのはなぜか。まちがった勉強法をアドバイスされているからかもしれないが、じつはもうひとつ目立たない理由がある。すでに述べたとおり、**文章に慣れてすらすら読めるようになることで、習得したという錯覚に陥る**

のだ。学生は授業で聞いた語句をそのまま懸命に書き留め、文章そのもののなかに主題の本質があると思いこむ。講義や教科書の内容を憶えることと、その背景にある概念を理解することはまったく別なのだが、くり返し読んでいるうちに根底の概念を理解したような気になるのだ。だまされてはいけない。教科書や講義ノートの一節を復唱できたとしても、そこに含まれる教訓や応用方法、あるいは主題に関する知識との関連性を理解したことにはならない。

たびたびあることだが、ある大学教授の研究室に、浮かない顔をした一年生が入ってきて、ひどい成績だった心理学入門について相談したいと言う。「なぜこんな成績になったのかわかりません。すべての講義に出席してせっせとノートをとったのに。教科書を読んで重要なところにはハイライトもつけたのに」と。

「どんなふうに勉強したの?」と教授が尋ねる。

「ノートに最初からハイライトをつけていって、そのあとノートや教材のハイライト部分を、よく理解したと思うまで何度も再読しました。それなのに、どうしてD評価になったんでしょう」

その学生は、各章の重要な概念をきちんと理解しているか、自分でテストしてみただろうか。用語を調べ、定義を把握し、文章にしてみただろうか。文章を読みながら主題からいくつか質問を引き出し、あとで勉強するときに答えてみただろうか。再読時にせめて重要な概念だけでも自分のことばに置き換えてみただろうか。実際には、どれひとつやっていなかった。

彼は自分では模範生できわめて勤勉だと思っているが、効果的な勉強法をまったく知らなかったのだ。

習得したと錯覚するのは、メタ認知、つまり認知についての認知が弱いことの表れだ。意思決定においては、自分が知っていることと知らないことを正確に判断するのがきわめて重要である。この問題については、二〇〇二年、ドナルド・ラムズフェルド国防長官がイラクの大量破壊兵器に関する記者会見で簡潔にまとめたことばが有名（かつ予言的）だ。「知っていることを知っている場合もあれば、知らないことを知っている場合もある――つまり、知らないということがわかった場合だ。ところが、知らないことを知らない場合もある――つまり、**知らないということがわかっていないこともあるのだ**」

この強調した部分が現在のわれわれだ。自分でテストをしない学生ほど（ほとんどの学生はしない）、教科書の内容を充分理解できていると過大評価する傾向がある。なぜか？　簡潔明瞭な講義を受けたり教科書を読んだりすると、たやすく論理の流れがつかめるので、わかった気になり、勉強する必要はないと思ってしまうのだ。言い換えれば、自分が何を知らないか知ろうとしなくなる。そして試験では重要な概念が思い出せず、新しいコンテクストにも当てはめられない。同様に、講義ノートや教科書を何度も再読してすらすら読めるようになると、主旨や原則を理解して本当に習熟したと錯覚し、いつでもすぐに思い出せる気になる。こうして、もっとも勤勉な学生たちでさえ、ふたつの障害につまずく。ひとつは自分の弱い分野――もっと勉強して知識を蓄えなければならない分野――がわからないこと。もうひとつは習得したという錯覚をもたらす勉強法を選んでしまうことだ。[*11]

知識は「必要」条件だが「十分」条件ではない

アルベルト・アインシュタインのことば「創造力は知識より重要だ」は、大学生に広く受け入れられている名言ではなかろうか（彼らの着ているTシャツの主張が本音だとすれば）。だとしたら、なぜ実行しないのだろう。創造力なくして科学的、社会的、経済的な飛躍がありえないのは、疑問の余地のない深遠な真実だ。しかも、知識を詰めこむのはつらくて単調だが、創造力というとずっと楽しそうに聞こえる。だがもちろん、このふたつを完全に分けて考えることはできないのだ。神経外科医や、太平洋を横断する航空機の機長がそんなTシャツを着ているのは見たくないだろう。アインシュタインのことばは、標準化された試験が丸暗記を重視して高度な技術を損なうことへの心配と反発から、支持されている。その種の試験の落とし穴はさておき、**われわれが本当に追求すべきことは、知識と創造力の両方をいかに強化するかだ**。基礎となる知識がなければ、より高度な分析や統合、創造的な問題解決ができない。心理学者ロバート・ステルンベルグとふたりの共同研究者は、それを「実際の使い方を理解していなければ応用することもできない」と表現している。[*12]

料理やチェスから脳外科手術に至るまで、どんな分野であろうと、習熟するには徐々に知識を増やし、概念を理解し、判断を下し、技術を身につけなければならない。新しい技術の練習方法はさまざまだ。取り組み方、考え方、イメージトレーニングのしかたにもいろいろある。事実を記憶することは、建築現場に家の建材を集めるのと似ている。家を建てるには、無数の部品や資材の知識だけでなく、耐荷重特性、エネルギーの伝達や節約といった概念の理解も必要だ。室内を暖かく、ルーフデッキを涼しく保つための仕組みを理解していなければ、半年後に住人から、積もった氷で屋根が壊れたという電話がかかってくる。すぐに使える知識とそれをどう活かすかという概念の理解、そのふたつがそろって初めて習熟したと言えるのだ。

マット・ブラウンは、右エンジンを停止すべきかどうかという判断を迫られたときに自問自答した。片方のエンジンだけで飛行できるか、墜落しないか、着陸するために機体を水平に保つことはできるか。記憶のなかからそれらの方法を引き出さなければならなかった。神経外科医をめざす医大生は一年目に神経系、骨格系、筋肉系の仕組み、上腕部の構造などをすべて暗記しなければ医師にはなれない。成功するかどうかは、勤勉に取り組むことはもちろん、かぎられた時間のなかで膨大な知識と技能を習得する勉強法を見つけられるかどうかにもかかっている。

テストは計測手段か、学習ツールか

テストの話題ほど学生や教師の神経を逆なでするものはない。とくに近年は標準的な試験が重視され、テストの話題は国の教育政策に不満を持つ人たちのはけ口になってしまった。ネット上のフォーラムやニュースサイトは、非難の声であふれている。暗記重視のテストのせいで、広くコンテクストを把握したり創造力を伸ばしたりすることがおろそかになっている、テストが学生に余計なストレスを与え、まちがった能力評価をしている、などなど。だが、テストは習熟度を評価する計測手段だという考えを捨て、むしろ学んだことを記憶から引き出す練習だと思えば、別の可能性が見えてくる。つまり、**テストを学習の手段として使うのだ。**

もっともめざましい研究結果のひとつは、**積極的な想起練習（テスト）で記憶が強化され、さらに、思い出すのがむずかしい練習ほど効果も高い**ということだ。「フライト・シミュレータ」と「パワーポイント講義」を比較してみてほしい。「テスト」対「再読」でもかまわない。記憶から想起練習をすることには大きなメリットがふたつある。第一に、自分の知っていることと知らないことがわかり、弱い分野を克服するためにどこに焦点を絞って勉強すればいいかがわかる。第二に、学んだ内容を思い出すことによって脳が記憶を再度整理するので、すでに知っていることとのつながりが強化され、次に思い出すのが楽になる。実際に想起（テスト）は忘れることを予防する。中学校の理科の授業を例にとろう。イリノイ州コロンビアの中学校で、授業で扱った教材のある範囲について、学期中に成績に影響しないクイズを三回おこない、採点して返却した。また別の範囲については、クイズはおこなわずに三回復習した。一カ月後のテストでより多く思い出せたのはどちらだったか。生徒たちの成績は、クイズを受けた範囲で平均Aマイナス、クイズを受けずに復習だけした範囲では平均Cプラスだった。[*13]

マット・ブラウンの場合、同じビジネス旅客機を一〇年操縦していても、一連のテストとフライト・シミュレーションを半年ごとに受け、搭乗機の制御に欠かせない情報や操作を思い出して専門技能を補強することを求められる。彼が指摘するとおり、緊急事態はめったに起きないので、操作を練習する以外に記憶を新鮮に保つ方法はないのだ。

学校での研究にしろ、マット・ブラウンの知識の更新にしろ、想起練習の重要な役割は、必要なときに必要な知識を呼び出せるようにすることだ。積極的な想起練習の効果については2章で述べる[*14]。

まとめ

いたるところにまちがった学習方法が広がり、後進のためにならないアドバイスが出まわっている。われわれの知る学習方法のほとんどは思いこみと直感にもとづいていて、実証研究の裏づけがないのだ。知っているという錯覚に囚われると、効率の悪い手法で苦労して学ぶことになる。3章で詳述するが、それは実証研究にたずさわる人たちにも当てはまり、みずからが最初の実証結果になっている。錯覚から逃れるのはむずかしい。自分が何を知っていて、何を知らないかを再確認するために、学習者にぜひとも習慣にしてほしいのは、定期的に自分でクイズをすることだ。二〇一三年にウェストポイント陸軍士官学校〔ニューヨーク州にあるアメリカ最古の士官学校〕を卒業し、ローズ奨学金〔オックスフォード大学院生に与えられる国際的な奨学金〕を授与されたカイリー・ハンクラー少尉（8章でくわしく紹介する）は、みずからの勉強法を見直すためのクイズを「方位確認」と表現した。方位確認とは、陸路で移動する際、高いところに登って進行方向の地平線にある目標物を定め、眼下に広がる森を正しく進めるようにコンパスの針で目標物の位置を確認することだ。

幸い、いくつになってもよりよく学び、長く記憶にとどめられる、手軽で実用的な手法がある——さまざまな種類の「想起練習」だ。ほかにもたとえば、簡単なクイズや自己診断テスト、間隔練習、別々だが関連のある主題や技術を代わるがわる練習する交互練習、答えを教えられるまえにまず自分で解いてみること、問題を区分する基本原則や法則を抽出することなどがある。これからの各章で、それぞれの内容をくわしく見ていく。学習とは、過去に学んだことに立ち返り、絶えず情報を更新し、新しく得た知識と関連づけることのくり返しなので、本書でも折に触れてこれらのテーマに戻っていく。最後の8章では、こうしたツールを活用できるように、具体的なエピソードや事例をまとめる。

2章　学ぶために思い出す

To Learn, Retrieve

二〇一一年のある日の夕方、神経外科医のマイク・エバーソールドは、ウィスコンシン州でシカ狩りをしていた猟師の治療のため、病院の緊急治療室に呼び出された。猟師はトウモロコシ畑で意識を失って倒れているところを発見された。後頭部から出血しており、彼を発見して病院に運んだ人たちによると、転倒して何かに頭をぶつけたのではないかということだった。

傷口から脳がはみ出していたことから、彼が銃で撃たれたのがわかった。猟師は緊急治療室で意識を取り戻したが、なぜ負傷したのか質問されても答えられなかった。

エバーソールドはのちにこう振り返った。「離れたところから誰かが撃った弾にちがいない。一二番径の散弾銃のようだった。どの程度の距離だったかはわからないけれど、弾は後頭部に当たって頭蓋骨を砕き、脳に二・五センチほど埋まっていた。速度がかなり落ちていたのだと思う。でなければ、もっと深い損傷だった」[*1]

エバーソールドは長身痩軀で、一九世紀前半にミシシッピ渓谷のロチェスターに定住したフランス人毛皮商ロックと同じくらい地域の人々に尊敬されている。ロチェスターはメイヨー兄弟がのちに有名なメイヨー・クリニックを創設した町だ。エバーソールドは大学で四年、医学専門学校で四年、そして神経外科医研修生として七年、正式な訓練を受けて基礎知識と技術を身につけ、その後も医療教育を受けたり、ほかの医師と意見交換したり、メイヨー・クリニックで治療にたずさわったりして、医師としての知識と技術を深めた。アメリカ中西部の謙虚な人柄だが、彼の治療を望む著名人はあとを絶たない。ロナルド・レーガン元大統領も、落馬して負傷した際にエバーソールドが手術と術後の処置を担当した。アラブ首長国連邦のザーイド・ビン＝スルターン・アール＝ナヒヤーン元大統領に、デリケートな頸部脊椎手術が必要になったときには、同国の閣僚と保安部隊の半数がロチェスターに押しかけたような騒ぎのなか、エバーソールドが手術と回復治療にあたった。メイヨー・クリニックで長く働いたあと、彼は若いころの医療研修で恩義を感じていたウィスコンシン州のクリニックに戻った。運悪く一二番径の散弾銃の流れ弾に当たった猟師にとって、その日、マイク・エバーソールドが勤務していたのは不幸中の幸いだった。

銃弾は後頭部から侵入していたが、その下には太い静脈洞がある。脳内をめぐった血液が頭蓋から出ていくときに通る血管だ。猟師を診察したエバーソールドは、傷口を開くとこの血管が破れる可能性が高いことを経験上知っていた。彼は次のように語った。

まずこんなふうに自問自答する。「この患者には手術が必要だ。傷口から脳漿《のうしょう》が出ている。

これを除去してできるかぎり修復しなければならないが、そこでこの太い静脈を傷つけるとたいへんなことになる」。それからチェックリストを検討する。「輸血が必要になるかもしれない」。そこで輸血の準備をする。A、B、C、Dと手順をひとつずつ検討していく。手術室の準備をして、医療スタッフにあらかじめ想定される状況の説明をする。これはしきたりみたいなもので、警官が誰かの車を停めるときの手順とよく似ている。決められた手順があって、それをずっと守ってきた。

手術室に入ってからも、考える時間があるかぎり手順の検討が続く。「いや、たんに弾を摘出すればいいというものではないな。大量出血するかもしれない。先に周囲の処置をすませて、うまくいかない可能性のあるものに備え、それから銃弾を摘出しよう」

弾と骨が静脈に栓をした状態で埋まっていることがわかり、またひとつ猟師にとっては幸運だった。そんなふうに傷口がふさがれていなければ即死していたはずだ。エバーソールドが弾を摘出すると、砕けた骨片がはずれ、静脈から大量に出血しはじめた。「五分もすれば八〇〇ccほどの血を失う。こうなると、手順を考えたり選択肢を検討したりするモードから、反射的、機械的に行動するモードに切り替わる。大出血になることは明白で、とにかく早く処置しなければならないからだ。唯一考えるのは、縫合しなければならないが、それには過去の経験からこれこれの方法しかない、ということだ」

問題の血管は大人の小指ほどの太さで、四センチほどの範囲にいくつか裂け目ができていた。裂け目を縫い合わせる必要があったが、エバーソールドはこの組織が薄いことをよく知っていた。たんに縫合するだけでは、縛ったときに繊維が裂け、そこから出血してしまう。彼は手早く機械的に施術しながら、過去にこういう血管の処置をしたときに編み出した技術に望みを託した。手術で切開した部分から筋組織を小さくふたつ切り取り、患部に移植して、裂けた血管のまわりを縫合したのだ。この筋組織の蓋で、本来の形を損なうことも繊維を裂くこともなく血管をふさぐことができた。それは彼独自の解決策で、どこの本にも書かれていないが、少なくともそのときにできる最善のことだった。処置に六〇秒ほどかかり、患者はそのあいだにさらに二〇〇ccほどの血を失ったが、ひとたび蓋が閉じると出血は止まった。「静脈洞の縫合に耐えられない患者もいる。血液がきちんと流れなくなって脳圧が上がるんだ。けれど、この患者は運よくうまくいった」。猟師は一週間後に退院した。後遺症で周辺視野はいくらか狭くなったが、驚いたことにほかの障害もなく、死の淵から生還したのだ。

「省察」は練習のひとつ

以上のエピソードから、学習と記憶についてどんな仮説が立てられるだろう。神経外科において（というより、おそらく生誕直後からのあらゆる場面において）、自分の経験を振り返ることは、きわめて重要な学習になる。マイク・エバーソールドはそれを次のように語った。

手術中にはよくむずかしい判断を迫られる。私の場合、夜、帰宅すると、手術中の出来事を反芻して何かできることはなかったか考える。たとえば、縫合を改善する方法だ。針を通す間隔をもっと大きくするか、小さくするか、もっときつく縫い合わせるべきか、こうしてはどうだろう、それとも別のやり方だろうかというふうに。そして翌日、うまくいくか試してみる。翌日でなかったとしても、ずっと頭の隅に置いておく。そうすることで、講習やほかの医師の手術の観察で学んだことを再確認できるだけでなく、学び損ねていたことに自分の経験を加えて補強できるんだ。

「省察」とは、記憶から知識と過去の訓練を引き出し、それを新しい経験と結びつけ、次に試すちがったやり方を可視化し、頭のなかでリハーサルすることだ。そこには、学習を強化する認知活動がいくつも含まれている。

マイク・エバーソールドが後頭部の静脈洞を修復するために試した新しい技術も、もとはこの「省察」から始まっている。頭のなかや手術室で練習していた技術が、一分間に二〇〇ccの出血という危険な状況で頼りになる反射的な処置につながった。

彼は指摘する。「新しく学んだことを必要なときにすぐ実践できるようにするには、ある状況で考慮すべきことを、A、B、C、Dというふうに段階に分けて憶えておくことだ」。そして練習しておけば、切迫してもはや順序立てて考える余裕がなくなったときでも、反射的に正しい行動がとれる。「ただ、実践する内容を何度も振り返っていないと、反射的に行動には移せない。厳しい局面に置かれたカーレーサーや、タックルを避けるクォーターバックみたいに、考えるまえに行動に移さなきゃならない。何度もくり返し思い出しては練習を重ねる。それがとても大切なんだ」

テスト効果

子供がクランベリーを糸に通して木に吊るそうとしても、糸の反対側の端から抜け落ちてしまう。結び目がないと糸に通しても無駄だ。ネックレスも、ビーズ飾りの財布も、美しいタペストリーも作れない。「想起」とはつまり、この記憶の結び目だ。想起をくり返すことで、記憶を呼び出し、つなぎ止める輪が作られる。

古くは一八八五年から、認知心理学者たちは「忘却曲線」というグラフを描いて、クランベリーがいかに早く落ちるかを示してきた。われわれはごく短期間で、見聞きしたことの約七割を忘れてしまう。その後、忘却スピードはゆるやかになり、残りの三割は徐々に忘れていくが、ここで言えることは明らかだ――**学習効果の改善でまっさきに取り組むべき課題は、忘れるプロセスを止める方法を見つけることだ**。[*2]

学習ツールとしての「想起」の効果は、認知心理学では「テスト効果」と呼ばれる。もっとも一般的なテストは、学校で習熟度の測定と評価に用いられているが、記憶から知識を呼び出す行為に、あとで思い出すのを容易にする効果があることは、はるか昔から知られていた。記憶に関するアリストテレスの小論にも、「くり返しひとつのことを思い出す練習をすれば、記憶が強化される」とあり、哲学者フランシス・ベーコンや心理学者ウィリアム・ジェイムズも同様のことを書いている。今日では実証研究によって、**もとの学習教材を見直すより、過去に学んだことを記憶から呼び出す想起練習をするほうが、はるかに記憶が定着しやすい**ことがわかっている。これが「テスト効果」または「想起練習効果」と呼ばれるものだ。[*3]

最大の効果を得るには、時間の間隔をあけて何度もくり返し思い出すことが大切だ。そうすればたんなる暗唱ではなく、認知的努力をともなった想起になる。くり返し思い出すことによって、記憶が脳のなかで統合され、固定化されて、あとで知識を呼び出すときの神経経路が増強される。ここ数十年の研究で、脳神経外科医マイク・エバーソールドやベテランのクォーターバック、航空機パイロット、携帯電話のメールを打つのが速い一〇代の若者が、みな経験上知っていることが裏づけられた――**くり返し想起すれば、知識と技術が記憶に深く根づき、反射的に呼び出せるものになって、考えるまえに脳が反応する。**

とはいえ、研究結果や個人の体験で、学習ツールとしてのテストの有効性が明らかになっても、旧来の教育環境にいる教師や学生がテストをそのように使うことはほとんどない。このテクニックは教師や学生にほとんど理解されておらず、活用されてもいないのだ。

二〇一〇年、「ニューヨーク・タイムズ」紙に、ある科学研究の結果が紹介された。学生のグループがテキストの一節を読んだあと、どれだけ内容を思い出せるかテストを受けた。別のグループは、読んだあとテストを受けなかった。すると驚いたことに、一週間後、テストを受けたグループは、受けなかったグループより五〇パーセントも多くの情報を憶えていたのだ。朗報のように思えるが、ネット上では次のような反論が多かった。

「またか。この人も学ぶことと思い出すことをごっちゃにしてる」

「私はできるだけテストは避けたいな、成績にひびくならとくに。そんなストレスのたまる学習法じゃ憶えたことは維持できない」

「テストで記憶が強化されるかどうかなんて誰が気にする？　どうせ子供たちにいま以上のことはさせられない」[*4]

記憶など知るか、教育はもっと高次元の技術であるべきだ、と多くの人が投稿した。けれども、記憶は複雑な問題の解決に無関係だと神経外科医に言わないほうがいい。習熟度の測定だけを目的とする標準的な「計測手段」としてのテストに、多くの人々の不満が向けられるのはわかるが、それではすぐに使える強力な学習ツールをみすみす手放すことになる。基礎知識を学ぶことと、創造的な思考力を発達させることを対立させてはならない。両方を伸ばす必要があるのだ。**目のまえのことに関する知識が豊かであればあるほど、新しい問題に取り組むときに創造力を発揮できる。**創意工夫がなければ知識が無用の長物になるように、知識という盤石な土台の欠けた創造力は、ぐらつく不安定な家しか建てられない。

研究室でテスト効果を確かめる

テスト効果に関しては、信用できる実証研究がある。初めての大規模な調査結果は一九一七年に発表された。三年生、五年生、六年生、八年生の生徒が人名年鑑に掲載された著名人の略歴を勉強したのだが、一部の生徒には教材から顔を上げて内容をひとりで暗唱する時間を作った。ほかの生徒は暗唱せず、たんに教材をくり返し読んだ。最後に生徒全員が、憶えている内容をすべて書き出した。そしてこの想起テストを、三、四時間後にもう一度おこなった。その結果、暗唱したグループはいずれも、暗唱せずたんに再読しただけのグループより多くのことを憶えていた。なかでも最高の結果を出したのは、学習時間の約六〇パーセントを暗唱に割いたグループだった。

一九三九年に発表されたふたつめの大規模な調査は、アイオワ州の三〇〇〇人を超える六年生を対象におこなわれた。六〇〇語の記事を読んだ生徒たちに二カ月にわたって不定期にテストを実施したところ、興味深い結果がふたつ得られた。まず、初回のテストを受けるのが遅いほど多くのことを忘れてしまった。また、一度テストを受けた生徒はほぼ内容を忘れず、その後のテストでもほとんど成績が下がらなかった。[*5]

一九四〇年ごろになると、研究者の関心は「忘れること」へと移り、想起練習や学習ツールとしてのテストの潜在効果の調査はあまりおこなわれなくなった。テストは研究ツールとしてもあまり活用されなくなったが、その理由は、テストをすると忘れにくくなり、被験者が「純粋でなくなる」ので、忘却の測定手段として使えないからだった。

とはいえ、一九六七年にある研究結果が発表されて、テスト効果がふたたび注目を集めた。その研究では、三六語の単語リストを渡された被験者が、一度読んだあとにくり返しテストを受けることで、何度も読んだ場合と同じくらい単語を記憶した。テストに再読と同等の学習効果があるという結果は一般常識を覆し、研究者の関心を学習ツールとしてのテストの潜在効果へと引き戻すことになり、実験でテストが使用される機会も増えた。

一九七八年の研究では、**集中練習（詰めこみ学習）の場合、直後のテストでは高得点を記録しても、想起練習に比べて忘れるのが早い**ことが判明した。初回のテストから二日後に二回目のテストをおこなうと、集中練習のグループは、初回のテストで思い出せたことの約半分を忘れていた。一方、同じ期間に集中練習ではなく想起練習をおこなったグループは、一三パーセントしか忘れなかった。

次に関心が向けられた内容は、複数回のテストで長期的な記憶維持にどのような影響が出るかだった。まず学生たちに六〇の具体的なものの名前が出てくる話を聞かせた。直後にテストを受けた学生のうち、名前を正しく答えたのは五三パーセントで、一週間後のテストでは三九パーセントだった。ところが、同じ話を聞いて一週間のあいだ一回もテストを受けなかった学生たちの正答率は二八パーセントだった。つまり、一回テストを受けるだけで、一週間後の成績が一一パーセントも向上したのだ。では、一回ではなく三回すぐにテストを受けると、どのような効果があるか。話を聞いた直後にテストを三回受けた別の学生グループは、一週間後でも五三パーセントの名前を思い出すことができた――これはテスト一回のグループの初回のテストと同じ正答率だ。さらに、テスト三回のグループは、テスト一回のグループよりも、忘れることへの「免疫」が高まっていた。ただ、テスト一回のグループも、話を聞いたあとまったくテストを受けていないグループと比べれば記憶を維持していた。要するに、のちの研究でも裏づけられるとおり、**想起練習は一回より複数回おこなうほうが高い効果が得られ、テストの間隔をあけるとさらによい**。[*6]

別の研究で、単語のなかの欠けている文字を答えさせることによって、その単語の記憶が定着しやすいこともわかった。単語のペア、たとえば「foot（足）-shoe（靴）」の場合、文字がそのままそろったペアを憶えた被験者は、「foot-s＿＿e」のようにわかりやすい問題に答えて憶えた被験者より、あとで思い出すのがむずかしかった。単語のペアを憶えるときに、問題を解かされるとそれなりの努力が必要なので、「shoe」という単語の記憶が強化されたのだ（いわゆる「生成効果」）。興味深いのは、あるペアをのちのテストで思い出す際に、ほかの二〇組のペアを憶えてから想起練習したほうが、すぐに想起練習するより思い出しやすかったことだ。[*7] なぜそうなるのか。ひとつの見方は、時間がたつと思い出すのに努力が必要になるから、それだけ記憶が定着しやすいというものだ。

研究者は、テストのタイミングが成績に関係するかどうか調べはじめた。

答えはイエスだった。**時間をあけて想起練習すると、テストとテストのあいだにいくらか忘れるせいで、すぐにテストをしたときより長期の記憶は強化される**。

やがて研究者は研究室から出て、教育の現場で仮説を確かめる機会を探すようになった。学校で生徒が実際に学ぶ教材を用いた研究である。

「現場」でテスト効果を確かめる

二〇〇五年、われわれは研究仲間とともに、イリノイ州コロンビア近郊の中学校のロジャー・チェンバレン校長にある提案をした。研究所の整った環境では想起練習の好ましい効果が何度も確かめられていたが、一般の教室ではほとんど調査されていなかった。コロンビア中学校の校長や教師、生徒、保護者は、「現場」でのテスト効果の調査に快く協力してくれるだろうか。

チェンバレンにはいくつか懸念があった。たんに記憶力を調べるだけの研究なら、あまり興味はない。彼は生徒により高いレベルの学力——分析力、統合力、応用力——を身につけさせたかった。カリキュラムにしたがって精力的に働いている教師たちへの配慮もあるし、教育方法を混乱させたくもなかった。とはいえ、研究結果は有益かもしれず、協力すれば、参加する教室にはスマートボード〔プロジェクターやパソコンと組み合わせて使用する電子黒板〕や、自動回答システムの「クリッカー」といった魅力的な機器が供与される。通常の予算では、新しいテクノロジーを導入するのは非常にむずかしかった。

六年生の社会科教師パトリス・ベインが、実験を熱心に後押ししてくれた。研究者にとって実際の教室での研究は必須なので、現行のカリキュラム、授業計画、テスト形式、教育方法にしたがい、研究の影響を最小限にとどめるという学校側の条件を受け入れた。教科書も同じものを使い、授業でのちがいは、ときおり短いクイズを実施することだけだった。実験は三学期（一年半）のあいだ、社会科教科書の古代エジプト、メソポタミア、インド、中国などの章を使って続けられた。二〇〇六年に始まったこのプロジェクトは、すぐれた結果を残す。

研究助手のプージャ・アガーワルが、社会科の六つのクラスについて、教師が教える範囲のおよそ三分の一にわたって一連のクイズを作成した。それらは「ノーステークス」、つまり点数が成績に影響しないクイズだった。教師はクイズの実施中には席をはずし、どこが問われているのか知らされない。授業の初めに、予習は指示されたが授業ではまだ扱っていない範囲に関するひとつめのクイズが出された。そして授業の終わりに、その日習った範囲からふたつめのクイズ。さらに単元ごとの試験の前日に復習クイズを実施した。

学期末試験で、クイズに出なかった範囲より出た範囲のほうが高得点だった場合、たんにクイズでもう一度見たから憶えていただけで、想起練習の成果ではないと考えられる懸念もあった。その可能性を除去するために、クイズ中、たとえば「ナイル川には白ナイル、青ナイルという二本の主要な支流がある」といった、想起を必要としない事実の説明を散りばめた。それらの事実はあるクラスではクイズにされ、別のクラスでは説明だけがなされた。

授業でクイズにかかった時間はほんの数分だった。教師が退出すると、アガーワルが教壇でスマートボードにスライドを映して読んでいった。各スライドに示されるのは、選択問題か、事実の説明のいずれかだった。クイズが含まれたスライドが出てくると、生徒はクリッカー（携帯電話に似たリモコンの回答装置）を使って、A、B、C、Dの選択肢のなかから回答する。全員答えると正解が発表され、フィードバックがあって、まちがいが訂正される（教師はこのクイズに参加しなかったが、本格導入後は教師自身がクイズをおこない、生徒が教材をどの程度理解しているかその場で確認して、さらにくわしい説明や学習が必要かどうかを判断する）。

単元試験は、教師が出題する通常の筆記試験だった。学期末と学年末にも試験があった。それらの試験は、ふだんの授業や宿題や練習問題などで扱われたすべての範囲から出題されたが、生徒はその三分の一の範囲については三回クイズを受け、ほかの三分の一については追加で三回読む機会を与えられていた。残る範囲については、最初の授業で扱って以来、クイズも再読もしていなかった（ただし生徒がみずから復習した可能性はある）。

結果は非常に説得力のあるものだった。生徒たちはクイズを受けた範囲について、受けなかった範囲より一段階高い成績を収めた。さらに、説明を読んだだけでクイズを受けなかった範囲については、復習していない範囲と大差ない試験結果だった。ここでもたんなる再読に効果は認められなかった。

二〇〇七年には、研究対象を八年生の科学（遺伝、進化、解剖）の授業にも広げた。実施内容は同じで、結果もやはり顕著だった。三学期の終了時、八年生の科学の試験成績は、クイズを受けなかった範囲が平均七九点（Cプラス）だったのに対し、クイズを受けた範囲は九二点（Aマイナス）だった。

このテスト効果は八カ月後の学年末試験まで持続し、研究室での多くの研究が示していたとおり、想起練習が長期記憶の維持に役立つことが実証された。数カ月おきに、月に一度でも想起練習を継続すればさらに成果があがったことはまちがいない。[*8]

コロンビア中学校の教師たちはこれらの結果に感銘を受けた。研究への協力を決めてから今日に至るまで、パトリス・ベインが担当する六年生の社会のクラスでは、授業前のクイズ、授業後のクイズ、単元試験前の復習クイズの習慣を継続している。八年生を担当する社会科教師ジョン・ウェーレンバーグは、研究には参加しなかったが、その後クイズを含めてさまざまな想起練習を授業に取り入れ、自身のウェブサイトでフラッシュカードやゲームなどのオンラインツールも公開している。彼の生徒は、たとえば奴隷制の歴史に関する文章を読んだあとで、それまで知らなかった奴隷制に関する事実を一〇個書き出す。想起練習をするのに最新の電子機器は必要ないのだ。

ミシェル・スパイヴィの英語の授業では、最近、読解力を改善しなければならない六年生と七年生の生徒七人が集まって、楽しい物語の輪読をおこなった。生徒は順に一段落ずつ声に出して読む。どこかで詰まったときにはスパイヴィ先生がやり直させる。正確に読めたら、先生がその段落をくわしく説明し、登場人物の心情を解説する。くり返すが、**想起練習と記憶の精緻化にテクノロジーは必要ない**〔精緻化については8章参照〕。

コロンビア中学校のクイズは生徒の負担にならない。研究の終わりに、その点について生徒の意識調査をおこなった。六四パーセントがクイズで単元試験への不安が減ったと回答し、八九パーセントが学習の向上を実感していた。クリッカーを使わない日は、授業を中断してクイズを楽しめないのでがっかりするという。

研究結果について訊かれたチェンバレン校長は簡潔に答えた。「想起練習は子供の学習に大きな影響を与えています。つまり有益であり、先生たちも教育指導に取り入れたほうがいいでしょう」*9

大学生にも同じ効果？

アンドリュー・ソーベルはセントルイスのワシントン大学で国際政治経済を教え、講義にはおもに大学一、二年生の一六〇人ほどが出席していた。ここ数年、学期中に学生の出席率が落ちていた。学期の初めには一〇パーセント程度だった欠席者数が徐々に増え、中間試験のころには二五から三五パーセントになる。彼の講義にかぎった問題ではないようだった。多くの教授はパワーポイントのスライドを配布するので、その後、学生たちは授業に来なくなる。ソーベルはスライドの配布をやめて欠席を食い止めようとしたが、それでも学期末には多数の学生が現れなくなった。講義には中間と期末の大きな試験があった。出席率を改善しようとソーベルはそのふたつの試験をやめ、成績に反映させる九回の抜き打ちテストに変更した。事前に知らせなければ学生も授業に出るだろうと考えたのだ。

結果は惨憺たるものだった。その学期の終わりまでに、三分の一以上の学生が脱落したのだ。「授業評価には打ちのめされたよ」とソーベルは語った。「学生は気に入らなかったようだ。小テストでいい成績が取れないなら、悪い評価がつくより単位を落としたほうがましと考えたんだね。出席を続けた学生に関しては、まじめに取り組んだグループとそうでなかったグループの二極化が生じた。それまでつけたことのなかったAプラスの評価を初めてつけ、一方で過去最多のC評価を与えた」[*10]

それほどの抵抗に遭っては、彼としても新しい方式をあきらめ、もとどおり講義と中間、期末の二回の試験に戻すしかなかった。ところが数年後、テストの学習効果に関する講演を聞き、学期中に三つめの大きな試験を追加して学生の習熟度にどう影響するか観察してみた。結果、成績は上がったものの期待したほどではなく、出席率の問題はあいかわらず残った。

ソーベルはもう一度シラバスを変更した。今度は学期中に九回テストがあることをはっきりと知らせ、実施日も明記した。抜き打ちはなく、中間、期末試験もなし。そこまで講義の時間を削るわけにはいかなかったからだ。

また登録者数が落ちこむのではと不安だったが、蓋を開けてみると、数はむしろわずかに増えた。「学生の嫌う抜き打ちテストとちがって、このテストはすべてシラバスに書かれていた。だから受け損ねたら本人の責任だ。私に意表を突かれるわけでも、致命的な失敗になるわけでもない。そういうほうが受け入れやすかったようだ」。出席率も改善されて、ソーベルは満足した。「とくに春学期に多いんだが、テストのない日は彼らも講義をサボることがあった。けれど、テストの日には姿を見せた」

講義と同じく、テスト範囲も累積されるので、設問は過去の大きな試験と似たり寄ったりだったが、中間試験のころには、それまでソーベルが中間試験の答案用紙で見慣れていたものよりはるかに質の高い回答が見られるようになった。五年前にこの新しい方式を導入してから、ソーベルは効果を実感している。「授業中の議論の質もずいぶん上がった。三つの試験を九回のテストに変えただけで、学生の答えにも大きな変化が現れた」。学期末には学生に講義内容に沿った短いレポートを、ときには一ページ分書かせることもあるが、提出されるものは上級講座に匹敵する出来映えになっている。

「この方式は誰でも利用できる。惜しむらくは、何年もまえに始めていればもっとしっかり教えることができたね。この方式に変更してから興味深いことに気づいた。自分をどれほどいい教師だと思っていても、講義の内容はあくまでも学習の一要素にすぎず、どのような構成にするかということが内容にも勝るほど重要だ」。彼の講義の登録者数は一八五人を超え、いまも増えつづけている。

テスト効果のさまざまな側面

ワシントン大学のアンドリュー・ソーベルの例はひとつの体験談であり、さまざまなプラスの影響が重なって成功したようだ。たとえば、学期全体でおこなわれた小テストによって、教材がうまく配分され、銀行口座の利息のように学習効果が蓄積されたことなどがある。それでも彼の経験は、テスト効果の多様な側面を調べる実証研究と軌を一にしている。

ある実験では、大学の講義で扱うような科学的な文章を学生が読み、一度読んだあとすぐに思い出すテストを受けるか、またはたんに再読した。二日後のテストでは、一度テストを受けた学生が六八パーセントの内容を思い出したのに対し、再読しただけの学生が思い出したのは五四パーセントだった。一週間後も五六パーセントに対して四二パーセントと、テストを受けた学生の優位は変わらなかった。別の実験でも、再読のみのグループが、初回のテストで思い出せたことの五二パーセントを一週間後に忘れたのに対し、反復テストを受けたグループは一〇パーセントしか忘れなかった。[*11]

まちがいに対するフィードバックは学習にどのような影響を及ぼすか――研究によると、**テストだけの場合よりフィードバックを与えるほうが記憶を定着させやすい**。さらに興味深いことに、**すぐにフィードバックを与えるより、少し遅らせてから与えるほうが記憶が長続きする**という結果が出ている。意外に思われるかもしれないが、研究者にとってはそうでもない。たとえばゴルフで遠くのグリーンにボールを刻んでいくか、ドライバーで一気に乗せるかといった運動学習では、失敗してすぐにフィードバックを受けるより、いろいろ試行錯誤したあとでフィードバックを受けるほうが、技術の習得方法として面倒でも効果的なのだ。すばやいフィードバックは自転車の補助輪のようなもので、学習者はその場ですぐ直してもらうことに頼ってしまう。

一説では、運動技術を学ぶ際にすぐにフィードバックを受ける癖がつくと、それもタスクのひとつになってしまい、本番でフィードバックがないと、完成した行動パターンに穴があいて成績が落ちるという。また、フィードバックでたびたび中断すると学習に一貫性がなくなり、安定した行動パターンを確立できなくなるという説もある。[*12]

学校の授業でも、すぐにフィードバックを与えるより、あとで与えたほうが長期記憶を形成しやすい。科学に関する文章を記憶する実験で、一部の学生は回答中もその文章を見せられ、テスト中ずっとフィードバックを受けている状況だった（実質的に、教材の持ちこみが可能な試験と同じ）。もうひとつのグループは、手元に教材がない状況でテストを受け、あとでその文章を渡されて自分の答えを見直した。結果として、文章を見ながら答えたグループはそのテストで最高の成績を収めたが、あとでもう一度テストをおこなうと、初回のテストであとからフィードバックを受けたグループのほうが記憶を維持していた。つまり、筆記試験のフィードバックをあとから与えることで、学生は間隔のあいた学習をすることができるのだ。間隔のあいた学習が長期記憶の定着をうながすことについては、次の章でくわしく紹介する。[*13]

想起練習のなかでも、とくに長期記憶の形成に効果的なものはあるか？　回答者みずからが内容を考えるエッセイや短い答えを記入する試験、あるいはフラッシュカードによる練習などのほうが、たんに選択肢を選んだり正誤を答えたりする識別テストより効果がありそうだ。とはいえ、コロンビア中学校で使われた選択問題でも充分な成果が出る。想起練習は総じて学習効果を高めるが、**思い出すのに知覚努力を必要とするものほど記憶を長続きさせる**。近年、想起練習の研究は拡大し、その結果を分析すると、授業でテストをひとつやるだけでも学年末試験の成績が大きく改善され、テストの回数が増えるほど学習効果が高まることがわかっている。[*14]

想起練習でどのように記憶が強化されるかについては諸説あるものの、テスト効果が現に存在することは科学的に実証ずみだ——記憶を呼び出すことによって、記憶自体があとでまた呼び出しやすいものに変化するのだ。

想起練習は学習法としてどの程度活用されているか？　ある調査では、想起練習の効果に気づいている大学生はほとんどいなかった。別の調査では、想起練習を学習法として実践している大学生はわずか一一パーセントだった。自主的にテストをおこなっている学生も、たんに理解できていないところを調べてさらに学ぶためだと答えた。それもテストの有効活用にはちがいないが、想起自体が長期記憶の維持に役立つことを理解している学生はほとんどいないというのが実情だ。*15

反復テストはたんに暗記学習を早める手段にすぎないのか？　じつは、再読に比べてテストは知識を新しいコンテクストや問題に当てはめやすくし、テストしていない関連事項の記憶についても維持して思い出しやすくするという研究結果が出ている。この点はさらに研究が必要だが、想起練習はさまざまなコンテクストで必要な情報を思い出すことを容易にするようだ。

学生は学習ツールとしてのテストに抵抗を感じるか？　たいていの学生がテストを嫌うのも無理はない。とくに中間や学年末のように重要なテストの場合、その成績が大きな影響を及ぼすからだ。だが、テストに関する研究で学生の感想を調べると、いずれの場合も、あまりテストを受けなかった学生に比べ、数多くテストを受けた学生ほど学期末に授業に対して好意的な評価をつけた。数多くテストを受けた学生は、学期末には教材の内容がよく理解でき、試験前の詰めこみ学習をする必要がなかったのだ。

テストを受けることで次の勉強にどのような影響があるか？　テストをすると、学生はまちがったところの復習に多くの時間を割くので、テストをせずに再読だけした学生より教材から多くを学ぶ。再読を重視して自己テストをおこなわない学生は、自分の習熟度を過信する傾向がある。テストを受けた学生は、受けなかった学生より二重に有利だ。自分が知っていることと知らないことを正確に認識できるし、想起練習によって学習を強化できる。[*16]

ふだんの授業でおこなう、成績にあまり影響しないローステークス・テストには、ほかにも間接的なメリットがあるか？　学習と記憶維持を強化するだけでなく、この種のテストは学生の出席率も改善する。学生は（テストがあるとわかっているので）予習をしっかりし、授業の最後にテストがある場合には、その授業もまじめに受ける。すると自分が何を理解し、どこをしっかり勉強しなければならないかがよくわかる。テストは、教科書をくり返し読んですらすら読めるようになったことを習得と勘ちがいしないための「解毒剤」にもなる。ローステークス・テストを頻繁におこなえば、大きな試験の重要度が分散され、ひとつのテストで運命が左右されることがなくなるので、学生のテストに対する不安感も抑えられる。さらに、こうしたテストは教師が学生の理解度を把握して指導内容を調整するのにも役立つ。授業の場所が教室だろうとオンラインだろうと、ローステークス・テストのメリットは変わらない。[*17]

まとめ

新しい知識や技術を記憶から呼び出す練習は、強力な学習ツールであり、持続力のある記憶の形

成に役立つ。これは、あとで思い出す必要のあることすべて――事実、複雑な概念、問題の解決法、運動技術など――に当てはまる。

思い出そうと努力することで学習と記憶が強化される。簡単に学べるほうがよく理解できると単純に考えがちだが、正反対であることが研究によって証明されている。頭を働かさなければならないほど、学んだことがしっかりと身につくのだ。想起練習がむずかしければむずかしいほど、うまくいったときには学習が強化される。一度テストしたあと、**次の想起練習までに時間をあけるほう**が、思い出すのに努力を要するため、長期記憶の強化に効果的だ。

想起練習をくり返すことで、記憶が長持ちするだけでなく、さまざまな状況で知識をすぐに引き出し、より幅広い問題に応用できるようになる。詰めこみ学習をすると、直後の試験ではよい評価が得られても、効果はあっという間に消える。たんなる再読の場合、想起練習より忘れるのがはるかに早いからだ。想起練習のメリットは記憶が長持ちすることだ。

授業中にテスト（想起練習）を一回おこなうだけでも、学年末試験の成績は大幅に改善される。また、テスト回数を増やすほど効果は大きくなる。

テストは教師主導でおこなわなくてもいい。想起練習はどこでもできるから、かならずしも授業でクイズをする必要はない。たとえば、フラッシュカード。児童がかけ算の九九を憶えるように、学習者はいくつになっても、解剖学、数学、法学などについて自分にクイズを出すことができる。自己テストは再読より手間がかかって面倒かもしれないが、すでに述べたとおり、想起がむずかしいほど記憶は定着する。

練習でテストをする学生のほうが、教材の再読しかしない学生より、自分の習熟度を正確に把握できる。また、そうしたテストで**教師も誤認や現実とのギャップを見つけやすくなり**、それらを修正する指導をおこなえる。

テスト後に修正のフィードバックを与えることで、学生はまちがえて憶えたままにならず、正解をより確実に学べる。

授業でローステークス・テストを受けた学生は、その練習法を支持するようになる。頻繁にテストを受けた学生はその授業をより好意的に評価する。

コロンビア中学校のチェンバレン校長が、クイズを使った学習について当初抱いていた懸念――じつはただの暗記学習ではないか?――はどうだろう。研究が完了したあとに本人に訊いてみると、彼は少し考えてから答えた。「私がじつにすばらしいと感じたことがある。子供たちには、ある概念を評価し、総合的にとらえ、さまざまな条件で応用できるようになってほしいのだが、基礎知識と記憶力があればそこに早く到達できる。この単語の意味は何だったか、これはどんな概念だったかと振り返って時間を無駄遣いすることがなくなるからね。そうして彼らの学習のレベルが上がる」

3章 練習を組み合わせる

Mix Up Your Practice

何度も復習や再読をするより、想起練習をするほうがはるかに効果的と言われても、ピンとこないかもしれない。しかし、スポーツではテストの重要性が当然のごとく受け入れられている。ひとつ意外な実験結果を紹介しよう。

八歳の児童たちが体育の授業で玉入れの練習をした。そのうち半数は九〇センチ離れたところから玉を投げた。残り半数は六〇センチ、一二〇センチ離れた位置から投げる練習を両方おこなった。一二週間後、すべての児童に九〇センチ離れたところから玉入れのテストをすると、圧倒的にうまくできたのは、ずっと九〇センチで練習していたグループではなく、六〇センチと一二〇センチで練習したグループだった。[*1]

なぜこのような結果になったのか。玉入れの話はひとまずおいて、学習法に対する誤った認識について少し見てみよう。

集中練習の神話

たいていの人は、何かを学ぶときにはひたすら集中すれば上達すると信じている。練習に次ぐ練習で技術が記憶に焼きつけられるというわけだ。ひとつのことを完璧になるまで一気に何度も練習すべきという考えは、学校の教師やスポーツ選手にかぎらず、企業の研修係や学生にも浸透している。研究者が「集中練習」と呼ぶ方法だが、多くの人がこの学習法を信じる理由は、効果が目に見えて表れるからだ。しかし、何が見えようとこれは誤りである。

新しい知識や技術を習得し、のちに応用できることが「学習」だとすれば、いかに早く習得するかは、その一部にすぎない。大事なのは、日々の生活で必要になったときにまだ憶えているかどうかだ。練習は学んで記憶するために欠かせないけれども、むしろ**間隔をあけておこない、あいだにほかの練習を挟んだほうがずっと効果的だ**ということが実証されている。たしかに集中練習をすると、一気にたくさん憶えたという実感がある。しかし、そのあとすぐに忘れることはあまり知られていない。間隔をあけ、ほかの学習と交互におこない、いろいろな手法を用いた練習なら、習熟度が高まり、長期記憶が作られ、応用の幅も広がる。もちろん、いいことずくめではない。間隔をあけたり、ほかのさまざまな学習を混ぜたりするのには手間がかかる。苦労するわりに成果はそれほどあがらないと感じるだろう。学習速度も遅くなった気がして、いつもの集中練習のように急速な改善や自信は得られない。実験の参加者は、間隔練習でよりよい結果が出ていても、集中練習のほうがしっかり学べたと感じる。

集中練習の例は、夏の語学力アップ合宿、短期習得を売りにした大学の単科授業、週末の一日に内容を凝縮した専門分野の学習セミナーなど、いたるところにある。試験の一夜漬けも集中練習の一種だ。たしかに効果を実感できる手法だから、翌日の中間試験では役立つかもしれないが、学年末試験を受けるころには忘れてしまっている。間隔をあけるとどうしても内容を忘れるから効率が悪そうだし、習熟した気になれない。とはいえ、そのときには感じられないかもしれないが、**思い出そうと努力をすることで学習は強化されているのだ**。[*2]

間隔練習

間隔をあけて練習するメリットは昔から知られている。わかりやすい例として、三八人の外科研修医の実験がある。彼らは毛細血管を再接合する顕微手術について四種類の研修を受けた。どの場合にも講義のあとに実習があった。研修医の半分は、通常のスケジュールどおり一日で四つすべてを受講した。残り半分も同じ内容を学んだが、一週間に一種類ずつ、四回受講するペースだった。[*3]

最後の講義から一カ月後におこなわれたテストでは、手術時間、手際のよさ、生きたラットの大動脈再接合の成功率というすべての項目について、一週間に一度のグループのほうが、一日で学んだグループよりすぐれた結果を出した。両グループの成績のちがいは大きかった。一日で四つすべての研修を終えた研修医たちは、すべての項目で成績が下まわっただけでなく、三名はラットの血管を傷つけ、治すどころか手術を完了させることもできなかったのだ。

なぜ間隔練習は集中練習より効果的なのだろう。新しく学んだことを長期記憶に定着させるには、「統合」というプロセスを経なければならない。記憶痕跡（学習時に活動した特定のニューロン集団に残る物理的痕跡）を強化し、意味を与え、すでに知っていることと関連づけるプロセスだ。それには何時間も、ときには数日かかることもある。詰めこみ学習では短期記憶が頼りだが、学んだことを持続させるには、イメージトレーニングなどの「統合」の時間が必要になるので、間隔練習のほうが成果があがる。**少し忘れてから思い出そうと努力することで、統合がうながされ、記憶がさらに強化されるのだ。**このプロセスに関する理論は次の章で紹介する。

交互練習

ふたつ以上の科目や技術を交互に学ぶのも、集中練習より強力な学習法だ。簡単な例をあげよう。ふたつのグループに分かれた学生が、四つの立体（三角柱、回転楕円体、球錐、半円錐）の体積の求め方を学んだ。そのあと、ひとつのグループは立体の種類ごとに（三角柱の体積計算問題を四つ、回転楕円体の問題を四つというふうに）ひととおり練習問題を解いた。もうひとつのグループも同じ問題を与えられたが、内容は立体ごとにまとまっておらず、順不同だった（交互練習）。ここまで読んできたかたは、もうその結果に驚かないだろう。立体ごとに問題を解いた（集中練習）学生の平均正答率が八九パーセントだったのに対し、交互に解いた学生の平均正解率は六〇パーセントだった。ところが、一週間後の最終テストでは、種類別に解いたグループの正答率二〇パーセントに比べ、交互に解いたグループの正答率は六三パーセントだった。**最初に学んだときには成績が伸び悩んだ交互練習だが、最終テストの結果はむしろ勝っていたのだ。**[*4]

ある企業で従業員に一〇工程からなる複雑な仕事を教える研修係になったとしよう。典型的な方法は、ひとつめの工程を完全に習得するまで何度もくり返し練習させ、それから第二工程に移り、習熟したらまた次に進むというものだ。従業員はすぐに憶える。交互練習だとどうなるか。第一工程を何度かくり返し、次は第四工程に移り、さらに第三、第七といった具合だ（8章でファーマーズ・インシュランスが新入外交員におこなった実習を紹介する。一見順序がばらばらなその実習では、回数を重ねるごとにコンテクストや意味が追加され、重要な技術をひととおり学べる）。

交互練習はなかなか集中練習のように成果を実感できず、教師や生徒にもそれがわかる。各要素の理解が早く進まないし、それを埋め合わせる長期的なメリットもすぐに見えないせいで、あまり人気がなく、使われることも少ない。教師はもどかしいので敬遠し、生徒は新しい課題に取り組みはじめてまだ身についていないのに別の課題に移るので混乱する。しかし研究によって、**集中練習より交互練習のほうが習熟と長期記憶の維持に役立つことがわかっている。**

多様練習

玉入れで九〇センチの距離から投げる練習をまったくしなかった子供が、九〇センチの距離から投げる練習ばかりした子供より上達したのはなぜだろう。

　玉入れの研究は運動技術の習得に焦点を当てたが、基本原則は認知学習にも当てはまることがくり返し証明されている。「多様練習」（たとえば、いろいろな距離からの玉入れ）をすることで、ある状況で学んだことを別の状況にうまく適用できるようになるのだ。つまり、異なる条件下で成功するための動きを幅広く理解できる。コンテクストを見きわめ、より柔軟な「行動メニュー」——それぞれの状況に合った動き——を持つことができる。さまざまな練習（六〇センチと一二〇センチ離れたところからの玉入れ）をすることで特定の課題（九〇センチからの玉入れ）にかならず習熟できるかどうかは、今後の研究課題だ。

　多様練習の効果を認める実証結果は、近年、ニューロイメージングの研究者からも支持されている。種類の異なる練習をすると、脳のちがう部分が活性化する。集中練習よりむずかしい多様練習で学んだ運動技術は、脳のより高度な運動技術の習得にかかわる部分で統合されるようだ。一方、集中練習で学ぶ場合には、認知しやすく単純な運動技術を学ぶための部分が働く。要するに、**あまり努力を要しない集中練習で学んだことは、脳の単純かつ貧弱な部分で処理されるが、多彩でふだんより頭を使う練習で学んだことは、さまざまなことに対応できる柔軟な部分に組みこまれるのだ。**[*5]

　昔からスポーツ選手が集中練習をするのは当然と思われている。バスケットボールのフックショット、ゴルフの六メートルのパット、テニスのバックハンドのリターン、アメフトのロールアウトパス——できるようになるまでひたすら練習をくり返し、「筋肉記憶」を鍛える。そういう考えが浸透している。だが、ゆっくりとだが、運動技術を多様練習で学ぶメリットが認められてきた。

たとえば、ホッケーのワンタッチパス。パックを受けたらすぐまえにいるチームメイトにパスし、自分は相手選手の体勢を崩して、パックを持ったチームメイトの邪魔をさせないようにする動きだ。ジェイミー・コンポンは、ロサンジェルス・キングスのアシスタントコーチ時代、選手たちにいつもリンクの同じ位置からワンタッチパスの練習をさせていた。あいだにほかの練習もしていたので間隔練習にはなったが、ワンタッチパスそのものは同じ位置、同じ動きばかりで、九〇センチの距離からの玉入れと同じだった。コンポンもいまはその問題点に気づき、練習法を変えている。われわれがインタビューしたあと、彼はシカゴ・ブラックホークスに移った。「今後のブラックホークスに注目」と書きたかったところだが、本書出版前の校正の時点で、コンポンとチームはすでにスタンレー杯で優勝している。はたして偶然だろうか。

最近の実験で、運動だけでなく認知機能についても多様練習が有効であることがわかった。言語学習にも玉入れの練習が応用できたのだ。実験では、文字列を意味のある単語に並べ替えるアナグラムの問題（たとえば「tmoce」を「comet」に並べ替える）を学生に解かせた。一部の被験者は一単語について同じアナグラムばかり、ほかの被験者はさまざまなアナグラムの練習をして、全員に前者のグループの練習したアナグラムのテストを実施したところ、意外なことに後者のグループのほうが好成績を収めた。木の種類を見分けたり、判例で使われた原則を区別したり、新しいコンピュータ・プログラムを憶えたりする際にも、同じ効果があるだろう。[*6]

判別力を身につける

集中練習に比べて、間隔練習や多様練習が明らかに有益なのは、コンテクストを判断し、問題を見分け、数ある可能性のなかから正しい解決策を選び、応用する方法が学べるからだ。しかし、たとえば数学の場合、教科書の構成が集中練習をする仕組みになっている。章ごとに特定の種類の問題が取り上げられ、授業で学んだあとに練習問題を解き、宿題で二〇問解いてから次に移る。次の章ではまたちがう種類の問題が出てきて、同じように集中練習で問題を解きつづける。その学期中、章ごとにずっと同じことをくり返すが、いざ期末試験になるといろいろな問題が出題される。そのたびにみな、どの公式を使えばいいのか、この問題が出てきたのは五章だったか、それとも六章、七章かと頭を悩ませる。**集中練習や同種類の問題のくり返しばかりしていると、そもそも種類を見分けるという重要なプロセスの練習ができない**。日常生活で問題や状況がいきなり変わるのはよくあることだ。学んだことを役立てるには、「これはどういう種類の問題か」を見きわめ、適切な解決策を選べるようになる必要がある。

複数の研究で、**交互練習や多様練習をすると「判別力」がつくという結果が出ている**。画家の作品の見分け方や、鳥類の分類方法に関する研究だ。

当初、研究者は、集中練習で画家の作品を学ぶ（ひとりの画家の作品を数多く学んでから次の画家に移る）方法が、それぞれの画家の作風をとらえるにはいちばん効果的だろうと予想していた。画家ごとに作品を集中して学ぶほうが、交互練習で複数の画家の作品をばらばらに学ぶより、作品と画家を結びつけやすいはずだ、交互練習はむずかしいから学生も混乱して、画家の特徴を判別できなくなるだろうと。だが、それはまちがいだった。集中練習で学んだひとりの画家の作品の「共通点」は、交互練習で学んだ複数の画家の作品の「差異」ほど役に立たないことがわかったのだ。交互練習で判別力が磨かれた学生は、あとでおこなった画家と作品の組み合わせを選ぶテストでも好成績を残した。交互練習をしたグループは、学習中に見たことのない作品についても、正しい画家の名前を答えられることが多かった。ところが、実験に参加した当の学生たちは、そうした結果が明らかになっても、集中練習のほうがよく憶えられると信じていた。**集中練習がすぐれた勉強法だという社会通念は、結果を自分の目で確かめてもなかなか払拭できない**。[*7]

交互練習に判別力を高める効果があることは、鳥類を分類する研究者によっても確認された。この課題は見た目よりむずかしい。ある研究で二〇種類の鳥（ツグミ科、ツバメ科、ミソサザイ科、アトリ科など）を取り上げ、それぞれの科ごとに一二種（チャイロツグミモドキ、マルハシツグミモドキ、ベンダイアツグミモドキなど）を学生たちに見せた。分類する際には、大きさ、羽毛、行動、生息地、くちばしの形状、虹彩の色など、さまざまな特徴に注意しなければならない。とくにむずかしいのは、同じ科には多くの共通点があるが、すべてに共通してはいないことだ。たとえば、多くのツグミモドキは細長く曲がったくちばしを持っているが、ツグミモドキすべてに当てはまるわけではない。科ごとに典型的な特徴はあるけれども、どれも科のすべてには共通しておらず、決定的な見きわめのポイントにならない。分類上のルールとして、おもに科全体の共通点ではなく、個別の特徴に頼ることになるので、たんに特徴を暗記するだけでなく、概念を学んで判断する必要がある。種や科をまとめたり見分けたりする根本の概念を理解するには、集中練習より、交互練習や多様練習のほうが効果的なのだ。

以上の研究の結論を言い換えれば、想起と認識には、「概念的知識」より学習レベルが低いと考えられている「事実的知識」が必要ということだ。概念的知識を得るには、大きな枠組みのなかで基本要素が互いに作用する関係性を理解しなくてはならない。分類に概念的知識が必要と考えると、事実や実例を思い出す練習だけでは、分類という高いレベルの知的行動に求められる一般的な特徴を充分理解できないということになりそうだが、鳥類の分類実験は正反対のことを示した。複雑なプロトタイプ（科の類似点）を見分けることを学ぶと、単純な知識の獲得にとどまらず、コンテクストや機能のちがいを把握することができ、より高度で包括的な理解に至るのだ。[*8]

複雑な技術を学びやすく

事実的知識そのものを学ぶことと、それを応用できるほど理解することのちがいはあいまいかもしれない。だが、セントルイスのワシントン大学医学部のダグラス・ラーセン医師は、鳥類の分類に必要な技術は患者の症状の診断に似ていると語る。「さまざまな種類を学ぶことが重要なのは、比較検討して微妙なちがいを知ることができるからだ。医学でも同じで、患者の診察は毎回、ある意味でテストのようなものだ。複数の症状とその相互関係を判断する能力には、多くのレベルの顕在記憶と潜在記憶がからんでいる」。過去の経験を自動的に思い出して新しい経験に当てはめるのが「潜在記憶」だ。たとえば、診療に訪れた患者が症状を訴える。医師は話を聞いて、どの病気に当てはまるか意識的に記憶を探りながら、同時に無意識で過去の経験を照会して、患者の言う症状を解釈する。「すると、下すべき診断が残る」とラーセンは言う。[*9]

ラーセンは大学病院で診療にあたる小児神経科医だ。医師として勤務するかたわら、研修医の監督や、時間が許すかぎり認知心理学者と共同で医療教育の調査もおこなって、忙しい日々をすごしている。そうした役割を最大限に活用しつつ、医学部小児神経科のカリキュラムの再編や強化にも尽力している。

想像がつくように、医学部にはさまざまな教育技術が導入されている。学生は授業や実習のほか、学校が運営する三つのシミュレーション・センターで、医療用マネキンを使った心肺蘇生法などの処置の練習ができる。マネキンの「患者」はそれぞれモニターに接続され、心拍や血圧、拡張・収縮する瞳孔がある。さらに、モニタールームで操作する担当者がいるので、問診もできる。そのほか、「標準模擬患者」を演じる俳優もいて、診断が必要な症状を台本にしたがって訴える。施設内は一般的な病院と同様の構造になっており、学生は病室での患者への接し方から、診察技術や、必要な問診全項目の暗記、診断や治療の計画に至るまで、あらゆる面での上達を求められる。

こうした教育法の研究から、ラーセンはいくつか興味深い結論を出している。まず自明かもしれないが、患者の診療の実技テストは、実際に病院で患者を診療した経験がある学生のほうがうまくいく。本を読むだけでは足りないのだが、学期末の筆記試験では、実技研修を受けた学生も、筆記試験のみで勉強した学生も成績はあまり変わらない。筆記試験の場合、質問の形式がほぼ決まっていて、特定の情報について訊かれるからだ。それに対して、実際に患者を診療するときには、自力で正しいメンタルモデルを適用し、手順もみずから考えなくてはならない。そうした手順は、ただ本で読んで学ぶより、実際の患者や模擬患者を相手に練習するほうがよく身につく。言い換えれば、もっとも効果的な想起練習は、あとで知識にもとづいて実際にやることをくり返す練習だ。**学習がどのくらい役立つかは、得た知識だけでなく、その知識をもとにどう練習するかで決まる。**スポーツの格言に「本番と同じように練習すれば、本番で練習どおりにできる」というのがある。この考えは、学習に関するほかの研究や、科学・産業界のより高度な訓練にも当てはまる。たとえばシミュレータは、いまやジェット機のパイロットや医学生にかぎらず、警官、船の操舵手、その他複雑な知識や技術の正確な習得が必要なさまざまな分野に導入されている。それらの分野では本を読んで学ぶだけでは不充分で、実際に手を動かす練習が必要なのだ。

第二に、医学生にとって、それぞれちがった病状を訴える患者を数多く診察し、幅広い経験を積むことは大切だが、多様性を重視しすぎると、基本的な想起練習、つまりたいていの患者に現れる典型的な症状に関する練習がおろそかになる危険性がある。

「学生によく知ってもらいたい病気がいくつかある」とラーセン医師は言う。「だから、本人がわかったと感じ、かつわれわれから見ても理解していることがわかるようになるまで、標準模擬患者を何度も診察させる。これは多様性か、くり返しかという二者択一の問題ではない。バランスよく学んでいるか確かめ、慣れているからこそ気づかない落とし穴に注意する必要がある。この症状の患者は何人も診察したから、もう診なくても大丈夫と思ってはいけないんだ。くり返し想起練習することは長期記憶の維持に不可欠であり、訓練の重要な要素だ」

三つめの重要な要素は実務経験だ。医師は患者を診察することによって、日常の仕事のなかで自然に間隔をあけた想起練習、交互練習、多様性練習ができる。「医療のかなりの部分は経験から学ぶことが土台になる。だから、二年間学んだ学生は医療現場へ送り出す。ただ大きな問題は、学びと経験が同時に発生しているときにどうするかだね。医療現場で経験することのなかには、そこから何も学べないことも多い。学ぶべきことが含まれている経験をどう区別すればいいのか」

2章で神経外科医マイク・エバーソールドが語ったように、**経験から学ぶ方法のひとつが、振り返って考える「省察」だ**。進んで省察するかどうかには個人差がある。そこでダグラス・ラーセンは研究範囲を広げて、省察を訓練の要とし、学生たちが習慣化する方法について考えてきた。毎日または一週間ごとに、実施したこと、その成果、次にもっとうまくするための改善方法を、彼らに記録させるのだ。医学部でクイズやテストが能力開発に欠かせないのと同じように、医療実務では、間隔をあけた想起練習として日常的に省察をおこなうことが重要ではないか。ラーセンはそう考えている。

教室での講義や、医師向けの典型的な数日間の詰めこみ型研修会はどうだろうか。ラーセンの医大の研修医が座学の講義に割く時間は、全体の一〇パーセントだ。代謝性疾患や感染症、医薬品などに関する講義で、講師はパワーポイントのスライドを見せながら説明する。たいてい昼食を挟んで話を聞いて、終わりだ。

「どんどん忘れることを考えると、あまり効果がないという調査結果が出ている現在の活動に力を入れすぎているのは気がかりだね。医学生や研修医があういう研修会に出席しても、あとでくり返し学ぶ機会はほとんどない。聞いた内容に近い病気の患者を診察することが偶然あるかどうか。なければ、教科書で学ぶこともテストを受けることもないから、ただ講義を聞いて帰るだけになる」

ラーセンは、せめて忘れるのを防ぐ手立てを講じたいと言う。研修会の終わりにクイズを出し、あいだをあけて想起練習をするのだ。「クイズを研修や講義の標準プログラムにするんだ。毎週メールでクイズが一〇問出されて、それを解くとかね」

ラーセンは問いかける。「忘れることを防ぐか減らす教育や訓練のシステムを、どう設計すればいいんだろうね。目標達成のために学部全体でどう取り組む？　いまの研修医プログラムでは書き取るだけだ。講義を受けて研修会に参加すれば終わり。大きな研修会で学部全体が集まって教授陣が講演をするけれど、最終的な成果はほとんどない[*10]」

原則を幅広く応用する

大学のフットボール・チームは一見学習モデルを探すのに向かない場所に思えるが、ジョージア大学のコーチ、ヴィンス・ドゥーリーと話したときに、練習メニューについて興味深いことを聞いた。

ドゥーリーは斯界の権威だ。一九六四年から八八年までブルドッグスのヘッドコーチを務め、二〇一勝一〇引き分け七七敗、カンファレンス優勝六回、全国優勝一回という偉業をなしとげた。同じ大学でアスレチック・ディレクターにもなり、国内屈指の練習プログラムを作った。

ドゥーリー・コーチに、選手はどうやってこの複雑な競技を習得するのか尋ねてみた。彼は土曜の試合から次の土曜までの一週間の練習サイクルで、コーチングや訓練の理論を立てていた。その短い期間で学ぶことは山ほどある。講義室で相手チームの試合傾向を研究し、対抗するための攻撃と守備の戦略を話し合い、グラウンドでその戦略を個々の選手の動きに割り振り、全体としてまとめて、正確に動けるようになるまでくり返す。

同時に選手たちは、ブロック、タックル、ボールキャッチ、タッチダウン、ボール運びといった基礎技術も磨かなければならない。ドゥーリーにはふたつの信条がある。(1)何年やろうと、ときどき基礎練習に戻って技術を磨かなければ能力が落ちる。(2)くり返すばかりでは飽きるので、練習に変化をつける。ポジションコーチが選手と個別に技術練習をおこない、チーム練習のときにはそれぞれ実践できているかを確認する。

そのほかキッキング・ゲーム〔キックオフ、パント、フィールドゴールといったボールを蹴るプレー〕も練習する。各選手が基本的な動きをマスターしなければならないのは当然だが、チームの練習メニューには特別なプレーもあって、それが勝敗を左右することも多い。ドゥーリーによると、その特別なプレーが間隔練習の典型例だという。木曜だけに練習するので、かならず一週間の間隔が生まれ、かつプレーの順番をいろいろ入れ替えておこなう。

このすべてをこなせば、選手個人とチームの練習の要素が交互に含まれた毎日・毎週のスケジュールが勝利の重要な鍵となるのもうなずける。毎日の練習は、ポジションごとの徹底した基礎練習から始まる。次に選手たちは数名で集まり、複数のポジションが連携する動きを練習する。それらがだんだんまとまってチーム全体の練習になる。同じプレーをスピードを変えておこない、身体的、精神的なリハーサルにする。週のなかばには、チームは実際の試合と同じように全速力でプレーしている。

「すばやく動き、すばやく反応しなければならない」とドゥーリーは言う。「だが、試合の日が近づくと、いったん速度を落とす。いわば身体接触のないリハーサルだ。プレーは基本的に毎回同じように始まるけれど、相手の動きでそれが変わる。だから対応能力が必要だ。体を動かしながら『相手がこう来たら、こう返す』と考える。適応力を練習で磨くんだ。さまざまな状況でしっかり練習すれば、試合中に何が起きてもうまく切り抜けられる」[*11]

選手が彼の（書いた）プレーブックの技術を身につけるにはどうすればいいか。本を家に持ち帰り、頭のなかで一連の動作を思い描いて、試合を再現するのだ。体力を消耗するので激しい動きをすべて練習することはできない、とドゥーリーは言う。「だから、試合でこちらへ動き、あちらへ動きということを頭のなかで再現して、体は少し傾けるぐらいでいい。すると実際に対処すべきことが起きたときに、頭はわかっている。プレーブックを読んで頭で再現し、いくらか動作もつけてシミュレーションする。そういうリハーサルをしておけば、講義やグラウンドでの練習をさらに強化できる」

最後のクォーターバックのミーティングは土曜の朝で、試合の作戦を検証し、精神的なシミュレーションをおこなう。その仮想の試合では終始オフェンスのコーチが作戦を立てられるが、いざ試合が始まれば、判断はクォーターバックの手にゆだねられる。
ドゥーリー・コーチのチームには、想起、間隔、交互、多様、省察、精緻化といったすべての練習がそろっている。土曜の試合に向けて頭のなかでプレーや反応や対処法を検討する熟練のクォーターバックは、手術室でどのような処置をおこなうべきかを考える腕利きの神経外科医と同じなのだ。

まとめ

集中練習とその代わりになる学習方法について、今日わかっていることを簡単にまとめておこう。科学者はさらにくわしい研究を続ける。

ひとつのことに集中して根気強く取り組むほうが学習効果は高い、とわれわれは信じきっている。ひたすら練習するうちに目に見えてうまくなった経験が何度もあるから、確信はますます強まる。だが、**それは習得段階における「一時的な力」で好結果が出ているだけで、「定着した習慣の力」によるものではない**と科学者は結論する。間隔練習、交互練習、多様練習のように力を定着させる練習法は、習得の実感がなかなか湧かず、練習中にやる気と努力を高めるほどの成果があがらないのだ[*12]。

集中練習のひとつである「詰めこみ学習」は、大食いしては吐き出すような練習法だ。たくさん詰めこんでも、ほとんどは短時間で記憶から抜け落ちる。**練習の間隔をあけ、数回に分けておこな**

うだけで、学習と記憶を強化し、力を定着させることができる。

どのくらいの間隔をあければいいのか。答えは簡単で、頭を使わないただのくり返しにならない程度だ。**少なくとも、いくらか忘れるまで時間をあけること。**次の練習までに少し忘れ、思い出す努力をするのが効果的だが、想起練習の重要な点は教材の再学習だから、忘れすぎてもいけない。練習と練習のあいだに記憶は統合される。睡眠が記憶の統合に大きな役割を果たすので、一日以上あけて練習するといい。

フラッシュカードのように単純なものでも「間隔練習」になる。それぞれのカードをくり返し学ぶあいだに、ほかのカードもたくさん見るからだ。ドイツの科学者セバスチャン・ライトナーは、フラッシュカードを使った「ライトナー・ボックス」と呼ばれる間隔練習を独自に開発した。まず、カードを入れる箱を四つ用意する。最初の箱には、よくまちがえるので何度も練習しなければならない学習素材（楽譜、アイスホッケーの動き、スペイン語の単語カードなど）を入れる。二番目の箱には、よくできるものを入れるが、最初の箱ほど頻繁に練習する必要はないので、枚数は半分ぐらいにする。さらに三番目の箱には、二番目よりも頻度が低くていいものを入れる。解答、演奏、ワンタッチパスなどをまちがえたら、ひとつまえの箱に戻して練習の回数を増やす。根本的な考え方は単純で、**習熟しているほど練習は少なくていい**ということだ。しかし重要なのは、**練習箱から完全に消えることはない**という点である。

何かを理解し、もう練習する必要はないと感じる「慣れの罠」には注意が必要だ。自己テストを手っ取り早くすませようとしたり、慣れると失敗につながりうる。ダグラス・ラーセン医師は指摘する。「つねに自分に、全部思い出せと命じるんだ。思い出せなかった場合には、それは何か、なぜわからなかったのかと考える。教師が出すテストやクイズなら、やらなければならないという意識が生まれるんだけどね。ズルも手抜きもできず、とにかくやるだけだ、と」

アンディ・ソーベルが政治経済学の二六回の講義でおこなう九つの小テストは、間隔をあけた想起練習と交互練習の好例だ。講義が先に進んでも、テストの対象範囲はつねに学期の初めから学んだことである。

練習中にふたつ以上の課題を織り交ぜるのも、間隔をあけた練習になる。さまざまな問題を識別し、蓄えている解決策のなかから適切なツールを選ぶ能力を鍛えるのにも役立つ。

交互練習では、ひとつのテーマを完了させてから次のテーマに移るのではない。**それぞれの練習が終わるまえに次に移るのだ**。筆者たちの友人が実体験を話してくれた。「ホッケー教室にかよっていて、スケート技術やパックの扱い方、シュート練習をするんだけど、たとえばちょっとスケーティングの練習をして、慣れてきたかなと思うところにスティックの扱い方に移るものだから、がっかりしたよ。なんでコツを完全につかむまでやらせてくれないんだろうってね」。そのような指導者はじつはまれである。技術をひとつずつ順番に磨くのではなく、異なる技術を交互に練習するのが効果的であることを理解しているのだ。

交互練習と同じく多様練習でも、より大きな枠組みで理解し、状況の変化を見きわめて対応する能力が磨かれる。交互練習や多様練習をすると、学習者はたんなる記憶を超えた高いレベルの概念や応用の域に達し、ちょうど運動技術で「定着した習慣の力」が発揮されるように、完成度が高くて持続力もある深い学習ができるようだ。

いわゆる「ブロック分け」による練習は、よく多様練習とまちがわれる。とくにスポーツでよく見かけるが、選手がそれぞれちがう場所で練習をひとつずつ終えて、次の場所に移る方法だ。ロサンジェルス・キングスも、頑固な方針を変えるまでそんなふうにワンタッチパスを練習していた。フラッシュカードをシャッフルせずに、いつも決まった順番で見るのと似ている。リンクやグラウンドの同じ場所で練習したり、数学の同じ問題を解いたり、フライト・シミュレータの同じ操作ばかり訓練するなど、同じ技術をずっと同じ方法で練習しても変化（多様性）が乏しく、学習もそれだけ浅くなる。

間隔練習、交互練習、多様練習は、ふだんの生活にある自然な行動だ。診察に訪れる患者や、フットボールの試合のすべてがテストであり、想起練習となる。毎日の交通違反の取り締まりが警官にとってのテストだ。どの交通違反にもちがいがあり、顕在記憶と潜在記憶に蓄積されるので、注意深い警官はだんだん手際よく動けるようになる。合いことばは「経験から学べ」だ。学習しない人もいる。おそらく、学ぶ人と学ばない人のちがいは、振り返る習慣があるかどうかだ。**省察**（何が起きた？　自分は何をした？　どういう結果が生じた？）**は想起練習の一形態だ。**さらに、精緻化（次はどういう手を打つ？）でいっそう学習が進む。

ダグラス・ラーセン医師が指摘するように、脳の神経細胞のつながりは非常に柔軟だ。「脳を働かせることこそが、ちがいを生み出す。より複雑な回路がいくつもでき、くり返し使うことでそれらが強化される」

4章 むずかしさを歓迎する

Embrace Difficulties

アメリカ海兵隊中尉ミア・ブランデットは、二三歳のときに沖縄で後方支援の任務につき、空挺学校のパラシュート降下試験に合格しなければならなくなった。二年後に、彼女はそのときのことを振り返って語った。「落ちるときのあのぞっとする感覚が嫌いなの。飛行機から飛びおりたいと思ったことは一度もない。中学生になるまでウォーター・スライダーですべるのも嫌だったくらいだから。でも、飛行機からパラシュート降下で資材を届ける部隊をまかされた。海兵隊の後方支援ではいちばん人気のある任務で、めったなことではまかせてもらえない。上官には、『空輸の小部隊長だ。やりたくなければ、きみはほかの任務にあてて、別の者を任命する』と言われた。誰もが憧れる任務を他人に譲るわけにはいかないから、上官の顔をまっすぐ見て、『承知しました。飛行機から飛びおります』と答えた」[*1]

ミアは身長一七〇センチで金髪の熱意にあふれた女性だ。元海兵隊員の父親フランクは、畏敬の念をこめて語った。「あの子は同じクラスのほとんどの男より多く懸垂ができる。ベンチプレスはメリーランド州の記録保持者だし、ＮＣＡＡ〔全米大学体育協会〕のパワーリフティング（ベンチプレス、スクワット、デッドリフトのそれぞれ三セットで競う）では六位に入賞した。物腰が穏やかだから、そう見えないだろうがね」。ミアをインタビューしたときに、フランクの話は本当かと尋ねてみた。彼女は、「父は大げさに話すのが好きだから」と笑ったが、さらに訊くとやはり事実だった。最近まで、海兵隊の女性兵士は懸垂を何度もする代わりに、フレックスアーム・ハング（懸垂棒に顎まで体を引き上げた状態を維持する）の訓練をしていたが、二〇一四年に規則が厳しくなり、男性と同じく最低三回の懸垂が求められた。目標は女性が八回、男性が二〇回。ミアはすでに一三回に達し、二〇回をめざしている。米海軍兵学校に在学中、二年連続でパワーリフティングの全国大会に出場し、メリーランド州記録を打ち立てた。

要するに、彼女はタフなのだ。落下を嫌うのは自己防衛本能の表れだが、海兵隊やブランデット家の気質を考えれば、彼女がその任務を引き受けるのは当然だった。姉がひとり、男兄弟がふたりいて、全員が現役の海兵隊員なのだ。

結局、ミアは高度三八〇〇メートルの軍用輸送機Ｃ１３０から飛びおり、三度目の降下で、ほかの兵士の開いたパラシュートの上に落ちる。だが、話を先に進めよう。

われわれは彼女の空挺学校での訓練に興味を持った。努力を要するむずかしい練習の見本だからだ。間隔練習、交互練習、多様練習などで時間と労力はかかるが、その不便さを充分補うほど強固で、的確で、長持ちする学習になる。強い学習効果を生む短期間の障害は、心理学者のエリザベス、ロバート・ビョルク夫妻によって「望ましい困難」と名づけられた。[*2]

ジョージア州フォート・ベニング基地の米軍空挺学校は、学ぶ者が正しく理解し、正確に行動できるようにするための場所として、「望ましい困難」による学習の手本を示している。ノートの持ちこみや書き取りは禁止。授業を聞いて、見て、練習し、実行する。テストが主要な教育ツールとして使われ、そのテストも筆記ではなく実技だ。また、軍隊らしく厳しい規律がある。できなければ脱落するのみだ。

パラシュート降下の着地では、地面についた瞬間に体を転がし、足の親指のつけ根から、ふくらはぎ、太腿、腰、胴体の側面へと衝撃を分散させる技術が必要だ。全身に分散させる方向が六つあり、着地の瞬間の状況（進行方向、地形、風、地面に近づいたときに体が揺れていたかどうかなど）に応じてそれを判断する。この重要なパラシュート技術を学ぶには、まず砂利採取場で説明を受け、手本を見学する。そして実践だ。体の各部を使って着地の練習をし、フィードバックを受け、また練習する。

一週間のあいだに難易度が上がっていく。次は地上六〇センチの高さの踏み台に立つ。「用意」の号令にあわせて親指のつけ根に重心をのせ、両脚をそろえ、両腕を上げて、「降下」の号令で飛びおりる。

テストはさらにむずかしくなる。高さ三メートル七〇センチのジップライン〔滑車ですべって移動する設備〕に体を固定し、頭上のT字ハンドルを握り、着地点へとすべりおりる。そこで号令がかかったら手を離し、着地する。前後左右の方向を混ぜながら倒れる練習だ。

難易度はさらに上がる。地上三メートル七〇センチの踏み台にのり、ハーネスの装着を学んだあと、二人組で装備を点検し、飛行機の扉の模型から飛びおりる。ラインが長くたるんでいるので、飛びおりた瞬間には自由落下の感覚がある。次いでケーブルをすべるときの大きな体の揺れがあり、本物の降下の動作にだんだん慣れていく。だが、地面まで一メートル足らずのところでハーネスをはずして体を落下させるのは、本人ではなく教官で、どちらの方向にどう落ちるかわからないまま練習することになる。

次に訓練生は高さ一〇メートルのやぐらに登り、降下のすべての要素を練習し、飛行機からの集団降下の指導を受ける。高所からの落下感を体験し、装備が正しく機能しないときの対処法や、重い戦闘装備を担いでおりる方法を学ぶ。

実技指導やシミュレーションを通して、学習の難易度をひとつずつ上げていきながら、降下部隊の一員として飛行機に乗り、三〇人の集団降下作戦に加わるのがどういうことかを体得する。降下用の扉からの正しい飛び方、一〇〇〇、二〇〇〇、三〇〇〇、四〇〇〇フィートといった降下距離の数え方、そしてパラシュートの開く感覚、六〇〇〇フィート降下したときの予備パラシュートのコードの引き方、ねじれたサスペンションラインを直し、衝突を避け、風を制御し、からまったコントロールラインをほどき、ほかの隊員の浮力を奪わず、木や水や送電線の上への落下を避ける方法、昼や夜、風や天候のちがった条件下で降下する方法などを学ぶのだ。

習得しなければならない知識や技術は多く、練習は、飛行機の模型や踏み台で自分の番を待つあいだに自然と間隔を置いて交互におこなわれる。学ぶべきことをすべて含め、異なる要素をまとめて取り入れる練習だから、必然的にそうなる。そして三週目まで脱落しなければ、ついに本物の輸送機から五回の降下をおこなう。その五回に成功して訓練をやりとげると、ジャンプウィングスーツと空挺学校卒業証書を与えられるのだ。

ミア・ブランデットは三度目の降下で扉のまえに並ぶ一五人の隊員の先頭にいた。反対側の扉にも男性隊員を先頭に一五人が並んでいた。「最初の人は、あのときには私だったけれど、スタティックライン〔飛びおりると自動でパラシュートを開くコード〕を空挺軍曹に渡す。赤か青に点灯するランプがあって、一分間の指示、さらに三〇秒の指示を受ける。私は扉のまえに何分か立っていた。すごくきれいな景色だった。あれほど美しいものは見たことがなかったくらいだけど、怖くて震え上がっていた。視界をさえぎるものは何もなく、『ゴー！』の合図が出るのを待つ以外、何も考えられなかった。反対側の隊員が飛びおりてから、私も続いた。一〇〇〇、二〇〇〇、三〇〇〇と数えたけれど、四〇〇〇フィート降下したところで急に緑色のパラシュートに包まれた。これはぜったい私のパラシュートじゃないと思った。自分のは開いたし、体が支えられるのも感じたので。そこで最初に飛んだ人の上に落ちたことに気づき、泳ぐようにパラシュートの上から抜け出して離れた」

もちろん降下のタイミングはずらしているが、パラシュートが開くまでの不安定な四秒間でほかの降下隊員に接近しているかもしれないし、わかっても避けるのはむずかしい。この出来事は訓練の甲斐あって事なきを得たが、わかりやすい例だ。恐怖心が芽生えた？　平気です、とミアは答えた。彼女には対処するための心構えがあり、その自信のおかげで冷静に「泳ぐように抜け出す」ことができたのだ。

自分の知識に自信を持つのは大切なことだが、実際の行動に活かせるかどうかは別だ。テストは強力な学習法であるだけでなく、自分が本当に理解しているか正確に判断するために有効だ。くり返し結果を出し、実際の状況に似た環境でも実行できるかテストしたうえでの自信なら、まちがいない。降下用の扉のまえに何度立っても恐怖心はよみがえるかもしれないが、ミアによると、それは飛びおりた瞬間に消えるそうだ。

学習のしくみ

どうすれば困難を望ましいものにできるのか。理解のために、学習のしくみを簡単に説明しよう。

符号化

ミアの立場になって、砂利採掘場で教官から降下の説明を受け、手本を見せてもらっているところを想像してほしい。脳は認知したものを科学的、電子的に変換し、観察した手本の心的イメージを作る。感覚的に認知したものを脳内で意味のあるイメージに変えるこのプロセスは、まだ完全には解明されていないが、「符号化」と呼ばれ、脳内にできた新しいイメージを「記憶痕跡」という。メモ帳の走り書きやスケッチ、短期記憶を思い出してもらいたい。

日常生活には、短期記憶で処理される些末なことがあふれている。ジムで着替えに使ったロッカーの錠が壊れていて、ガタガタと直したことや、トレーニングのあとで車のオイル交換に立ち寄ったことなどは、幸いすぐに忘れるが、将来のために記憶に留めておくべき経験や学び――ミアの場合なら、着地のときに足首を痛めたり、もっとひどい怪我をしないための動作――は、より強固で長続きする記憶にしなければならない。[*3]

統合

そうした心的イメージを長期記憶にするプロセスが「統合」だ。新しく学んだことは不安定で、解釈がまだ定まっていないので、たやすく変わってしまう。そこで脳は、統合によって記憶痕跡を再編し、安定させる。数時間かそれ以上かけて新しい素材をじっくり処理するのだが、その間に、学んだことを再現し、練習して、意味を与え、足りないところを補い、過去の経験や長期記憶に蓄えられているほかの知識と関連づけている。過去の知識は新しく学んだことを理解するのに欠かせず、両者を結びつけるのが、統合の重要な作業だ。ミアはもとより運動神経がよく、自分の身体能力を把握し、経験も積んでいたので、それらがひとつの大きな知識となり、パラシュートの降下着陸を成功させる要素とのつながりもたくさん見つけられた。前述したように、眠りは記憶の統合を助けるが、いずれにしろ、学んだことを統合して長期記憶に変換するのには時間がかかる。

脳が新しく学んだことを統合するプロセスは、エッセイの執筆にたとえるとわかりやすいかもしれない。初稿は冗長で漠然としている。とりあえず書いてみることで、何を主張したいのか見きわめる。その後推敲を重ね、余計な部分を省いたうえで、しばらく寝かせる。一、二日たって原稿を見直せば、主張したいことが頭のなかでさらに明確になっている。言いたかった大きな点が三つあったことに気づくかもしれない。それらを読者になじみのある例や裏づけ情報と結びつける。内容を整理し直して、要点がはっきりと美しく見えるようにする。

同様に、何かを学ぶプロセスも初めはまとまりがなく手に負えないと感じるものだ。いちばん大事なところがすぐに目につくとはかぎらない。「統合」は学んだことを整理し、強固にする。しばらく時間をあけた想起練習も、同じ効果を発揮する。長期記憶から記憶を呼び出すことで記憶痕跡を強化し、同時にまた修正可能にして、新しく学んだこととも関連づけられるようにするのだ。このプロセスを「再統合」という。**想起練習はこうして学んだことを修正し、強化する。**

パラシュート訓練の二日目には、降下のために踏み台の上に立つ。訓練者は脚と膝をそろえ、膝は少し曲げ、顔は地平線に向けるという正しい体勢をどうにか思い出し、気持ちを落ち着かせるが、着地したときに脇を締めることを忘れ、反射的に両腕を広げてしまう。実際のパラシュート降下なら腕を骨折するか、肩を脱臼するところだ。**前日に学んだことの再現には失敗したわけだが、思い出そうとすることで、きわめて重要な動作の要素が明確になり、より強固な記憶に再統合される。**次から次へとくり返すだけの練習では、パラシュート降下にせよ、外国語の動詞の活用にせよ、短期記憶になるばかりで、頭を働かせる努力をほとんどしていない。顕著な効果がすぐに表れて満足できるかもしれないが、そうした技術の根底にあるものはあまり強化されない。いっときうまくできたとしても、持続性のある学習になっていないのだ。一方、間隔練習や交互練習などで記憶が少し薄れると、想起がむずかしくなるので、はっきりした成果があがらず落ちこむかもしれないが、学習は深まり、あとでもっと簡単に思い出せるようになる。[*4]

想起

学習、記憶、忘却の相互作用は興味深い。持続性のある強力な学習のためには、ふたつやらなければならないことがある。まず、新しく憶えたことを符号化、統合し、短期記憶から長期記憶にしっかり移し替える。次に、あとでその知識をうまく思い出せるように、さまざまな手がかりと結びつける。保持している情報を適切なタイミングと場所で思い出す**効果的な想起の手がかりを作ることは、学習時に見落とされがちだが、じつは記憶に知識を蓄えるより大切なことだ**。必要なときに思い出せることこそが重要なのだ。

教えてもらった結び目の作り方を思い出せないのは、練習して学んだことを応用していないからだ。公園に出かけたときに、イーグル・スカウト〔最高位のボーイスカウト団員〕が結び目の作り方を教えていたとしよう。せっかくなので一時間のレッスンに参加する。一〇種類ほど、それぞれがどういうときに役立つか聞きながら手本を見せてもらい、練習したあとで短いロープと説明書きをもらって帰る。帰り道ではまた練習しようと思っていても、毎日忙しいので時間がなかなかない。じきにやり方を忘れ、学ぶこともなく、それきりになる。ところが、たまたま翌年の春に小型ボートを購入し、錨をロープに結びたくなった。ロープを手に首を傾げていると、端に輪を作る結び方を教えてもらったことをふと思い出す。これが想起練習だ。説明書きを引っ張り出して、もやい結びを復習する。ロープで小さな輪を作り、短いほうの端をそのなかに通して、黙々と小さな記憶装置を再生していく。これもまた想起だ。最後にきゅっと引っ張れば、ボーイスカウト仕込みの立派な結び目のできあがり。その後はロープを手元に置き、テレビを見ながらコマーシャルのあいだに練習する。これは間隔練習。そこから数週間は、輪のついたロープで楽になる細々とした作業があれこれあることに驚くだろう。またしても間隔練習。八月になるころには、もやい結びが役に立つあらゆる日常の場面を発見している。

鮮明かつ有意義で、定期的に練習できる知識、技術、経験は身につく。もうすぐ軍輸送機から飛びおりなければならないとしたら、いつ、どうやって予備傘のコードを引けばいいか、高度四〇〇メートルでどんな問題が起こりうるか、「泳ぐように抜け出す」ためにはどうするか、真剣に説明を聞くはずだ。もう無事に終わった明日になっていればいいのにと思いながら、疲れすぎて眠れず、ベッドでイメージトレーニングをしたら、それは間隔練習として役立つ。

学習の幅を広げる——想起の手がかりを更新する

すでに知っていることと関連づければ、記憶できる量に実質的な限界はない。新しく学ぶことは、過去に学んだことを基礎とするので、学べば学ぶほど、さらに学ぶためのつながりが増えるのだ。ところが、われわれが想起できる情報量はかぎられていて、憶えたことのほとんどは、すぐには思い出せないようになっている。想起に限界があることで、われわれはむしろ助かっている。もしすべての記憶がいつでも思い出せる状態になっていたら、そのときに必要な情報（帽子の置き場所、電子機器の同期方法、すばらしいレシピなど）を膨大な量の記憶のなかから探し出さなくてはならないので、たいへんだ。

知識は深く定着するほど長持ちする。「定着する」とは、その概念が完全に理解され、生活のなかで実用的、感情的に大きな意味を持ち、記憶に蓄えた知識と結びついているということだ。記憶のなかからたやすく知識を引き出せるかどうかは、そのときのコンテクストや、最近使ったかどうか、そして、その知識と結びついて想起をうながす手がかりの数や鮮明さにかかっている。[*5]

そこが油断できないところだ。**ふだんの暮らしのなかでは、新しい知識の手がかりを作るために、競合する古い知識の手がかりを忘れなければならないことがよくある。**初老になってからイタリア語を学習するなら、高校時代のフランス語は忘れたほうがいいだろう。「〜である」という意味のイタリア語「essere」を思い出そうとしても、ついフランス語の「être」が出てくるからだ。イギリスを車で旅行するなら、車道の右側を走るという手がかりを抑えて、左側を走る手がかりを確実に作らなくてはならない。流暢なフランス語や、道路の右側を走りつづけた長年の経験のように、しっかり定着した知識は、しばらく使わなかったり、競合するほかの想起の手がかりが割りこんだりしても、あとでまた簡単に取り戻すことができる。**忘れているのは知識そのものではなく、想起するための手がかりなのだ。**左側を走るという新しい知識の手がかりは、（運がよければ）右側を走る古いものと入れ替わる。

矛盾しているようだが、往々にして、**少し忘れることが新しい学習にとって不可欠になる。**[*6]パソコンをＷｉｎｄｏｗｓからＭａｃに替えたり、Ｗｉｎｄｏｗｓのバージョンを別のものに替えたりすると、新しいシステムの構造を憶えるために多くのことを忘れて、マシンの操作方法を気にせず仕事ができるように、新しい使い方に慣れなければならない。米軍空挺学校での訓練も一例だ。パラシュート降下隊員の多くは、退役後に森林消防降下に興味を持つが、森林消防の飛行機や装備はちがう種類で、降下の手順も変わる。空挺学校で受けた訓練は明らかに森林消防にとって不利になると言われている。反射的に動けるほど練習した一連の手順を忘れて、新しく憶え直さなくてはならないからだ。飛行機からパラシュートを背負って飛びおりるまではほとんど同じに見えたとしても、新しい動作を憶えようとすると、すでに学んだ複雑な動作の手がかりを忘れる必要があるだろう。

筆者たちも、ごく単純なことながら、この記憶の手がかりの割り当ての問題を体験した。友人のジャックがジョーンと交際を始めたとき、ふたりを「ジャックとジル」と呼んでしまうことがあった。「ジャックと」という手がかりから、記憶にすっかり定着したマザーグースの一節が引き出されたのだ。「ジャックと」と聞いて「ジョーン」を思い浮かべられるようになったころには、なんと彼はジョーンに振られ、ジェニーとつき合っていた。すると今度は、「ジャックとジェニー」と言うつもりが、半分はまちがえて「ジャックとジョーン」と言ってしまう。ジャックがいっそケイティとつき合っていれば話は簡単で、彼の名前の語尾の「K」から、彼女の「K」で始まる名前を想起できただろうが、物事はそううまくいかない。頭文字で憶える頭韻法はわかりやすい手がかりにも危険分子にもなるということだ。このひと騒動のあいだ、私たちの脳はジャックの人生の遍歴に追いつくために、つねに手がかりを解釈し直していた。[*7]

人生でしっかり学んだことの長期記憶は、新しいことを学んでもほとんど失われないが、使わなかったり、手がかりの再編があったりすると、思い出しづらくなるという意味で忘れてしまう。たとえば、何度か引っ越しをしていると、二〇年前の住所は思い出せないかもしれないが、住所の選択肢を示されれば、おそらくすぐにわかるだろう。つまり、記憶は維持しているが、頭のなかが散らかった物置のようになっているということだ。昔の知人や暮らしていた町のことを思い浮かべながら自伝を書く人は、忘れて久しい記憶がどっとよみがえって驚くだろう。正しい鍵を差しこめば長らく閉ざされていた扉が開くように、**コンテクストが記憶を呼び覚ます**のだ。マルセル・プルーストの『失われた時を求めて』で、語り手はフランスのおじ夫妻の家ですごした少年時代を思い出せないことを嘆いていたが、ある日、ライムブロッサム・ハーブティーに浸したマドレーヌを口に入れた瞬間、その香りで一気に記憶がよみがえり、ずっと昔に忘れたと思っていた人々や出来事をすべて思い出す。この語り手のように、たいていの人には、ある景色や音、においによって、何年も忘れていたことをはっきり思い出した経験があるはずだ[*8]。

「簡単」では効果がない

心理学の研究によって、想起練習のたやすさと、学習を定着させる効果に反比例の関係があることがわかっている。**知識や技術を思い出すのが簡単であればあるほど、記憶を定着させる想起練習の効果は少なくなるのだ。**反面、知識や技術を思い出すのに苦労するほど想起練習の成果はあがる。

カリフォルニア州立工科大学サンルイスオビスポ校の野球チームが、数年前、バッティング技術を向上させる興味深い実験に参加した。選手はいずれも経験豊富で、すぐれたバッティング技術の持ち主だったが、追加で週に二回、バッティングの特別練習をした。メニューは二種類あり、どちらの練習が効果的かを見る実験だった。

スポーツのなかでも野球のバッティングはとりわけ技術を要する。ボールがホームプレートに到達するまでわずか〇・五秒。その間に打者は知覚、認知、運動技術を複雑に組み合わせて反応しなければならない。球種を見きわめ、ボールの動きを予測し、ボールが届くその場所、そのタイミングを狙ってバットを振るのだ。認知から反応までのこの一連の動作が自然にできるように、しっかり体に染みこませなければならない。でないと、どう反応しようか考えているあいだにボールはミットに収まっている。

チームの一部の選手は標準的な練習をおこなった。四五球のバッティング練習を一五球ずつの三セットに分け、球種はおのおの一種類にした。たとえば、第一セットは直球を一五回、第二セットはカーブ、第三セットはチェンジアップというふうに。一種の集中練習だ。各セットで一五回も同じ球を見ていれば、その球種にタイミングを合わせて打つことが充分できる。

残りの選手はもっとむずかしいメニューに取り組んだ。まとめて四五球の練習で、三種類の球種がランダムに投げられる。毎回、打者にはどの球種が来るかわからない。四五回バットを振ってもなお、うまくボールをとらえられず四苦八苦した。こちらの選手たちには、最初のグループほどの進歩が見られなかった。ちがう球種を交互に、間隔をあけて練習するのはむずかしく、なかなか上達も実感できない。

この特別練習を週二回、六週間にわたって続けた。そして最後に打撃テストを実施したとき、ふたつのグループには成果に顕著なちがいが見られた。ただし、選手たちの予想とはちがう結果だった。ランダムな球種を交互に打つ練習をしたグループのほうが、一種類の球種を連続で打つ練習をしたグループよりはるかに上達していたのだ。この結果は、選手たちが特別練習をするまえからすぐれた打者だったことを考えると、なおさら興味深い。すぐれた技術がさらに向上したということは、練習法に効果がある証拠にほかならないからだ。

ここでもおなじみのふたつの教訓が当てはまる。まず、余計に努力が必要で、効果が目に見えにくい困難な練習（間隔をあけ、複数の課題を組み合わせて交互におこなうなど）ほど、すぐに成果を感じないにしても、それを充分補うだけの、強固で的確で持続的な学習を実現すること。次に、いちばんうまくいった気がする練習法は、習熟したという錯覚によって誤解している可能性が高いこと。

野球選手たちがカーブばかり一五回打って上達したのは、その球種を打つのに必要な認知や反応（ボールの回転の見え方や、どこからどんな速さでどう曲がるか）を簡単に憶えられたからだ。成果はあがるが、認知や反応を思い出すのが簡単になればなるほど、学習には持続性がなくなる。カーブが来るとわかっていて打てるのもひとつの技術ではあるけれど、そうと知らずにカーブを打てる技術とは別物だ。野球選手に必要なのは後者の技術である。多くの選手は前者、つまり集中練習に取り組み、短期記憶に頼って成果を出している。もちろん、選手にとって必要な技術をいちいち思い出さなければならないランダムな投球で練習するのは骨が折れる。その困難な練習は非常に成果が出にくいものの、身につけた技術は長続きする。

この矛盾は、学習における「望むべき困難」という考え方の核心だ。**想起（実質的な「再学習」）をするのに努力が必要であるほど、しっかり学べる。**言い換えれば、**課題の内容を忘れるほど、長期記憶を形成する効果的な再学習ができるのだ。**[*9]

なぜ努力は役立つのか

記憶を再統合する

間隔練習などで、学んだことを思い出そうと努力する場合には、何も考えずに短期記憶にあることをくり返すのではなく、その技術や素材の構成要素を長期記憶から改めて「再構築」または「リロード」しなければならない。[*10] 真剣に集中して思い出しているあいだに、学んだ内容がまた柔軟になり、顕著だった部分がいっそう際立つ。その結果生じる「再統合」で、解釈が補強され、以前の知識とのつながりや、あとで思い出すための手がかりや経路が強化され、一方で、競合する経路とのつながりは弱められる。次の練習までに少し忘れる間隔練習は、学習だけでなく、手がかりや経路も強化するので、学習内容がまた必要になったときにすばやく思い出せる。投手が連続して直球を投げたあとカーブを投げて打者の意表を突こうとしても、対応できるのだ。**記憶のなかから思い出したり、技術を使ったりするときに努力するほど、その努力が実ったときには学習効果が高い。**[*11]
集中練習では、長期記憶にある情報を再構築することなく、短期記憶の情報を何度も使うだけなので、習得したという高揚感は得られる。だが、勉強法としてのテキスト再読のように、集中練習ですらすらできるようになったことは長続きせず、習得できたと感じるのも錯覚だ。**知識を再構築するために努力するプロセスこそ再統合をうながし、学習を深めるのだ。**

メンタルモデルを作る

努力を必要とする練習を充分することで、「脳内アプリ」に似たメンタルモデルが作られる。相互に関連する考えや一連の運動技術がまとまって、複雑な一体として意味を持つのだ。車の運転を学ぶときには、全神経を集中させ、手際よく同時に多くのことをこなす必要がある。だが、経験を重ねるうちに、その認知と運動技術（たとえば、縦列駐車のための空間把握やハンドル操作、マニュアル車のシフトレバー操作）は車の運転に関するひとまとまりのメンタルモデルとして身につく。メンタルモデルは、しっかり定着したきわめて効率的な技術（カーブを見きわめて打つこと）や知識構造（記憶したチェスの動き）を指し、習慣のように、さまざまな状況に当てはめて応用することができる。専門家の行動は、多様な条件下で長時間の練習を重ね、状況を正確に見きわめて瞬時に適切な反応をするためのメンタルモデルを膨大に蓄積したなかから生まれる。

習得の幅を広げる

異なるときに異なるコンテクストで想起練習し、あいだに異なる課題の練習を挟むことによって、課題に新しいつながりを作ることができる。このプロセスは、知識を相互に結びつけ、専門分野での習熟度を高める。同時に、知識を引き出すための手がかりを増やし、あとで応用できるような融通性も増やす。

熟練のシェフは、食品の風味や食感の相互作用について複雑な知識を蓄え、熱を加えたときの素材の変化や、ソースパンと中華鍋、銅と鉄の熱の伝わり方のちがいを理解している。フライフィッシングをする人は、マスの居場所や正確な種類を把握して、ドライフライ、ニンフ、ストリーマーのなかから適した疑似餌を選び、風を読み、マスをおびき寄せるためにどこにどうフライを投げるべきかを心得ている。BMXに乗る子供であれば、慣れない街並みでもバニーホップやテールウィップ、180、ウォールタップなどの技《わざ》を決めることができる。**交互練習と多様練習で、練習のコンテクストや、新たに学ぶことと関連のあるほかの技術や知識を混ぜ合わせると、メンタルモデルに汎用性ができ、学んだことをさらに多様な状況に応用できるようになる。**

概念の理解を進める

人はどうやって犬と猫のちがいといった概念を理解するのだろう。チワワ、トラ猫、グレートデン、絵本のライオン、三毛猫、ウェルシュテリアというふうに、無作為に異なる例と出会って憶えるのだ。間隔をあけ、いろいろ混ぜて見るというのは、ほとんどの人が日々体験していて、学ぶのに適している。さまざまなものを見ることで、目立つ特徴に気づく判別技術（カメは呼吸のために水面に顔を出すが、魚は出さない）や、一般原則を導き出す帰納法（魚は水中で呼吸できる）が養われるからだ。鳥の種類や画家の作品に関する交互練習を思い出してもらいたい。あの練習で、学習者は鳥の種類や画家ごとの作品を見分けられるようになると同時に、ある種の鳥、ある画家の作品全体の共通点を識別できるようになった。学習者に好みの勉強法や、成果があがると思う勉強法を尋ねれば、一種類の鳥をたくさん勉強してから別の種類の鳥のことを学ぶほうだと考えるだろう。だが、**むずかしくやりづらいと感じる交互練習は、種類によるちがいを見抜く力もつくうえ、一種類の共通点を学ぶことの妨げにもならない**。野球選手のバッティング練習で見たように、交互練習をすると、特定の種類の過去の例を想起するのがむずかしくなり、その結果、どの鳥がどの種に属するかという判別力がしっかりと身につくのだ。

交互練習で学ぶむずかしさには、もうひとつ成果を高める効果がある。関連はあるが異なる立体の体積を求めるには、正しい公式を選ぶために類似点と相違点に気づかなくてはいけない。**交互練習をするうちに、どこが似ていてどこがちがうか注意するようになり、より複雑で微妙なちがいを符号化できるようになる**。どのような種類の問題がほかとちがっていて、なぜ別の解釈や解き方をしなければならないのかがよくわかるのだ。たとえば、魚のノーザンパイクがなぜある種のルアーに食いつき、バスはなぜ別のルアーにしか興味を示さないのかがわかる。[*12]

応用力を高める

間隔、交互、多様練習による想起のむずかしさは、学んだことをのちの日常環境で応用するときの精神の働きで克服される。こうした学習法は、現実の課題をまねる点で、「本番と同じように練習すれば、本番で練習どおりにできる」という考え方と一致する。過去に学んだことを新しい状況に応用する、心理学用語で言う「学習の転移」の能力を向上させるのだ。前述したバッティング練習の実験では、どんな球が飛んでくるかわからない困難を克服することによって、困難の性質（たとえば、投手はどんな球を投げてくるか）を見きわめるための精神的な「ひきだし」が増えた。ひとつに集中してうまくなればいいという課題より、反応の選択肢の幅が広がるのだ。六〇センチ、一二〇センチ離れたところから玉入れの練習をした小学生のグループは、ずっと九〇センチの距離から練習したグループよりも上達した。難易度を増していく空挺学校の複雑なシミュレーション訓練や、パイロットのマット・ブラウンのコックピット・シミュレータにも同じことが言える。

学習の心構えができる

問題の解き方を教わるまえに自分の頭を悩ませて解くと、解答がわかりやすく、より長く記憶に残る。もやい結びについて言えば、みずから釣り船を購入して綱を結ぼうとしているときのほうが、いくつか結び方を知っていると便利ですよとボーイスカウトが公園で教えてくれたときより、記憶に定着する可能性はずっと高い。

「望ましい困難」を取り入れたほかの学習法

ふつう誰でも学習の途中で邪魔は入らないほうがいいと思うものだが、ある種の介入は学びの効果を高め、驚くほどの影響を与えることもある。きれいに印字された記事と、文字がぼやけた記事では、どちらを読みたいと思うだろうか。まずまちがいなく前者がいいと思うはずだ。ところが、**文字がわずかにぼやけていたり、少々読みづらいフォントが使われているほうが、読者は内容をよく憶えている**。講義がだいたい教科書の章立てどおりに進められるのと、少し順番がちがう場合はどうだろう。講義が教科書の記述とちがう順番で進むと、聞くほうは主題を理解しよう、不一致を解決しようと努力するので、内容が記憶に残りやすい。また意外なことに、文章のなかの単語の文字がいくつか欠けていると、読者はその文字を補うため読むのは遅くなるが、記憶は長持ちする。こうした例では、ふつうのものに手を加えて、学習者が筋の通った解釈をしようと努力するむずかしさ（すんなり進ませない障害）を作り出している。**努力が加わることで理解と学習が向上するのだ**（もちろん、そのむずかしさがまったくの見当ちがいか、克服できないものなら、改善はできない）[*13]。

情報や解き方を示されるのではなく、質問に答えたり問題を解いたりしようと試みる行為を「生成」という。たとえよく理解していることでも、テストの空欄を埋めるだけで記憶が強化され、あとで思い出す能力が高まる。テストの場合、選択肢を選ぶ設問より解答を記入する設問のほうが、たいてい学習効果が高い。短いエッセイを書くとさらに効果的だ。**他人から与えられる知識をおとなしく憶えるより、こうしたほどほどのむずかしさを克服することで、学習者は高次の思考をおこない、積極的に学ぶ**。

学習を助ける生成の力は、何か新しいことについて答えや解決策を求められたときにいっそうはっきりする。なぜそのような効果があるのか。記憶から関連する知識を引き出して解決策を見出そうとすると、たとえ答えを思いつかなかったとしても、学び足りなかった部分とのつながりが強化されるからだ。答えがわかった場合には、思い出す努力をしたことによって、関連知識とのつながりが改めて強化される。たとえば、バーモント州の出身者がテキサスの州都はどこかと尋ねられたら、可能性のある地名を頭のなかで思い浮かべるだろう。ダラス、サンアントニオ、エルパソ、ヒューストン？　はっきり思い出せないとしても、答えにぶつかる（または教えてもらう）まえに選択肢を考えること自体が役に立つ（正解はもちろんオースティン）。問題に取り組み、ヒントになるものはないかと頭をひねると、奇妙に感じたり、行き詰まって苛立ったり、自分の知識に埋めるべき「穴」があったことに気づいたりするかもしれない。そのあと解答を示されると、明かりがともる。自分では答えを見つけられなかったとしても、努力したことによって、教えられた正解を深く理解することができる。たんに答えを読むだけでは得られない、符号化の豊かな土壌ができるのだ。**解答を暗記するより、問題を解こうとするほうがいい。あきらめて試さないより、解いてみてまちがうほうがいいのだ。**[*14]

「省察」は、ある経験（または最近の授業）で学んだことを復習するために少し時間を割き、自問することだ。たとえば、講義を聞いたり課題を読んだりしたあと、自分に次のような質問をする——主題は何か、事例はあるか、すでに知っていることとこれらがどう結びつくか。新しい知識や技術を習得しているときには、次のように質問する——何がうまくいったか、もっとうまくやれることはなかったか、さらに上達するには何を学ぶべきか、よりよい結果を出すために次はどういう作戦でいくか。

省察には、前述した学習を強化する認知活動が含まれている――想起（最近学んだ知識を思い出す）、精緻化（新しい知識をすでに知っていることと結びつける）、生成（主題を自分のことばに置きかえたり、次に試したいことを頭のなかで具体的にイメージしたりする）などだ。

学校の授業で広く使われだした省察の手法に、「書いて学ぶ」というのがある。生徒が最近の授業のテーマについて振り返り、短いレポートを作成するのだ。主題を自分のことばで表現し、授業などで習ったほかの概念と関連づける（例として、メアリー・パット・ウェンデロスが人類生理学の講義で生徒に出した課題について、8章を参照）。省察中のさまざまな認知活動による学びの効果（想起、精緻化、生成）は実証研究でも確認されている。

最近、学習ツールとして「書いて学ぶ」ことに焦点を当てた興味深い実験がおこなわれた。心理学入門を受講している八〇〇人を超える大学生が、学期を通して特別講義を受ける。その講義では、ある主題が説明されたあと、講師から聞いたことを書いて学ぶよう指示される。学生たちは概念を自分のことばで言い換えたり、事例をつけ加えたりして、自分なりに主題の要約文を作る。一方、ほかの主題については、要約したスライドを見て、重要な概念や事例をスライドからそのまま書き写す。

結果は？　学期中の試験で、学生が特別講義で学んだ主題をどれだけ理解しているか確かめる問題が出された。すると、まるごと書き写した範囲より、自分のことばで書き直した範囲について、明らかに成績が高くなり（五段階評価でおよそ〇・五）、**たんに概念を知るだけでは学習効果が得ら**

れないことが示された。約二カ月後におこなわれた記憶の維持を測る追跡テストでも、書いて学ぶ省察の効果は、落ちてはいたもののまだ高い水準を保っていた。[15]

「誤りなし学習」の神話

一九五〇年代から六〇年代にかけて、心理学者のB・F・スキナーが、不完全な指導による誤りは学習者にとって逆効果であると考え、「誤りなし学習」の導入を提唱した。これは、食べ物を少しずつ口に運ぶように新しいことを教え、まだ口のなかにあるあいだ、つまり新しい短期記憶であるうちにクイズをして、口から吐き出すようにそのまま解答用紙に答えを書かせる指導法だ。要するに、まちがえようがない。しかし現在では、**短期記憶から想起するのは学習法として効果がなく、新しい知識を身につけるためには、まちがえることが不可欠なのがわかっている**。とはいえ、西洋文化においては何かを達成するのが能力の証であり、学習者の多くは誤りを失敗ととらえて、なるべく避けようとする。その傾向は、学習中にまちがえるとそれを憶えてしまうと信じこんだ指導者たちの活動によって、いっそう強まっているかもしれない。[16]

そこに誤解がある。**学習者がまちがえたとしても、訂正されればまちがいを憶えることはないのだ**。解き方を教えるまえに問題を解かせるような、まちがえる可能性が非常に高い学習法であっても、その後きちんと訂正されれば、受け身の学習法より深く学べて、正しい情報も定着しやすい。さらに、学習過程でまちがうのは当然だと教えられた人ほど、むずかしいことに挑む傾向が強く、まちがいを失敗と思わずに、熟練への教訓であり転機だと考える。その証拠に、Ｘｂｏｘのアクションゲームでレベルをひとつずつクリアすることに没頭している子供を見てみるといい。

失敗を怖れていると、学習に欠かせない思いきった実験的な方法を敬遠したり、テストを受けるときにプレッシャーで能力を発揮できなくなったりと、学習過程そのものが損なわれる可能性がある。テストでまちがえることに強い不安を感じる学生は、その不安感のせいで実際に成績が落ちることもある。なぜか？「ワーキングメモリ」のかなりの容量を自分の行動の監視（うまくできているか、まちがえていないか）に割いてしまい、問題を解くための容量が少なくなるからだ。「ワーキングメモリ」とは、とくに気が散りやすい環境で、ある問題を解くために保持できる情報量を指す。ワーキングメモリの容量には厳しい上限がある。個人差はあるものの、容量の大きさは知能指数の高さにほぼ比例する。

失敗への不安がテストの成績をどの程度下げるか調べるために、フランスの六年生の児童に、とても解けないくらいむずかしいアナグラム〔単語のすべての文字を入れ替えて別の単語を作ることば遊び〕の問題を出した。みなが悪戦苦闘して失敗したあと、半数の生徒には一〇分間の話をして、むずかしさは学習の大事な要素であり、まちがって当然で、自転車の乗りはじめのように練習が役立つのだと教えた。一方、残り半数の生徒には、たんにどうやって解こうとしたか尋ねただけだった。次に両方のグループは、ワーキングメモリの使い方を調べるむずかしいテストを受けた。すると、まちがいは学習につきものと教えられたグループは、他方より明らかにワーキングメモリを有効活用していた。むずかしいと悩むことにワーキングメモリの容量を浪費しなかったのだ。この推論は、もとの研究にさまざまな変更を加えてさらに実証された。結果として、むずかしさは無能感を引き起こし、それが不安を生んで学習の妨げになること、そして「学生は、むずかしいことに取り組んで苦労する余地があるほうが能力を発揮する」ことが裏づけられた。[*17]

ただ、これらの研究は、学ぶのがむずかしければすべて「望ましい困難」になるわけではないことも示唆している。テスト中の不安は、望ましくない困難の代表格だろう。また、新しいことを学ぶのがむずかしいのは当然だし有益でもあることを、学習者自身が理解するのも重要だ。この点に関しては、いま示したフランスの研究もさまざまな過去の研究を土台にしていて、その筆頭に挙げられるのが、7章でくわしく取り上げる心理学者、キャロル・ドゥエックとアンダース・エリクソンの研究だ。ドゥエックによると、各人の知的能力は遺伝で生来決まっていると信じている人は、失敗しそうな難題を避ける傾向がある。失敗するのは生まれつき能力が劣っている証拠と考えるからだ。それと対照的に、努力と学習によって脳は変わり、知的能力は本人の心がけ次第で大いに変わると教えられている人は、むずかしい問題にも果敢に取り組み、粘り強くがんばる。失敗を能力不足の尺度にしてあきらめるのではなく、努力の証であり成功への転機ととらえるのだ。専門家の行動の特性を調べたアンダース・エリクソンによれば、達人の域に達するには、現在の能力を越えるために延々と努力を重ねる必要があり、その過程で失敗することは重要な経験となる。

フランスで六年生を対象におこなわれた研究には大きな反響があり、パリの名門大学院による「まちがい祭」という企画につながった。フランスの就学児童を対象に、まちがいは学習の一部であり、失敗ではなく努力の印と教えるキャンペーンだ。主催者は、結果ばかり重視する現代社会の風潮のせいで、フランス史上偉大な発見を生んできた知性の醸成と勇気が失われ、知的に臆病な文化になっていると主張した。

そこからサンフランシスコの「フェイル・コン」までに、大きな概念上の飛躍はない。フェイル・コンでは年に一度、テクノロジー業界の起業家とベンチャーキャピタリストが集まって、事業を好転させる重要な洞察をもたらした失敗の数々を研究する。トマス・エジソンは失敗を「成功の母」と呼んだ。「失敗はしていない。うまくいかない方法を一万とおり見つけただけだ」と語り、失敗してもくじけない粘り強さが成功の鍵だと論じた。

失敗は、われわれが暮らす世界の解明を進めてきた科学的手法の基礎である。あらゆるイノベーションの裏や、効果をあげた学習の中心には、失敗を有益な情報と見なして、あきらめずに努力しつづける粘り強さと活力がある。失敗は努力を倍加させ、別の方法を探るきっかけになる。スティーブ・ジョブズは、スタンフォード大学の二〇〇五年の卒業式のスピーチで、共同創業者でもあったアップル・コンピュータから一九八五年に三〇歳で解雇されたときの話をした。「そのときにはわからなかったけど、アップルを解雇されたのはぼくの人生に起きた最高のことだった。成功しなきゃならないという重圧から解放され、すべてが不確かな初心に戻ると、気持ちが軽くなった。おかげで、人生でいちばんクリエイティブな時期を迎えることができた」

望ましいのは失敗それ自体ではなく、リスクを怖れず根気強く努力すること、ときに失敗からしか学べない、うまくいくこととい かないことのちがいを見つけることだ。たとえ最初は答えにたどり着けなかったとしても、解決策を与えられるまで待つのではなく、みずからパズルを解こうと努力すれば、将来かならず役に立つ。

生成学習の一例

すでに述べたように、解法を教えられずに問題を解こうとする学び方を「生成学習」という。学習者が答えを思い出すのではなく、生み出すのだ。生成とは、昔ながらの「試行錯誤」のことだ。シリコンバレーのガレージで、やせっぽちの若者たちがコンピュータをいじくって億万長者になった話は誰もが知っている。ここではミネソタ州のボニー・ブロジェットという別の例を紹介しよう。

ボニーは著作家であり、独学の園芸家でもある。最近は、頭のなかでいつも、こんな思いつきを続けていてはいずれ困ったことになるよと言う声が聞こえるらしい。すぐれた美的感覚を持つ女性であると同時に、疑心暗鬼のかたまりでもあるのだ。ボニーの学習スタイルは「見ればどうせ気に入らないのだから、見るまえにやってしまおう」と要約できるだろう。ものを書くときには、「ドジな園芸家」というペンネームを使う。頭のなかの疑いの声を黙らせて、結果はどうあれ次に思いついたことを実行するという彼女の覚悟を表している。「ドジと名づけたのは、正しいやり方を見つけるまえに何かをやりはじめるから。私の場合、最初から何を作るかわかっているのは、大きなリスクでしかない[*18]」

ボニーの成功からわかるのは、ひとつの問題に苦労して取り組むのがすぐれた学習法であること、ある分野で根気強く試行錯誤を続ければ、複雑なことも習得でき、相互に関連した知識をより広く学べることだ。われわれがインタビューしたとき、ボニーは直前までミネソタ州南部に出張して、植物のレイアウトや設計から、有害生物の除去、灌漑に至るまで、意見をもらいたいという農家の人たちと話し合っていた。初めてスコップで土を掘って以来、ボニーの園芸に関する執筆は全国的に有名になり、各方面に熱心なファンも増えた。いまや彼女の庭はほかの園芸家の目標だ。

ボニーが園芸家になったのは、もうすぐ中年になると気づいたころだった。園芸の経験はなく、夫と住む歴史あるセントポール寺院近くの自宅の一角を、ただ自分の手で美しい空間にしたいと願ってのことだった。

「美しいものを作っていると気持ちが安らぐの」と語るが、その活動はまさに発見の連続だった。ずっとものは書いていたが、園芸を始めて数年後に『ガーデン・レター』を創刊して、年に四回、アメリカ北部の園芸家向けに、自分の発見したこと、失敗したこと、学んだこと、成功したことをくわしく記している。園芸に対する態度と同じように、大胆さと控えめなユーモアの混じった筆致で、経験したおもしろい失敗談や、予想外の発見が語られる。ドジな園芸家とへりくだることで、彼女自身や読者に、まちがえても先に進めばいいと教えているのだ。

ここで注意すべきことがある――ボニーは自分の経験を書き留めることによって、園芸そのものを超えて、ふたつの効果的な学習をおこなっている。第一に、発見したことをくわしく「想起」し（たとえば、二種類の果物を接ぎ木する実験）、第二に、その結果を同じテーマについてすでに知っていることや過去の結果と結びつけて、読者に説明しながら、「精緻化」しているのだ。

ボニーのチャレンジ精神は、広大な植物の世界はもちろん、ラテン名や園芸に関する古典文献、さらには空間や構造の美学的思想や物理的な仕組みにまで、経験の範囲を広げている。石壁の建築、池や噴水といった水景設備のための掘削、ガレージの丸屋根、小道、階段、門の設置。ヴィクトリア様式の三階建ての家の、縦方向に長いイメージを和らげるために、古くて厳めしいフェンスを取り払って、木材を再利用し、横方向に広い庭でまわりを囲む。家の外の空間の風通りをよくして、通りから見えやすくしながら、境界線は維持し、自分たちの庭というプライバシーの感覚を得る。ボニーの作る空間は独創的な非対称形で、自然に育ったような錯覚を起こさせるが、植物の風合いや線、配置のくり返しによって、ひとつにまとまっている。

彼女はどのようにしてどんどん複雑な世界に入っていったのだろう。植物の分類とラテン語の専門用語を習得した経緯を見るとわかりやすい。「園芸を始めたとき、植物の世界はまったく知らない外国語みたいなものだった。園芸の本を何冊も読んだけど、ちっとも理解できなかった。植物の名前なんて、一般名でもラテン名でもぜんぜん知らなかったから。そういうことを学ぶ日が来るとも思わなかった。どうして学びたいの？　外に出て穴を掘って何か植えてみればいいじゃない、という感じね」。ボニーが気に入っていたのは、造園の着想を与えてくれる絵画と、デザイナーが望みの効果を出したときに使う「私のやり方」という表現だった。がむしゃらにやってみることで学ぼうと彼女が決めたのは、この「私の」という所有格に共感したからだ。園芸家にはそれぞれ独自のやり方があっていい。ボニーのやり方は専門家に習うことではないし、まして世話をしている植物のラテン名を憶えることでもなかった。ところが、土をまえにして頭のなかの魅惑的な空間を作るために悪戦苦闘しているうちに、ラテン語やリンネ式の名前を知らず知らず憶えていったのだ。

「ラテン名は役に立つことがわかってくるの。その植物の性質がすぐにわかるし、憶えやすくなる。たとえば、タルディヴァ（tardiva）が種小名で、そのまえにハイドランジアという属名がつく」。ボニーは高校で英語やフランス語だけでなく、ラテン語も学んでいて、それらの記憶の手がかりが呼び起こされた。「tardy という英単語から tardiva が遅いという意味だとすぐにわかるのよ。同じ単語がうしろにつく植物はいっぱいあるから、属名のあとの種小名が tardiva なら、遅咲きだということがわかる。だから、ラテン名は役立つということになって、気がつくとどんどん使っている。それに、procumbus が英語の prostrate〔ひれ伏す〕という意味で、地面を這うことを指すのは憶えてしまっているから、植物のことももっと憶えられる。筋が通るでしょう。だから、属名があれば、種小名を思い出すのはそんなにむずかしくないの。それから、ラテン名を知るのは植物の種類を完全に特定するためにも重要ね。植物には一般名があるけど、一般名は地域によってちがう。Actaea racemosa にはブラックコホシュ（サラシナショウマ）という一般名もあれば、スネークルートというのも知られていて、ほかの植物にもそういった名前がついている。でも Actaea racemosa は一種類しかない」。抵抗感と裏腹に、ボニーはだんだん園芸植物の分類名を憶えていき、リンネ式の分類体系や共通特性の工夫を高く評価するようになった。

　面談したばかりの農家の人たちがとくに興味を持った知識について、彼女は話してくれた。栄養があって通気のいい土を作るために、化学肥料に比べて堆肥やミミズがすぐれている点、自家製の細流灌漑システムで少ない水でも強い根を張らせる方法などだ。そのときのことを振り返って、ボニーは、こうした知識はいつの間にか身についているものだと言った。わざわざ達成しようと思ってやったことではなかった。「ほら、ドジなのもそんなに悪いことじゃないでしょう。手をつけたことを終わらせてしまうにはいい方法なの。多くの人は目のまえの作業の膨大さを考えて、あとに続くことがわかると、そこであきらめてしまうから」

もちろん、場合によっては——たとえば、飛行機からの命がけの降下を学ぶときには——ドジであることは最適な学習条件とは言えない。

望ましくない困難

「望ましい困難」ということばを創ったエリザベス、ロバート・ビョルク夫妻は、困難が望ましい理由を次のように書いている。「困難は、学び、理解し、憶えることを助ける符号化と想起のきっかけとなる。しかし、学習者がうまく対応するための背景知識や技術を持っていなければ、それらは望ましくない困難になる」[*19]。認知科学者は実証研究によって、テスト、間隔練習、交互練習、多様練習、生成練習、そしてある種のコンテクストの影響で学習が強化され、長く維持されることを発見した。ただ、そこから先は、どのような困難が「望ましくない」か直感的にはわかるものの、必要な研究がなされていないのでまだ断定できない。

はっきりしているのは、克服できない障害は「望ましい困難」ではないということだ。読解力や言語能力が足りない学習者に、教科書とちがう順序でおこなった講義の要約をさせるのは、望ましい困難ではない。ちがいをことばで表すのに必要な思考を続けられないからだ。教科書がリトアニア語で書かれていて、学習者がその言語を知らなければ、それも望ましい困難とは言えない。**望ましい困難は、学習者がさらに努力すれば乗り越えられるものでなくてはならない。**

また、直感的に正しそうなのは、必要な技術の強化につながらないむずかしさや、学んだことを現実世界で応用するときに遭遇しそうにない困難は望ましくないということだ。テレビのニュースキャスターにとって、ニュースを読んでいるあいだに誰かに耳元でささやかれることは欠かせない訓練かもしれない。政治家にとって、演説の練習をしているときに抗議者役の誰かに邪魔されることも、訓練になるかもしれない。だが、どちらの困難も、ロータリークラブの会長や、視聴者を増やしたい野心的なユーチューブブロガーの役には立たないだろう。ミシシッピ川の引き船の操舵手ならば、横風が強いときに連結させた空《から》の平底荷船を固定する訓練が必要かもしれない。野球選手は、おもりをつけたバットでスイング練習をするかもしれない。フットボール選手のコーチであれば、バランス感覚や動きを鍛えるためにバレエの基礎をいくつか教えるかもしれないが、ゴルフのドライバーショットや、テニスのバックハンドのレシーブを教えたりはしないはずだ。

学習を強化する困難に共通するルールはあるだろうか。時間をかけて研究すれば、いずれ答えがわかるかもしれない。だが、とりあえず本書で述べてきた実証ずみのさまざまな望ましい困難は、すぐに使えるツールである。

まとめ

学習には少なくとも三つの段階がある。最初の情報の「符号化」は、短期のワーキングメモリでおこなわれ、知識が定着する長期記憶に統合される。「統合」は、記憶痕跡を再編集して安定させ、意味を与え、すでに長期記憶に収められている過去の経験やほかの知識と結びつける。そして「想起」は、学んだことを更新し、必要なときに応用できるようにする。

学習はつねにそれ以前に蓄えた知識の上に築かれる。人は新しいことを、すでに知っていることと結びつけて解釈し、記憶する。

長期記憶の容量に実質的な限界はなく、知識が増えれば増えるほど、新しい知識を加えるための結びつきもたくさん作れるようになる。

長期記憶には膨大な知識が蓄えられるので、そのときどきに必要な知識を見つけ、思い出す能力が鍵となる。知っていることを、ここぞというときに思い出すには、その情報を「くり返し使う」(想起のつながりをしっかりと維持する)ことと、記憶を再活性化する強力な「手がかり」を作っておくことが大切だ。

学んだことを定期的に思い出せば、記憶とそれを呼び出す手がかりの結びつきが強化され、一方で、競合する記憶の回路は弱まる。簡単な想起練習では学習を強化できない。練習がむずかしいほど効果は大きい。

詰めこみ型学習のように、学んだことを短期記憶から思い出す場合には、頭を働かさないので、持続的な効果はほとんど見込めない。だが、少し時間をあけて記憶が薄れ、忘れかけてくると、思い出す努力が必要になる。この**想起の努力によって記憶が強化されるだけでなく、学んだことがふたたび「柔軟」になり、「再統合」できるようになる。**再統合は新しい情報で記憶を更新し、新しい学習内容と結びつける。

努力が必要な想起や練習をくり返して、学んだことを「メンタルモデル」に統合することができる。メンタルモデルとは、相互に関連する考えや運動技術を、のちの状況に対応できるように、ひとつにまとめて意味を持たせたものだ。たとえば、車の運転に必要な認知と操作技術や、カーブを打って場外ホームランを飛ばすこと。

練習の条件をいろいろ変えたり、ほかの練習と混ぜて交互に思い出したりすることで、「判別」と「想起」の能力が高まり、後日新しい条件で学ぶことにも応用できる。交互練習や多様練習によって、新しい記憶の結びつきが生まれ、知識が深く定着するだけでなく、想起するための手がかりも増える。

答えを教えられるのではなく、みずから考え、解答を示されるまえに自分で問題を解こうとすれば、学習効果が高まる。たとえ自力で出した答えがまちがっていても、正しく修正されるのであれば、正解や解決策はより長く記憶される。

5章 知っていると錯覚しない

Avoid Illusions of Knowing

われわれの有効な活動を支えるのは、まわりの世界を把握し、自分の行動を正確に認識する能力だ。われわれはつねに、自分が何を知っていて何を知らないか、自力で処理できる作業か、解決できる問題かといった判断を下している。何かに取り組むときには、自分自身に目を光らせ、作業を進めながら考えや行動を修正していく。

自分の思考を監視することを、心理学の専門用語で「メタ認知」(「メタ」はギリシャ語で「〜について」)という。自分を正確に観察することを学べば、行き詰まることなく、適切に決断し、次はどうすればもっとうまくできるか考えられる。この技術のなかで重要なのは、自分の勘ちがいに敏感になることだ。**われわれが判断を誤る理由のひとつは、多くの場合、いつ勘ちがいしたか気づかないことにある。**もうひとつは、判断を狂わせる道筋がいくつもあることだ。[*1]

この章では、多くの人が陥る錯覚、認知バイアス、記憶歪曲を説明し、つねに現実に即した判断をするための手法を紹介する。

新聞は連日、まちがった判断の結果であふれている。二〇〇八年夏、ミネアポリスで三人の拳銃強盗犯がファストフードを大量に電話注文しては、運んできた配達員の持ち物と現金をすべて奪うという犯行をくり返していた。生計の立て方としては単純そのものだ。手口は毎回変わらなかったが、浅はかなことに、同じふたつの携帯電話とふたつの配達先を使いまわしていた。

ミネアポリス警察のデイビッド・ガーマンはその夏、囮《おとり》捜査をおこなった。「彼らはどんどんエスカレートしていた。最初は『こいつらは銃を持ってるかもしれない』だったのが、いつの間にか本当に銃を突きつけるようになり、ついに犯行時に被害者を傷つけるようになった」

八月のある夜、ガーマンは中華料理店から、大口の注文が入ったという通報を受けた。すぐに少人数のチームを編成して、配達員に変装した。防弾チョッキをつけ、その上にカジュアルなシャツを着て、四五口径のオートマチックをズボンに差しこんだ。同僚たちが配達先の住宅付近に張りこんでいるあいだに、ガーマンは料理を受け取って車で現地に向かい、正面玄関をヘッドライトで照らしたまま駐車した。料理の入った袋の底に切れこみを入れ、三八口径をそこに忍ばせて、袋を運びながら手で握っていた。「撃鉄が内蔵された銃だったから、袋に入れたまま撃てた。オートマチックだったら弾が詰まって、まずいことになってただろう」

袋を抱えて近づきながら「料理を注文されましたよね?」と訊いた。相手の男が「ああ」と返事したときに、考えたよ。この男は本当に金を払って、それで終わるんじゃないか、過去最高にくだらないことをしているんじゃないかって。四〇ドル渡されても、値段がわからないから釣り銭も払えない。でも、男がちょっとうしろを振り返ると、ほかのふたりの男が現れて、おれに接近しながら顔にフードをおろした。それでゲームが始まったんだとわかった。最初の男が慣れた動作でポケットから銃を出し、おれの頭に突きつけて言った。「持ってるものを全部よこせ。でないと殺すぞ」。だからおれは袋越しにそいつを撃った。合計四発。[*2]

楽に生計を立てられる道などないということだ。犯人の男は下半身を撃たれ、一命はとりとめたものの障害が残った。出前の袋が重くなければ、ガーマンはもっと上を撃っていただろう。彼はそのときの経験から、次回はもっとうまくやれるように準備したほうがいいという教訓を得た。どのような準備かはここに記さないでおく。

人はたいてい、まわりの愚か者より自分のほうが賢いと思いたがるものだ。そうでなくても、毎年ダーウィン賞の新しい受賞者が発表されると、その種の錯覚に陥る。ダーウィン賞とは、途方もなく愚かな判断によってみずからの死を招いた人に与えられる賞で、トロントのある弁護士は、高層ビルの二二階にある事務所の窓の強度を証明するために体当たりをしたところ、窓が割れて転落した。つまるところ、われわれ人間はまちがった判断をするようにできている。自分自身の思考や行動を鋭く観察して、すぐれた判断を下す能力を身につけなければならない。ここで謙虚な立場をとるのにはいくつか理由がある。まず、能力がない者は自分の力を過大評価し、変わる必要はないと考えがちだ。また、そもそも人間は、錯覚や認知バイアス、まわりの世界と自分のいる位置を解釈するためにこしらえた話によって、いとも簡単に誤った方向に導かれる。**自分の能力を高め、ある分野で秀でるためには、他者の力量をきちんと認識し、自分が何を知っていて何を知らないかを正確に把握し、成果のあがる学習法を選び、進歩を客観的に測定する方法を見つけなければならない。**

ふたつの知覚システム

心理学者・行動経済学者のダニエル・カーネマンは著書『ファスト&スロー』（早川書房）で、人のふたつの分析システムを説明している。彼の言う「システム1」（自動システム）は、無意識的、直感的で、ただちに意思決定する。まばたきの一瞬で気持ちや記憶を呼び覚まし、状況を判断する。たとえば、タックルをかわしながらエンドゾーンに突進するアメリカンフットボールのランニングバック、あるいは、ミネアポリスの身震いするほど寒い日に、停まらせた車の運転手の額に脂汗が流れるのを見るまえから警戒態勢に入る警官は、このシステム1にしたがっている。

「システム2」（制御システム）は意識的、論理的に考える。選択肢を検討し、決定を下し、自己をコントロールする思考の一部だ。反射的な行動が必要とされる状況を認識して反応するために、システム1を鍛えるときにも、システム2を使用する。ランニングバックはプレーブック（戦術などが図解されたチームプレーの教科書）にもとづいた動きの復習で、警官は犯人から拳銃を取り上げる訓練で、神経外科医は破れた静脈洞を修復する練習で、システム2を使っている。

システム1は自動的で影響力が強いものの、錯覚の影響を受けやすいので、われわれはシステム2で自己制御しなくてはならない。衝動を抑え、先の計画を立て、選択肢を確認してそれぞれの意義を考え、つねに自分の行動を管理するのだ。レストランで幼児を連れた母親のそばを男性が通りすぎたときに、幼児が「パパ!」と叫ぶのは、システム1である。赤面した母親が「ちがうでしょ。パパじゃなくて別の男の人」と言うのは、代理のシステム2として、わが子のシステム1の向上を手伝っている。

システム1は、長年の経験と強い感情に根ざしているので強力だ。危険が迫れば反射的に回避するし、特定の専門分野で長くまじめに練習を重ねれば、驚異的な条件反射ができる。システム1とシステム2の相互作用（マルコム・グラッドウェルの著書『第1感』［光文社］のテーマ）においては、状況をすばやく判断する能力と、疑問を抱いて慎重に分析する能力が対立する。当然ながら、システム1の判断が誤解や錯覚によるものであれば、問題が生じうる。直感を信じるべきときと、疑問を持つべきときの見きわめを学ぶことは、一般社会でも、どんな専門分野においても、能力向上に欠かせない要素だ。これは何も不慮の死をとげる愚か者にかぎった話ではなく、程度の差はあれすべての人に当てはまる。たとえば、パイロットもさまざまな錯覚に陥る可能性があるので、きちんと計器を使って順調な航行を確認するよう訓練されている。

運よく事なきを得た怖ろしい例がある。一九八五年冬の、チャイナエアライン006便の急降下事故だ。ボーイング747機が台北からロサンジェルスに向かって太平洋の上空一万二五〇〇メートルを飛行していた（一一時間のフライトで一〇時間近くたっていた）とき、第四エンジンが停止して、対気速度が落ちはじめた。マニュアルでは、手動操縦に切り替え、九〇〇〇メートルまで高度を下げてエンジンを再起動させることになっていたが、操縦士たちはそのときの高度で自動操縦を続けたまま、エンジンの再起動を試みた。しかし、エンジン出力が減った機体は推進力が非対称になっていた。自動操縦装置はそれを修正して水平を保とうとしたが、速度は落ちつづけ、機体が右に傾きはじめた。機長は減速には気づいたものの、機体が右旋回に入ったことまではわかっていなかった。機長のシステム1の前庭反射（内耳神経によって平衡感覚を保ち、空間内の自分の位置を把握する）が働くはずだったが、飛行機の軌道の影響で水平を保っていると錯覚していた。システム2の思考によって水平線や航空計器を確かめることもできたはずだった。けれども、機長のシステム2は、速度計と、エンジンを再起動させようとしている副操縦士と航空整備士に集中していた。

傾斜が大きくなり、高度一万一〇〇〇メートルの雲層に突入したことで水平線も見えにくくなった。機長は自動操縦を解除し、機首を下げて加速しようとしたが、すでに四五度以上傾いていた機体は逆さまになり、制御不能に陥って落下した。乗務員はその状況に狼狽した。異常飛行しているのはわかっていたが、逆さまで急降下しているとは思わなかった。第一から第三エンジンの推進力ももはや確認できず、第四と同じく停止してしまったと結論づけた。航空計器を見れば急降下しているのは明白だったのに、角度の異常さから、乗務員は計器が故障したと決めつけた。そして高度三四〇〇メートルで雲を抜け、自分たちが地上に向かって真っ逆さまに墜落していることに驚愕した。機長と副操縦士は操縦桿を強く引き、機体に多大な負荷を与えつつどうにか水平にすることに成功した。着陸装置が飛び出し、油圧装置のひとつも失ったが、四つのエンジンがすべて息を吹き返したことで飛行を続け、サンフランシスコ空港に緊急着陸することができた。のちの調査によって、機長らの操縦がどれほど危険だったかが明らかになった。5Gもの負荷がかかって左右の主翼が上に曲がり、着陸脚が二本破損し、着陸装置の格納扉は二枚はずれ、水平尾翼の大部分が失われていた。

航空用語の「空間識失調」とは、ふたつの致命的な要素が組み合わさることで生じる。水平線が見えない状況に加えて、現実からかけ離れた感覚認知に頼りすぎ、結果としてパイロットは航空計器の故障だと思いこむ。カーネマンが指摘するように、システム1は本能的、反射的に危険を察知して逃れようとするので、制御するのは非常にむずかしい。006便で最初に起きたエンジン停止は緊急事態ではなかったが、機長の行動の結果、そうなった。機長はマニュアルの手順にもしたがわず、計器をすべて確認してシステム2の分析的思考をおこなうこともなかった。エンジンの再起動と対気速度計にかかりきりになったあげく、状況が手に負えなくなると計器より自分の感覚を信じ、飛行機に起きていることを勝手に解釈しようとしたのだ。

パイロットが陥りやすい錯覚はさまざまで（なかには「リーン錯覚」、「グレイブヤード〔墓場〕・スパイラル」、「ブラックホール・アプローチ」など、ありがたくない呼び名がついたものもある）、インターネットを検索すれば、パイロットが空の上で問題把握と状況の立て直しに失敗して残した、背筋が凍る最期のことばを聞けるサイトもある。空間識失調は、二〇〇〇年一〇月の嵐の夜にミズーリ州のメル・カーナハン知事を乗せた飛行機の墜落事故や、一九九九年七月、靄《もや》のかかった夜にジョン・F・ケネディ・ジュニア夫妻らがマサチューセッツ州マーサズ・ヴィニヤード島に向かう途中、沖合で墜落死した際の原因だったのではないかと言われている。幸いチャイナエアライン006便は死者を出さずにすんだが、事故に関する国家運輸安全委員会の報告書は、訓練内容や専門技能がたやすくシステム1の錯覚に乗っ取られることを示している。だからこそ、つねに航空計器から目を離さないように、ふだんからシステム2を働かせ、意識的な分析や論理的思考の能力を鍛えておかなければならない。[*3]

錯覚と記憶歪曲

映画監督のエロール・モリスは、「ニューヨーク・タイムズ」紙の錯覚に関する連載コラムで、社会心理学者デイビッド・ダニングのことばを引用した。人間には「動機づけられた推論」を好む傾向があり、「不都合な真実を否定し、心地よい結論で自分を説得する天賦の才能」[*4]がある、というものだ（イギリス首相ベンジャミン・ディズレーリは、ある政敵のことを、彼の良心は彼の指導者ではなく共犯者だと批判した）。システム1とシステム2の判断がまちがった方向に進む条件はあまたある。パイロットたちが経験したような錯覚、解釈のまちがい、記憶の歪曲、新しい解決策が必要な新しい問題を認識し損ねること、そして陥りやすいさまざまな認知バイアスなどだ。次はこうした危険をできるだけ多く紹介しながら、航空計器をひとつずつ確認するように、思考を現実から乖離させない対処法を説明しよう。

われわれの世界観は「物語への飢え」によって形作られる。あいまいで不確かな物事には不安を感じるからだ。思いも寄らないことが起きると、われわれはなんらかの物語（説明）を求める。取るに足らないことであっても、あいまいさをなくしたいという感情は驚くほど強力になりうるのだ。

ある実験で、被験者は読解力とアナグラムを解く能力を測定すると伝えられた。しかしテスト中に隣の部屋から電話で話す声が聞こえて、気が散る。一部の被験者には、片方の話し声しか聞こえず、残りは両方の話者の声が聞こえた。気を散らすことそのものが実験のテーマであることを被験者は知らされていないので、文章を読んでアナグラムを解くことに集中し、聞こえてくる会話を無視しようとする。結果、片方の声しか聞こえなかったグループは、両方の会話が聞こえたグループよりも気が散っていたことがわかった。その部分的な会話の内容も、片方の声しか聞こえないほうが被験者の記憶に残っていた。なぜか？　おそらく、会話の片方しか聞こえないことで、物語を完成させるためのもう半分を推測しようとする強い力が働いたからだ。研究の報告者が指摘していることだが、公共の場所で携帯電話の会話を片方だけ聞くと、ひどく気になる理由はこれである。同時に、**われわれが身のまわりの出来事にどうしても合理的な説明を求めようとする傾向も明らかになった**。

あいまいさや不確実性に対する不快感も同じくらい強力だ。自分の生活は合理的に説明したいから、なおさらそれが当てはまる。自分の置かれた状況、わが身に起きたこと、やろうと決めたこと、そうした日々の出来事をなんとか一貫したストーリーで説明しようとする。人にはそれぞれ、所属する文化や人類の歴史、さらに各人の過去のひとつひとつの出来事によって紡がれた、千差万別の物語がある。その無数の経験はみな、現在の状況でその人の頭に浮かぶことや、自分を納得させる物語に影響する。どうしてうちの家族は誰も大学に進学しなかったのか。なぜ父親は仕事で成功して金持ちにならなかったのか。どうして自分は会社勤めをしたくないのか、というより、なぜそもそも働きたくないのか。**われわれは自分の感情をもっともよく表している物語に強く引かれる。**こうして物語と記憶はひとつになる。重要な意味を持たせた記憶は長続きする。物語は現在だけでなく将来の経験や情報に意味を持たせる精神的な枠組みとなり、新しい記憶を、すでに確立した世界観や自我に合うように事実上作り替える。小説の主人公が窮地で下した決断は正しかったかと訊かれた読者は、かならず自分の人生経験を重ねて、主人公の心の葛藤を解釈する。マジシャンや政治家の成功も、小説家と同じく、人々が魅力的な物語の力と「不信の停止」〔虚構と知りながら一時的に本物と信じこむこと〕を受け入れるかどうかにかかっている。それがもっとも顕著に表れるのが、政治に関する意見が交わされる場所だ。考え方の似た人たちの集まるウェブサイトや地域の会合、メディアには共通の目的が掲げられ、世界のあり方や、人類、政治家のふるまいについて彼らの感覚をもっともうまく説明する物語が展開されている。

テーマを問わず、ある見解を表明したネットの記事（たとえば、テストを強力な学習ツールとして使うことを推奨する論説）を読めば、個人的な物語がいかに早く呼び起こされるかがわかる。記事を読んだ人のコメントを見てみると、快哉を叫ぶ人もいれば、憤懣やるかたない人もいて、どちらも個人的な物語にもとづいて記事への賛否を決めている。心理学者のラリー・ジャコビー、ボブ・

ビョルク、コリーン・ケリーは、理解や能力や記憶の錯覚に関する研究をまとめて、人間が個人的な経験にもとづいて判断するのはほとんど避けられないと書いている。過去に起きた事件について、人は客観的な記録より自分の主観的な記憶を信用する。ある状況に対する解釈が自分独自のものであるということを、驚くほど認めようとしない。つまり、**われわれの直感的な判断や行動において、記憶の物語が中心的な役割を果たすのだ。**[*5]

われわれの記憶の可塑性は認知をゆがめることもあるが、一方で学習能力に欠かせないというのは興味深い矛盾だ。すでに述べたとおり、記憶を呼び出すたびに、その記憶に至る経路は強化される。記憶を強化、拡張、修正するこの能力は、われわれが学習の質を高め、すでに知っていることやできることとのつながりを増やすために不可欠だ。記憶はある意味でグーグルの検索アルゴリズムと似ていて、学んだことを既知のことと結びつけ、その記憶との関連性（視覚イメージ、場所、より大きな物語など）が増えれば増えるほど、あとでまた想起するための手がかりも増える仕組みになっている。この能力によってわれわれの行動の幅は広がり、効果的に動くことができる。しかし同時に、記憶は変わりうるので、競合する感情や示唆、物語の影響を受けて、こうだと確信していることがまちがいである可能性も作り出す。もっとも大切な記憶であっても、そのときの出来事を正確に表しているとはかぎらないのだ。

記憶はさまざまなかたちで歪曲される。人々は筋の通った話を求めるあまり、自分の世界観に照らして秩序のないところに秩序を補って解釈する。記憶とは「再構築」だ。物事をすべて憶えることはできないから、もっとも感情に訴える重要な要素だけ憶え、抜けた部分は自分の物語と一致する（しかし、まちがっているかもしれない）内容で埋め合わせる。

われわれは物事をはっきり特定せず、暗示するかたちで記憶する。文学にはそんな例があふれている。多くの人はヘレン・ケラーの苦難の少女時代に関する説明文を読むと、あとでまちがいなく、耳が聞こえない、話せない、目が見えないという表現が文章中に含まれていたと思うが、同じ説明文をキャロル・ハリスという少女の名前で読んだ場合、この勘ちがいはほとんど発生しなかった。[*6]

「イマジネーション膨張」とは、ある出来事を鮮明に思い浮かべるよう指示された人が、あとで尋ねられたときに、あたかもそれが本当に起きたかのように信じていることだ。成人を対象にした実験で、「自分の手で窓を割ったことはありますか」と尋ねると、実際には割っていないのに、のちの調査で割ったと回答する傾向があった。質問されたせいでその状況を想像し、想像したことにより印象が定着して、本当にあったと信じる割合が（そうしたことを想像せずに回答した別のグループに比べて）大きくなったようだ。

架空の出来事も、鮮明に想像することによって、実際に起きたことと同じくらいしっかりと記憶に定着する。たとえば、性的虐待を受けたと思われる子供と面談し、そのことを尋ねると、子供は面談者に言われたことを想像し、あとで実際に起きたこととして「思い出す」[*7]（もちろん悲しいことに、幼少期の性的虐待の記憶の多くは真実であり、ふつう事件直後に通報されている）。

もうひとつの記憶の錯覚は「示唆」によるもので、質問のしかたによって引き起こされる。例として、信号無視をした車が交差点でほかの車と衝突する映像を被験者に見せた実験がある。二台の車が「接触」したときの時速はどれくらいだと思うかと訊かれたグループの答えは、平均時速五一キロだった。それに対して、二台の車が「激突」したときの時速は、と尋ねられたグループの答えは、平均時速六六キロだった。もし法定制限速度が四八キロで、後者のように質問したとすれば、運転手はスピード違反で有罪だ。当然、司法当局は目撃者が「誘導尋問」される危険性を承知しているが、示唆かどうかの判断には微妙なところがあり、その手の質問を完全に排除するのはむずかしい。とにかくこの事故の場合、二台の車が衝突したのは事実だからだ。[*8]

目撃者が事件の詳細を思い出そうとしているときに、自由に考えて推測でもかまわないので、思いついたことを答えてくださいと指示される場合がある。ところが、**何があったか推測する行為は自分に誤った情報を与え、まちがったまま放置されると記憶として思い出す可能性がある**。そうした理由から、アメリカとカナダのほぼすべての州では、催眠術をかけられて聴取された人が法廷で証言することを禁じている。催眠状態での聴取は、通常思い出せないような情報も引き出せるという期待ゆえに実施され、かけられた人は自由に考えて気づいたことをなんでも話す。しかし、この過程で誤った情報が多数生成される。複数の研究によると、あとでテストをおこなって、実際にあったことだけを正確に思い出すよう被験者に求めたところ、催眠中に推測したことで記憶があいまいになり、実際にあったことをはっきり思い出せなかった。とくに、問題の出来事が起きていないとわかっている場合（研究室での実験）でも、被験者は催眠中に考えたことを現実の体験として記憶していた。[*9]

外部からの「介入」も記憶をゆがめることがある。警官が事件直後に目撃者を聴取し、容疑者候補の写真を見せたとする。時がたち、警官が目撃者に見せた写真のなかのひとりがついに逮捕される。もしそこで目撃者が警察の面通しに協力すれば、かつて写真で見た容疑者を犯行現場で目撃したとまちがえて記憶しているかもしれない。これとよく似たことが、オーストラリアの心理学者ドナルド・M・トムソンにも起きた。シドニーに住む女性が日中、テレビを見ていると、ドアをノックする音が聞こえた。応対に出たところ相手に襲われ、レイプされ、気絶したまま放置された。目を覚まして通報すると警察が駆けつけ、犯人の特徴を聞き取って捜索に乗り出した。警察はシドニーの通りを歩くドナルド・トムソンを発見し、犯人の特徴と一致したのでその場で逮捕となった。トムソンには完璧なアリバイがあった——ちょうど事件のあった時刻に生放送のテレビ番組に出てインタビューを受けていたのだ。だが、警察は信用せず、事情聴取しながら彼をあざ笑った。しかし、トムソンの話は事実だった。被害者の女性はドアがノックされたとき、ちょうどその番組を見ていた。彼女が警察に告げた特徴は、明らかに犯人ではなく、テレビで見ていた男性、ドナルド・トムソンのものだったのだ。彼女のシステム1の反応（すばやいが、ときにまちがえる）が、おそらくはひどく興奮した心理状態のせいで、まちがった特徴を伝えたというわけだ。[*10]

われわれには心理学者が「知識の呪い」と呼ぶ傾向がある。**自分がすでに習熟した知識や作業をほかの人が新たに学ぶ際に、かかる時間を少なく見積もってしまうのだ。**教師はこの錯覚に悩まされることが多い。算数の教師であれば、あまりにも簡単に思える計算式について、習いはじめで苦労している生徒の視点に立って考えることができない。「知識の呪い」の効果は、何かが起きたあとで、そうなるのはまえから予想がついていたと思う「後知恵バイアス」（または「最初からわかっていた」効果）と似ている。株の専門家が夕方のニュースで、その日の株価の推移がなぜそうなったかを自信満々に述べるのがそれだ。その日の朝には予言できていなかったのにである。*11

聞き憶えのある説明を聞くと「知っている気がする」ので、真実だと錯覚する。政治や広告の主張が、事実ではないがくり返し宣伝されていると、とくに感情的に同意できる場合、大衆の心をつかむことがある。聞き憶えのあることをまた耳にして親近感が湧き、かつて知っていたがはっきり思い出せない断片の記憶と勘ちがいするのだ。これはプロパガンダの世界で「大きな嘘」という手法で、大きな嘘でもくり返せば真実として受け入れられることがある。

「流暢性の錯覚」は、教材をすらすら読めることを習熟と勘ちがいすることから生じる。たとえば、**むずかしい概念をとくにわかりやすく説明されると、概念自体がじつは単純で、自分も最初から知っていたと思いこむことがある。**すでに紹介したとおり、教科書の再読で勉強する学生は、すらすら読めるようになったことを、主題に関する知識が身についたと勘ちがいし、テストでも高得点が取れるだろうと過大評価する。

われわれの記憶は「社会的影響」にさらされて、周囲の人の記憶と足並みをそろえようとする。過去の経験を回想するグループで、誰かが話にまちがった詳細情報をつけ加えると、聞いた人はそれを自分の記憶に取りこみ、あとで経験全体をまちがった情報とともに思い出すようになる。このプロセスを「記憶の同調」または「記憶の社会的伝染」といい、ひとりのまちがいが別の人の記憶に「感染」しうることを指す。もちろん、社会的影響がつねに悪いわけではない。共通の記憶をはっきりと思い出せない人が誰かにくわしいことを思い出してもらえば、その後の記憶は更新され、過去の出来事について正確な記憶を保つことができる。[*12]

社会的影響を補完するものとして、人には他人も自分と同じ考えだと考える傾向があり、これを「偽の合意効果」という。われわれは、自分の世界観や解釈には独自性があって他人とはちがうということを把握していない場合が多い。気候変動、銃規制、ガス井の水圧破砕、あるいはもっと地域的なこと、たとえば学校建設のための公債発行や、近所の大規模小売店進出に賛成か反対かといったことで、明らかに自分の見方が正しくて社会共通だと思っていたのに、友人に話してみると意見がまったくちがって驚いたことはないだろうか。[*13]

記憶に自信があるからといって、その記憶が正確とはかぎらない。ある出来事を鮮明かつ忠実に憶えているという固い信念があっても、実際にはまったく勘ちがいということもある。ケネディ大統領の暗殺や、九・一一のもろもろの事件のような国家的悲劇は、心理学用語で言う「フラッシュバルブ記憶」を引き起こす。その重大ニュースを知ったときに自分はどこにいたか、どんなふうに知ったか、どう感じたか、何をしたかといった記憶があざやかに残るのだ。それらは記憶に焼きついて消せないと考えられている。たしかに大惨事の概要はメディアがくわしく報道するので、しっかり憶えられるが、そのときの個人的な状況の記憶はかならずしも正確ではない。この現象については、九・一一のテロに関するアメリカ人一五〇〇人の記憶の調査を含めて、膨大な研究がなされている。九・一一関連の調査では、事件の一週間後、一年後、三年後、一〇年後にそれぞれ回答者の記憶を調べた。回答者が事件を知ったときにそれぞれ抱いたもっとも感情的な記憶は、本人としては揺るぎないと思っているが、皮肉なことにほかの九・一一にまつわるどんな記憶よりも大きく変化していた。[*14]

メンタルモデル

われわれは生きていくうえでさまざまな分野に精通し、異なる種類の問題を解決するのに必要な手順を、それぞれまとめていく。前章の引用を続ければ、スマートフォンのアプリのようなものが脳内にできるのだが、これを心理学用語で「メンタルモデル」という。たとえば、警察の交通違反の取り締まりと、襲撃犯から武器を取り上げるときの動き。どちらの場合にも、警官はその場の状況に合わせてほとんど意識せずに認知と行動ができる。バリスタであれば、完璧な一六オンスのデカフェ・フラペチーノを作る手順や材料に関するメンタルモデル、救急外来の受付係であれば、優先順位を決めて受け入れ登録をするメンタルモデルが必要だ。

みずから理解を深めたことほど他人に教えるのはむずかしくなる。そう語るのは、心理学者で教育者でもあるハーバード大学のエリック・メイザー教授だ。なぜか？　複雑な分野で上達すればするほどメンタルモデルも複雑になり、その構成要素である手順は記憶の裏にまわってしまうからだ（知識の呪い）。たとえば物理学者は、仕事のなかで出会ったさまざまな問題を解くための法則（ニュートンの運動法則、運動量保存の法則……）をたくさん憶えている。彼らはその法則にしたがって問題を振り分けるが、初心者は問題のなかで使われる器具（滑車、傾斜板……）など、表面的な特徴が似たもので分類する。ある学者は、物理学入門の講義でニュートン力学の応用が必要な問題を説明した。はるか昔にひとつのメンタルモデルにまとめていた手順だったが、学生たちはまだ習っていないのを忘れていたのだ。自分には基本である複雑な知識を、学生もすぐに理解できるだろうと思いこんでいたのは、メタ認知〔認知に関する認知〕の誤りだ。自分が知っていることと、学生が知っていることのちがいを認知し損ねたわけだ。メイザーは、新しい概念をなかなか理解できない学生が何につまずいているのかいちばんよくわかるのは、教授ではなくほかの学生だと言う。[*15] この問題はごく簡単な実験で確認できる。ひとりの被験者がよく知られた楽曲を思い浮かべながら、拳で机を叩いてそのリズムを再現し、もうひとりがそのリズムを聞いて曲名を当てる。曲は決まった二五曲のなかから選ばれるので、統計的な正答率は四パーセントだ。曲を思い浮かべる被験者は、相手がどのくらい正解するかと訊かれて五〇パーセントと推測したが、実際に聞き手が正解したのはたったの二・五パーセントで、統計的な予測と大差なかった。[*16]

ドゥーリー監督のフットボール選手たちがプレーブックの内容を憶えるように、われわれもみな、土曜の試合から次の試合へ進化するために、無数の解決策のなかから必要に応じて使えるものを呼び出せる記憶の書庫を作る。だが、**こうしたメンタルモデルのせいで判断を誤ることもある。**初めて出会った問題を、よく知っている問題だと思ったらまったく別物で、うまく対処できなかったり、かえって状況を悪化させることもあるのだ。解決策が問題に合わないことに気づかないのも、自己認識の誤りから来ていて、厄介な事態になりうる。

先に紹介した神経外科医のマイク・エバーソールドはある日、脳腫瘍の摘出手術中に患者が危険な状態になった研修医を助けるために、手術室に呼ばれた。通常は時間をかけて、まわりの神経を避けながら余裕を残して腫瘍を摘出するが、腫瘍の裏で出血している場合には、脳に圧力が加わると命にかかわる。ゆっくり慎重に進めるのではなく、早急に腫瘍を切除して血を抜き、止血しなくてはならない。「最初は大胆な措置をとることに気おくれするだろうね」とマイクは言う。「洗練されたやり方ではないけれど、患者の命は執刀医が覚悟を決めてすみやかに動けるかどうかにかかっている」。彼の手助けによって、手術は成功した。

見知らぬ男性をパパと呼んだ幼児のように、なじみのある状況に見えても実際はちがい、別の新しい解決策を用いなければならないことがある。**既存のメンタルモデルが機能しない場面に気づく能力を発達させなければならないのだ。**

能力不足で能力不足に気づかない

能力不足の人に改善の技術が欠けているのは、有能と無能の区別がつかないからだ。じつに興味深いこのメタ認知の現象は、心理学者デイビッド・ダニングとジャスティン・クルーガーにちなんで「ダニング＝クルーガー効果」と呼ばれている。ふたりの研究によると、能力不足の人は自己を過大評価し、現実と理想の実績に乖離があることに気づかないので、改善する必要性を感じない（このテーマに関して彼らが初めて発表した論文のタイトルは「能力不足で能力不足に気づかない」だった）。ダニングとクルーガーは、能力の欠如した人でも、自分の能力を正確に測る技術を教われば（つまり、メタ認知をもっと正確にすれば）能力を伸ばせることも示した。それを発見した実験では、学生に論理学のテストをおこない、自分の成績を見積もらせたところ、最初の実験で、能力の低い学生ほど実際の成績とかけ離れた評価をつけるという仮説が立証された。平均成績が下から一二パーセンタイルの学生たちは、自分の全般的な論理能力を六八パーセンタイルと推定したのだ。

二番目の実験では、最初のテストを受けて自分の成績を見積もったあとに、ほかの学生の解答を見たうえでもう一度自分の解答を見直し、正解数を推定した。成績が下位四分の一の学生たちは、より正答率の高い学生の解答を見たあとでも、みずからの成績の評価を誤っただけでなく、すでに高く見積もりすぎている能力評価をさらに上げる傾向が見られた。

三番目の実験では、成績のよくない学生が認識力を高められるかどうかを調査した。学生たちは論理学の問題を一〇問解き、テストのあとに自分の論理力と成績を見積もった。ここでもまた、成績が下位四分の一の学生は総じて自分の成績を過大評価した。次に、半数の学生は一〇分間の論理的思考（演繹的推論の正確さを確かめる方法）の訓練を受け、残りの半数は関係のない課題を与えられた。その後、すべての学生にもう一度自分のテストの成績を推定させると、訓練を受けた下位四分の一の学生は、正解数と、全体のなかでの自分の順位を、はるかに正確に見積もれるようになった。訓練を受けなかった下位四分の一の学生は、よくできたという誤った確信を抱きつづけた。

能力不足の人は、なぜ能力が足りなかった経験から学べないのか。ダニングとクルーガーはいくつか仮説を立てている。ひとつは、ふだんの生活で他人から否定的なフィードバックを受けることはめったにないというものだ。誰しもほかの人に悪い話は伝えたくない。第二に、たとえ否定的なフィードバックを得たとしても、なぜ失敗したのか正確に理解する必要がある。成功するにはすべてがうまくいかなければならないが、失敗したときにはいくらでも外的な要因が考えられる。本当は能力不足だったのに、ツールのせいにするのは簡単だ。最後に、他者の能力をたんに正しく評価できない人もいる。そういう人たちは外部の才能を目にしてもわからず、そのせいで自分の相対的な能力も正確に判定できないのだ。

そうした効果がわかりやすいコンテクストや技術がいくつかある。分野によっては、能力不足がかなりあからさまに示される。筆者たちも憶えているが、子供のころ、教師はソフトボールのチーム分けのために、ふたりの少年にほかのメンバーを選ばせていた。すると上手な子が最初に選ばれ、下手な子が最後になる。仲間内で大っぴらにソフトボールの技量が判定されるわけで、最後に選ばれた子が「ぼくはソフトボールがすごくうまい」と思うことはまずありえない。一方、ふだんの生活でそれほど厳正な能力判定がおこなわれることはほとんどないのだ。[*17]

要するに、**われわれが世界を理解する手段——ダニエル・カーネマンのシステム1、2——は、知覚システム、直感、記憶、認知に依存していて、それらには欠点やバイアスや不備がある。**われわれは一人ひとり、驚くほど多様な知覚や認知能力の集まりだが、失敗の種も持っている。学ぶときには、何がうまくいき、何がうまくいかないかという自分の判断にしたがってやることを決め、簡単にまちがえてしまう。

錯覚に陥りやすく、判断を誤りやすいのだから、みな慎重にならざるをえない。とくに「学生主導の学習」を主張する人たちは冷静に考えたほうがいい。一部の保護者や教育者が注目していることの理論の主旨は、ある主題を習得するために何を学ぶべきか、またどんなペースや方法が最適か、学生自身がいちばんよく知っているというものだ。たとえば、二〇〇八年に開校したイーストハーレムのマンハッタン・フリースクールでは、学生は「成績をつけられず、気が向かなければテストを受けることも、ほかのことをする必要もない」。二〇〇四年開校のブルックリン・フリースクールでは、みずからを「アンスクーラー〔自宅教育者〕」と呼ぶ自宅学習の家庭が増えてきたことを受けて、学習者が興味を持てることが結果として最良の学習につながるという方針を掲げている。[*18]

意図は称賛に値する。たしかに学生はこれまでに紹介したような勉強法を取り入れて、もっと主体的に学習を管理すべきだ。たとえば、自分でテストをして、その直接の効果である記憶の維持を図り、すでに知っていることや知らないことをもっと正確に把握し、さらに学ぶ必要がある分野に集中するほうがいい。ところが、こうした勉強法を取り入れている学生は少ないし、実践している学生にしても、より効果的に練習するために励ましのことば以上の支援が必要だ。想起練習がすぐれた勉強法であることを知っていても、長期的な成果が出るまで辛抱強く継続できる学生は少ない。課題として外国語の暗記カードをひと束渡され、憶えたと思ったらそのカードを自由に束から抜いていいと言われると、ほとんどの学生は一、二回正しく思い出せたところで抜いてしまうが、それでは早すぎる。不都合なことに、**効果的ではない勉強法を選ぶ学生ほど自分の習熟度を高く見積もり、誤った自信を持つ結果、その習慣を改めようとしなくなる**。

次の土曜に試合を控えたフットボール選手は、プレーを直感まかせにせず、本番のはるかまえに動きをひとつずつ練習し、いろいろ組み合わせ、粗い部分を見つけてグラウンドで調整する。今日の大学生の勉強でもこうした行動が標準になれば、自己主導の学習も非常に効果的になるだろう。ただ、当然ながらフットボール選手は自分で練習を考えず、コーチの指導を受けている。同様にほとんどの学生も、改善すべきところを知っていて必要な勉強法を指示してくれる教師がいたほうが、学習ははかどる。[*19]

錯覚や誤った判断をしないための対処法は、主観的な体験ではなく外部の客観的なものさしを基準に用いて、現実世界に即した判断ができるようにすることだ。コックピットの航空計器のように信用できるものがあれば、それを確かめる習慣をつけると、注力すべきところを正しく判断し、方向を見失ったとしても気づいて本来の進路に戻ることができる。いくつか例を紹介しよう。

判断を修正するためのツールと習慣

いちばん重要なのは、**本当に知っていることと、知っていると思っていることを検証するために、テストと想起練習をまめにおこなうことだ**。授業で成績に影響しないクイズをたびたび実施すれば、教師は生徒がうわべだけでなく本当に理解しているか確かめることができ、補習が必要な部分もわかる。アンディ・ソーベルが政治経済学の講義でやったようなまとめのクイズを出題すると、とくに記憶の統合や、講義で説明された概念をそのあと学ぶ新しい課題に結びつけることに効果を発揮する。学習者であれば、フラッシュカードの活用から、重要な概念を自分のことばで説明することや、ピア・インストラクションまで、自分の習熟度を測る練習はいくらでもある。

二、**三回正しくできただけで課題をテスト範囲からはずしてはならない**。重要なことは何度もくり返し練習する必要があるのだ。また、集中練習で一時的に憶えたことを信用してはいけない。テストの間隔をあけ、練習に変化をつけ、長期的な視野で取り組む必要がある。

「ピア・インストラクション」はエリック・メイザーが開発した学習法で、先行する原則をいくつも組み合わせたものだ。学生は授業前に教材を予習しておく。授業中に何度か短いテストがあり、ひとつの概念に関する問いに一、二分で答える。さらに少人数のグループを作り、意見を交わして正解を導き出す。メイザーの経験では、この過程で学生たちは教材の根本の概念に取り組み、理解を阻む問題を明らかにし、理解したことを説明する機会を与えられ、フィードバックを受け、学習の度合いをほかの学生と比較することができる。同様に、教師にとっては学生がどのくらい内容を吸収しているか測る指標となり、強化すべきところや減らしていいところがわかる。メイザーは別々の答えを出した学生同士を意図的に組ませ、彼らが自分とちがう観点を知り、どちらが正しいか結論を出すことを期待する。

この手法については、8章でメアリー・パット・ウェンデロス教授、マイケル・D・マシューズ教授のふたつの例を紹介する。[*20]

何を学んだか判断するときには、判断の「手がかり」に注意しなければならない。よく知っていると思うことや、すらすらできると感じることは、かならずしも信用できる指標ではない。講義や教科書に出てきた事実や語句を、すぐあとのテストでどれほど簡単に思い出せたかも指標にはならない（ただし、しばらく時間がたっても簡単に想起できるなら、学べた証拠だ）。さらに望ましいのは、教材のさまざまな概念を統合し、すでに知っていることと結びつけ、推論に使えるようにするメンタルモデルを作ることだ。教材の内容をうまく説明できるかどうかは、理解度を知るうえですぐれた手がかりになる。記憶のなかから顕著な点を思い出し、自分のことばに置き換え、なぜ重要なのか、より大きなテーマとどう関連するかを説明しなくてはならないからだ。

指導者は適切な「フィードバック」を与え、学習者のほうもそれを求めるべきだ。インタビューのなかで心理学者のデイビッド・ダニングは、他者とのかかわりを通して自己洞察が得られると言っている。「本当に重要なのは、どんなフィードバックを受けるかだ。まわりからプラスの評価を得ているか。能力を正しく反映した報酬をもらっているか。まわりの人たちを見れば、ほかにもっといい方法があると気づくことも多いだろう。『自分は思っていたほど優秀ではない。でもこれでやるべきことができた』とね」。ソフトボールのチームを作るために並んだ子供のことを考えてみよう――そこで自分は選ばれるだろうか、と。[*21]

多くの分野で同僚や仲間からの評価は個人の成績にフィードバックを与え、客観的な判断の指標となる。ほとんどの医療グループには疾患率・死亡率の会議があり、そこで率の高い医師が発表される。ほかの医師たちは批判したり、「きみはいい仕事をした。状況がよくなかっただけだ」と言ったりする。医師のマイク・エバーソールドは、神経外科の実務はグループでおこなうべきだと主張する。「ほかの神経外科医がいればセーフガードになる。何か不適切な処置をしていたら指摘されるからね」

多くの場合、個人の判断や学習は、より経験豊富な同僚と仕事をすることで改善される。たとえば、航空機の副操縦士であれば機長、新米警官であればベテランの警官、研修医であれば経験豊富な外科医といった人たちだ。見習い制は古来より存在し、靴屋だろうと弁護士だろうと、初心者は熟練の職人や専門家から技術を学んできた。

「チーム」を結成して専門的な技量を補足し合うこともある。失禁やパーキンソン病の症状を改善する神経刺激装置や、ペースメーカーなどの医療装置を体内に植え込む際、製造企業は手術の現場に製品担当者を立ち会わせる。担当者は装置が使われる手術を数多く見ていて、助けられる患者のタイプや、拒絶反応、有害事象にくわしく、自社の技術者や臨床医との連絡役も務める。そうして手術に立ち会い、装置が正しく入っているか、リード線が正確に差しこまれたかといった確認をする。患者には手術の成功が約束され、医師は装置のみならず、いざというときの技術サポートが得られ、製造企業は製品が正しく使われることを確認できて、関係者全員が恩恵をこうむる仕組みだ。

実際の環境で想定される要求や可変条件をシミュレーションした訓練は、学習者と指導者が習熟度を評価し、理解や技量を向上させるべき分野を知るのに役立つ。警察の場合、さまざまな種類のシミュレーションが訓練に使われている。射撃などの訓練はたいていビデオのシナリオに沿っていて、部屋のひとつの壁に巨大なスクリーンが設置され、警官が直面する状況を模して室内に多様な小道具が置かれ、訓練を受ける警官はビデオと連動するように改造された銃を持ってその場面に入っていく。

ミネアポリス警察のキャサリン・ジョンソン警部補は、訓練に使用したいくつかのシミュレーションについて語った。

ひとつは交通違反の取り締まりでした。訓練室の壁にスクリーンがあって、大きな青い郵便ポストや消火栓、ドアといったものが部屋のあちこちに配置され、スクリーンで起きることに対処するときに、遮蔽物として使える。スクリーンに向かって歩いていくと、ビデオは私が実際の現場のように車に近づくのを待っていて、急にトランクが開いてショットガンを持った男が現れたかと思うと、銃で撃たれました。いまでも交通違反の取り締まりで車に近づくときは、トランクを強く押さえて開かないことを確認する。あの訓練のシナリオのおかげです。

もうひとつの小火器のシミュレーションは、家庭からの通報で、その住宅に近づいていくと、ポーチに男がいるところから始まる。見たとたん、男が銃を持っているのに気づいて、銃を落としなさいと指示したけれど、男はくるりと背を向けて家に入ろうとした。そのとき考えたのは、背中を向けた相手をいきなり撃つことはできないし、危険にさらされた人も見当たらず、どうすればいいのかということでした。でも、撃つべきかどうか一瞬迷ったときには、もう男はふり向いて私を撃っていた。私の反応は彼の行動より遅すぎた。行動《アクション》はつねに反応《リアクション》より早い。それが心に刻まれた真実でした。[*22]

小火器のシミュレーションでは、命にかかわる訓練も平和な訓練もさまざまな方法で実施できる。ポーチにいた人物に前科があったり、現場に行った警官の顔見知りだったりと、いろいろな要素が組み合わさった複雑なシナリオなので、ある状況にかならずひとつ正解があるわけではない。最後に警官は訓練官に結果を報告し、フィードバックを受ける。練習は技術面だけでなく、明快な思考や適切な反応（注意しなければならない視覚的、言語的な手がかり、生じうる結果、危険な武器の的確な使用法、緊急時にとった行動のきちんとした説明など）も含まれている。

シミュレーションは完全ではない。ジョンソンは、ロールプレーで同僚の警官とおこなう、至近距離の襲撃犯から銃を取り上げる訓練の話をしてくれた。スピードと手際のよさが必要で、襲撃犯の手首を片手で強く叩いて握力を弱め、もう一方の手で銃を奪い取るのだ。その動きは、警官たちが訓練をくり返して磨き上げた習慣だった。ふたり組で銃を奪っては相手に返し、また奪う訓練だ。しかしあるとき、警官のひとりが通報で駆けつけた現場で、襲撃犯から銃を奪って、ついいつもの訓練のように返してしまった。相手も驚いたが、警官はどうにか銃をもう一度つかみ取って、今度は離さなかった。「本番と同じように練習すれば、本番で練習どおりにできる」という基本ルールが、訓練のしかたによって乱れてしまう例である。

何を知っていて、何を知らないかという感覚を検証するのにもっとも有効なフィードバックは、現場での「失敗」だ。ただし、それを乗り越え、教訓を学ぶだけの感受性があることが条件になる。[*23]

6章　「学び方」を越える

Get Beyond Learning Styles

学習者には一人ひとり個性があり、哲学者のフランシス・ベーコンが言うように、高みへとのぼる階段は曲がりくねっている[*1]。

一九四二年に機械修理工の父と専業主婦の母のもとに生まれた、ブルース・ヘンドリーの話をしよう。金持ちになりたいという野心を秘めた、アメリカのどこにでもいるやせっぽちの少年は、ミネアポリス北部のミシシッピ川のほとりで育った。立身出世の話はだいたい似たようなものだが、これはその手の話ではない。ブルース・ヘンドリーは自力で出世したけれども、その階段は曲がりくねっていて、彼が進路を見つけた方法は、人の学び方にどれほど差があるかを理解するのに役立つ。

人にはそれぞれ独自の学び方があるという考え方は長く定着している。教育実務では定説となり、多くの人の自己認識にも大きな影響を与えた。その根底には、人によって新しい情報の受け取り方や処理のしかたがちがうという前提がある。たとえば、視覚的な教材で学ぶのが得意な人もいれば、文字のテキストや聴覚教材で学ぶほうが効果があがる人もいる。さらに、自分の学び方に合わない方法で教えられる人はあまりうまく学べないという見解もある。

この章では、誰にでも学び方の好みがあることは認めつつ、指導法がその好みに合えばよく学べるという説には反論する。ただ、人の学び方には別の種類の差があって、それが重要なのだ。まず議論の枠組みとして、ブルースについて説明しよう。

「やってみて」学ぶ

ブルースの成功の秘訣は、自分のことは自分で決めるという幼少期からの信念だった。二歳のとき、母親のドリスに、車にはねられるから道路を渡ってはいけないと教えられたが、ブルースは毎日道路を横断して、おしりを叩かれていた。「あの子は手がつけられない」とドリスは友人に語った。

八歳になると、ブルースはガレージセールで荷造り紐をひと玉一〇セントで買い、小分けにしてひと束五セントで売った。一〇歳で新聞配達の仕事を始め、一一歳でゴルフのキャディの仕事を加えた。一二歳のときには、貯金の三〇ドルと空《から》のスーツケースを持って夜明けまえに寝室の窓から抜け出し、サウスダコタ州アバディーンまでヒッチハイクで四一〇キロ移動して、ミネソタ州では違法だったブラック・キャットの花火や、癇癪玉、筒型花火を買いこみ、またヒッチハイクで夕食前に家に戻ってきた。翌週、ドリスはずっと、なぜ新聞配達の少年たちがやたらと家に立ち寄るのか怪しんだ。そうしてブルースは大金を儲けたが、新聞配達の店主に見つかって、父親に告げ口された。父親は、今度やったらただじゃすまさないと息子を叱ったが、ブルースは翌年の夏も買いつけ旅行をおこない、約束どおり折檻された。「それだけの価値はあったよ」と彼は言う[*2]。一三歳にしてブルースは、需要が高くて供給が少ないとどうなるかを学んだのだ。

　やがて彼は、金持ちは自分よりずいぶん賢いわけではないが、自分にはない知識を持っていると気づいた。ブルースの知識の追求のしかたには、重要な学習上の特徴がある。まず、自力で学ぶという責任感がある。しかもそれは二歳のときからだから、驚くべき持続力だ。ほかにも注目すべき行動がある。次から次へと新しいことに身を投じながら、集中力と判断力を高める教訓を得ているのだ。学んだことを投資のメンタルモデルに組み入れ、それを今度はより複雑な状況を判断するのに使い、雑草のなかを切り進むように、膨大な無関係の情報のなかから有力な情報を見つけ出して、最後には報酬にたどり着く。これらの行動は心理学用語で言う「規則学習」〔本書一六四ページ〕や「構造構築」〔本書一六二ページ参照〕にあたる。経験をそのまま受け止め、あとで似たような状況に応用できる教訓を引き出せない人より、新しい経験から基本原則やルールを導き出せる人のほうが、すぐれた学習者だ。同様に、もみ殻から小麦を選別し、小麦から小麦粉を作る方法が理解できない人より、新しい素材のさほど重要ではない情報のなかから顕著な概念を選び出し、それを精神構造に取りこめる人のほうが、質の高い学習ができる。

一三歳になってまもないころ、ブルースはミネソタ州中部の湖畔の森林区画が売りに出されているチラシを見つけ、不動産で損をした人はいないという話を聞いて購入した。続く四年間、ときに父の助けを借り、困難に直面すると自分で解決策を見つけたり、やり方を誰かに教わったりしながら、そこに家を建てた。地下室を掘るために、トレーラーを借りて自分の車につないだ。土を掘ってくれた友人たちにシャベル一杯につき五〇セントを払い、近隣の土地の所有者で埋め立て用の土が必要な人に一杯一ドルで売った。セメント関係の職場で働く友人の父親からブロックの並べ方を習い、自力で基礎を築いた。壁の建て方は材木屋の営業担当に教えてもらった。そんなふうに専門家に真剣に教えを請いながら、自分で配管もして電線も引いた。「電気検査員にだめだと言われたよ」とブルースは思い出す。「そのときは自分たちの組合員にやらせたいんだろうと思ったから、組合の作業員を雇って、配線を全部やり直してもらった。振り返ってみると、ずいぶん危険なことをしてたね」

一九歳の大学生の夏、ブルースはその家を頭金にしてミネアポリスの四世帯住宅を買った。毎月、四世帯から家賃が小切手で送られてくる単純な賃貸商売のはずだったが、ほどなく、学業のかたわら管理業務に追われるようになった。住宅ローンを支払い、壊れた配管について真夜中に電話応対し、家賃を上げて賃借人を失い、空室を埋めようとして、さらに資金を投じた。結局、空き地に家を建てて、それを集合住宅に替えることは学んだものの、利益以上に頭痛の種が生まれる苦い経験をした。ブルースは四世帯住宅を売り払い、その後二〇年は不動産に手を出さなかった。

大学卒業後はコダックに入社して、マイクロフィルムの営業職につき、三年目には国内で五本の指に入る金額を売り上げた。その年、自分の支店長がいくら稼いでいるかを知る。社用車と必要経費を計算に入れると、営業職のブルースの給料のほうがよかったのだ。またひとつ、支店長より営業のトップのほうが高給を取れることを学んで、ブルースは曲がりくねった階段を一段のぼった。彼は証券会社に転職して、株を売るようになった。

その新たな視点から、さらにいくつか教訓を得た。「取引手数料を一ドル稼いだとしたら、半分は会社に入り、あと半分はIRS〔国内歳入庁〕に入る。本物の収入を得るには、手数料を稼ぐより自分の金の投資に力を入れなければならない」。そしてまた新たな教訓——株式投資は危険をともなう。ブルースは顧客に投資商品を売って稼いだ手数料と同じくらいの自己資産を失ったのだ。「落ちはじめたらもう止められない。株価が五〇パーセント下がったら、収支を合わせるには一〇〇パーセント値上がりしなきゃならないが、一〇〇パーセントの値上がりは、五〇パーセントの値下がりよりはるかにむずかしいんだ」。さらなる知識が蓄えられた。ブルースは新しい見識が得られる機会をうかがった。

そこにサム・レプラが登場する。

ブルースに言わせると、当時のレプラはミネアポリスの高架道路を往ったり来たりして投資会社を訪ね、取引の話やアドバイスをしているだけの男だった。ある日、レプラはブルースに、経営難に陥った会社の、額面一ドルにつき二二セントで売られている社債の話をした。「その社債には二二パーセントの未払利息がついていた」とブルースは回想する。「だから、会社が倒産を免れれば未払利息を回収できて——つまり、投資分は一〇〇パーセント戻ってきて——さらに社債そのものも保有できた」。要するに、ぼろ儲けということだ。「ぼくはひと口も買わなかった」とブルースは言う。「でも、その後の動向を見ていたら、サムの予言どおりになった。だから彼に電話して言ったんだ。『ちょっと来て、どういうことなのか教えてくれないか』とね」

レプラはブルースに、価格、供給、需要、価値の仕組みを教えた。それはブルースが花火をいっぱい詰めたスーツケースから学んだ知識よりずっと複雑だった。レプラの仕事のやり方は次の教えにもとづいていた——企業が経営難に陥ったとき、その資産に対する権利を真っ先に主張できるのは所有者でも株主でもなく、債権者、つまり供給者と社債保有者だ。そして社債には支払いの序列がある。弁済順位の高い社債をシニア債という。シニア債の支払いが終わったあとに、残った資産から支払われるのがジュニア債。財政難企業のジュニア債は、元が取れないのを怖れて投資家が敬遠すると値下がりするが、投資家の弱気や怠慢や無知によって、社債の価値が本来の資産価値よりはるかに低くなることもある。実際の価値と社債価格の落差をしっかり確認できれば、非常に低リスクの投資ができるのだ。

そういう知識こそブルースがずっと探し求めていたものだった。

当時、フロリダの不動産投資信託は低迷していた。サムとブルースはそれらを調査し、明らかに本来の価値より格安で売られているものを購入した。「そういう社債を五ドルで買って五〇ドルで売った。買ったものはどれもこれも儲かった」。彼らは順調に稼いでいたが、やがて市場価格が価値に追いつき、別の策を考えなければならなくなった。

そのころ東部の鉄道会社はどれも破産しかけ、連邦政府がその資産を買い取って、コンレール

〔統合鉄道公社〕とアムトラック〔全米鉄道旅客公社〕を設立しようとしていた。ブルースによると、「ある日、サムが言った。『鉄道会社というのは五〇年ごとに破産するものだけど、誰もその中身を知らない。すごく複雑だから解明するのに何年もかかる』。そこでわれわれは鉄道にくわしい人物を探した。それがバーニー・ドナヒューだった。バーニーは元IRS職員で鉄道マニアだった。会えばわかるけど、筋金入りの鉄道マニアは、まるで呼吸するみたいに鉄道のことを考えている。車両の重量も、エンジンの数もみな知っている。彼もその手のマニアだった」

彼らの投資計画の中心は、鉄道会社の残余資産と社債の支払い順序について、ほかの投資家よりくわしく知ることだった。正確な知識を仕入れて、支払われる可能性が高い格安のジュニア債を慎重に選ぶことができた。ドナヒューがそれぞれの鉄道会社を精査し、投資に最適なのはエリー・ラッカワナ鉄道だと判断した。破産申請をしたときに最新設備を有していたからだ。ブルース、レプラ、ドナヒューの三人はさらに細かい検討に入った。エリー社の提供路線にすべて乗って状態を確かめ、残っている設備の数や状態も確認し、ムーディーズの運輸企業マニュアルで資産価値も把握した。「単純な計算だよ。機関車の価値は？　貨物車は？　線路一マイルあたりの価値は？」。創業一五〇年を超えるエリーは一五種類の社債を発行していて、それぞれの価値はある程度、発行年順に決まっていた。ブルースが調べたところ、資産が流動化されたときの社債の支払い順序に関する金融機関の同意書が見つかった。エリーの資産価値、負債、社債の構造を正確につかんだことで、価値の高い社債がどれかわかった。その作業をおろそかにしていた債権者たちは、まだ何も知らなかった。ジュニア債は優先順位がきわめて低く、投資家たちが手を出さなかったので破格の値段で売られていたが、ブルースの計算では別の結果が出た。彼は買いに打って出た。

ここでは紹介しきれないほど長い話だ。鉄道会社の破産手続きは非常に入り組んでいる。ブルースはそのすべてを誰よりもくわしく理解し、手続きに関与する大物たちを訪ねてまわり、めでたく社債保有者の利益を代表する債権者委員会の議長に任命された。二年後にエリーが破産を免れると、今度は会長兼CEOとなり、バーニー・ドナヒューを社長に迎えた。ブルースとドナヒューと取締役会は、残りの訴訟も乗り越えて会社を存続させ、事態が終息すると、ブルースの社債は額面の二倍で売れ、その金額は購入したときのじつに二〇倍となった。

複雑をきわめるエリー・ラッカワナ鉄道のような混乱は、ブルース・ヘンドリーの生活の糧になった。問題を抱えた企業を見つけ、資産と負債を調べ上げ、債権の細かい部分を読み解く。さらに業界の大きな流れを見きわめ、訴訟の進み具合を理解し、その後の事業継続の妙案をたずさえて踏みこむのだ。

彼の武勇伝はほかにもある。まず製鉄会社カイザー・スチールの経営権を握り、CEOとして資産の流動化を防いで破産を回避し、生まれ変わった会社の所有権を二パーセント取得した。銀行のファースト・リパブリック・バンク・オブ・テキサスの破綻にも介入して事態を好転させ、同行への最初の投資の一部から六〇〇パーセントの利益を得た。過剰供給で鉄道貨車メーカーが貨車を作らなくなると、最後に製造された車両を一〇〇〇両買いつけ、鉄道会社が結ばざるをえないリース契約で投資から二〇パーセントの利益を得たうえ、一年後に車両の供給が足りなくなると高額で売り払った。

ブルースの成功話はありふれていながら独特でもある。成功そのものはありふれているが、事業のなかで「学校にかよった」点が独特なのだ。投資機会を魅力的にする独自のルールを作り、そのルールをテンプレートに組み入れて、それまでとはちがう応用の方法を見つけるのだ。

成功の秘訣を訊いたところ、彼の語った教訓はじつに単純だった。競争相手のいないところで深く掘り下げ、適切な質問をし、全体像を把握し、リスクを受け入れ、正直になること。しかし、これでは不充分だ。背景にあるもっと興味深い話を行間から読み取ることができる――必要な知識を彼がどうやって見つけ、習得したか。若き日の挫折がいかに鋭い判断力を養ったか。ほかの人がトラブルしか感じないところに価値を見出す嗅覚を、どう発達させたか。価値を嗅ぎつけるブルースの才能は驚異的だ。彼の話を聞くと、四歳の誕生日の朝、庭に馬の大きな糞を見つけ、はしゃいで叫ぶ子供を思い出す。「ぜったいどこかにポニーがいるんだ!」

われわれは子供のうちに自分と兄弟を比べて、人はそれぞれちがうという自明の理を学ぶ。それは小学校でも、スポーツの競技場でも、取締役会でも歴然としている。たとえわれわれがブルース・ヘンドリーと同じ野望や決意を抱き、そのアドバイスを肝に銘じたとしても、いったい何人がポニーの存在を突き止める技術を習得できるだろうか。ブルースの話からはっきりとわかるのは、いくつかの学習上のちがいがほかよりも重要だということだ。それはどのようなちがいだろう。本章でこれから探っていく。

ひとつ重要なのは、自分と自分の技術をどう評価するかだ。

「できると思うのも、できないと思うのも、正しい」という金言がある。7章で紹介するキャロル・ドゥエックの研究では、長い努力の末、この感覚が正しいことが証明された。数年前の「フォーチュン」誌の記事でも、失読症の人々が学習上の問題を克服し、ビジネスなどの分野で活躍している話が紹介された。ヴァージン・グループ会長のリチャード・ブランソンは、一六歳のときに退学して始めた事業で成功し、いまでは何十億ドルもの資産家だ。ダイアン・スウォンクはアメリカ屈指の経済予測の専門家、クレイグ・マッコーは携帯電話産業の先駆者、ポール・オーファリーは世界的なコピーサービス関連企業キンコーズの創設者——こうした成功者は、問われると口々に逆境を乗り越えた話をする。みな学校や一般の学習法になじめず、たいてい知能が低いと誤解されて、留年したり、知的障害児童のための学級にかよわされたりした。しかしほとんどは、彼らを信じた両親や家庭教師、指導者に支援されていた。ブランソンは思い出して言う。「ある時点で、愚かであるより失読症のほうがましだと判断したんだ」。このひと言に、ブランソンの例外を重んじる姿勢が表れている。[*3]

われわれが自分自身を理解するために作り出す物語は、いまの自分に至るまでの巡り合わせや選択を説明しながら、人生そのものを語る。何が得意で、何をいちばん気にしているか、これからどこへ向かうか。たとえば、ソフトボールのチーム分けで最後まで残る子になったら、世界での自分の位置づけが少し変わり、自己能力に対する感覚がそのように形成され、以後進む道も決まるだろう。

能力に対する自己評価は、学び行動する方法に影響を与える。たとえば、どれだけ熱心に打ちこみ、どこまでリスクを受け入れ、困難に直面したときにくじけずどれだけがんばれるかといったことに。しかし、技術のちがいや、新しい知識を次の学習の基礎に変える能力のちがいによっても、成功に至る道筋は変わる。ソフトボールの「うまさ」は、打撃能力、走塁能力、捕球や投球の能力といった、さまざまな技術の組み合わせだ。さらに、選手としての能力が不足していたとしても、同じスポーツのちがう分野で活躍できないわけではない。プロスポーツ界における多くの名監督や名コーチは、選手としては二流か三流だったが、そのスポーツを理解することにかけては一流の人たちだ。トニー・ラルーサの野球選手としてのキャリアは短く、目立った成績も残していないが、監督に就任してからはめざましい成果をあげ、引退するまでにアメリカン・リーグとナショナル・リーグで六回優勝、ワールドシリーズを三回制覇し、野球史上もっとも偉大な監督のひとりと言われた。

われわれはみな、素質や蓄積した知識、知能、関心、どう学んで欠点を克服するかを決める動機づけといった部分で、おのおの大きな可能性を秘めている。それらのなかには、大きな影響力を持つものもある。たとえば、新しい体験の根本にある原則を抽出し、新しい知識をメンタルモデルに組み入れる能力のちがいだ。一方、**われわれが重視しがちな、たとえば言語的または視覚的な学習法のちがいは、実際には意味を持たない。**

学習にとって重要な能力のリストを作れば、言語を自由に操れることと読解力は、かならず一番かそれに近いところに来る。認知にいつもより努力が必要になる困難は学習を強化しうるが、困難のすべてにその効果があるわけではない。欠点を克服する追加の努力がよりよい学習につながらない場合、それは「望ましい困難」ではない。たとえば、文のなかの個々の単語を理解するときに、テキストの流れについていけない「失読症」の人々。読解力不足にはほかの原因もあるが、失読症はもっとも一般的で、アメリカの人口のおよそ一五パーセントに影響を及ぼしていると言われる。妊娠中の神経の発達異常から生じ、ことばの認識に欠かせない文字と音を結びつける脳の働きが阻害され、読めなくなるのだ。完治はできないが、手助けがあれば失読症の問題にうまく対処し、克服する方法を学ぶことができる。効果的なプログラムでは、音素を操ること、語彙を増やすこと、理解力を高めること、読む能力を改善することが重視されている。神経学者や心理学者は、失読症の早期診断が重要だと説く。三年生になるまえの、脳がまだ柔軟で適応性を備えているうちなら、神経回路の修復が可能だからだ。

刑務所の収監者の失読症の割合は、世間一般よりはるかに高い。子供のころ読解力が足りず、学校で失敗の連鎖にはまり、低い自己評価をつけていった結果であることが多い。やがて彼らの一部が、いじめやその他の反社会的行為で埋め合わせをしはじめる。それが放置されると、犯罪にエスカレートすることもある。

失読症の学習者にとって、読解力という重要な技術を高めるのはむずかしく、この障害によってほかの学習もむずかしくなることがあるが、「フォーチュン」誌のインタビューに答えた成功者たちによると、失読症の人のなかには、神経回路によるものか、障害を補う必要からかはともかく、創造力や問題解決能力にすぐれていたり、それらを発達させたりする人もいるようだ。インタビューを受けた人の多くは、成功するためには早い時期に「全体像をつかむ」方法を学ばなければならないと答えている。構成要素を解読したり、既成概念にとらわれずに考えたり、戦略的に行動したり、リスクのとり方を管理したりという必要な技術は、学んでおくとあとでかならず役に立つ。それらの技術のなかには神経学で確認されているものもある。マサチューセッツ工科大学のガジ・ガイガーとジェローム・レトビンの研究によると、失読症の人は健常者と比べて、視野の中心にある情報を読み取る能力は低いが、周辺視野からの情報を解釈する能力ははるかに高い。つまり、全体像を把握するすぐれた能力は、彼らの脳内でのシナプスのつながりにもとづいている。*4

失読症に関する論文は無数にあるが、ここでは、神経学的なちがいが学習法に大きな影響を与えること、また、一部の人々が高い意欲を持ち、集中的、継続的に支援され、問題を克服する技術や知見を備えて成功を収めていることを指摘するにとどめておく。

学び方に対する思いこみは広く行き渡っている。あらゆる教育レベルで生徒一人ひとりの学び方を確認することが勧められ、教師は彼らがそれぞれもっとも学びやすい方法で勉強できるように、教材の使い方を工夫しなければならない。学習法の理論は、経営開発にも根づき、専門的な職業分野、たとえば軍用機パイロット、ヘルスケア・ワーカー、自治体警察の訓練などにも導入されている。二〇〇四年にイギリスの学習・技術研究センターがおこなった調査では、市場に出まわっている七〇以上の学習法理論を比較したところ、どれにも個人固有のスタイルを診断するツールがあった。調査報告者は、そのようなツールの蔓延は「相互に対立矛盾する主張」の売りこみを既得権益とする業界の特徴だと指摘し、個人を分類したり、ステレオタイプに当てはめたりすることに懸念を表明している。報告では、調査ツールを試してみた学生の感想も取り上げている。「聴覚や運動感覚にもとづく学習が苦手だということがわかりました。だから、数分間を超えて本を読んだり、人の話を聞いたりしても無駄ですね」[*5]。このまちがった結論は、いろいろな意味で問題だ。科学的根拠がないうえ、潜在能力が低いという誤った劣等感が植えつけられてしまうからだ。

学習法のモデルは膨大で種類も豊富だが、広く普及しているものにかぎって見ても、一貫した理論的パターンはない。ニール・フレミングの提唱する「VARK」という方法は、おもに視覚（Visual）、聴覚（Aural）、読書（Read / Write）、運動感覚（動き、接触、実体験など）（Kinesthetic）のうち、どれで学ぶことを好むかによって学習者を分類する。フレミングによると、VARKでわかるのは、その人の学習法のひとつの側面だけだ。それは、好みの気温や明るさ、食事の摂取量、バイオリズム、他者といっしょに学ぶのが好きかひとりが好きか、といったことを含めて、合計一八の異なる条件からなる。

ほかの学習法理論や教材は、別の条件にもとづいている。ケネス・ダンとリタ・ダンの研究を基礎としたよく使われる手法では、個人の学習法を、環境、感情、社会、知覚、生理、心理の六つの面から評価する。また、次のような条件で学習法を調べるモデルもある。

- 「具体的知覚」か「抽象的知覚」か
- 「積極的実験」か「内省的観察」か

・「無作為」か「順序立てた整理」か

経営分野で人気がある「ハニーとマムフォードの学習法アンケート」では、従業員の学習法を大きく「行動派」、「反映派」、「理論派」、「実用派」のどれかに当てはめ、多才な学習者になれるように、成績の悪い分野を向上させようとする。

多種多様な理論がこれだけ矛盾する条件を採用しているのを見るだけでも、科学的根拠はあるのだろうかと疑われる。新しいことを学ぶ際に、ほとんどの人に好みの学習法があるのは事実だが、学習法理論の大前提は、個人のもっともよく学べるスタイルに合わせて素材を与えれば学習がはかどるというものだ。それが主張の要である。

二〇〇八年、認知心理学者のハロルド・パシュラー、マーク・マクダニエル、ダグ・ローラー、ボブ・ビョルクは、この重要な主張が科学で裏づけられるかどうかの調査を依頼された。チームはさっそくふたつの疑問に取り組んだ。まず、学生や従業員の学習法に合わせた指導を正しいと見なすには、どのような科学的根拠が必要か。信頼できる結果を出すために、チームは被験者にいくつかの属性を与えて調査した。まず学生を好みの学習法にしたがって分ける。次に、同じ教材を使うものの指導法がちがうクラスに彼らを無作為に入れて学ばせたあと、全員に対して同じテストをおこなう。そのテストによって、特定の学習法を好む学生（たとえば、視覚的学習）がその学習法（視覚）で指導を受けた場合と、ほかの学習法（たとえば、聴覚的学習）で指導を受けた場合の差が出るはずだ。同様に、ほかの学習法を好む学生についても、それぞれのスタイルに合った指導法のほうが、ほかの指導法より成果があがることが見込まれた（聴覚的学習を好む学生は視覚より聴覚で学ぶほうが効果的、など）。

ふたつめの疑問は、その種の科学的根拠が存在するかどうかだった。答えはノー。**教育で学習法理論の有効性が検証された例は非常に少なく、あったとしても、ほぼすべてで有効性を立証できていないか、むしろ完全な反証になっていた**。さらに、**指導法を、教える科目の性質に合わせることのほうが重要だ**というのもわかった。たとえば、幾何や地理には視覚的な指導、詩には言語的な指導というふうに、指導法が教える内容と合っていれば、あらゆる学生が、どの学習法を好むかに関係なく好成績をあげたのだ。

学習法理論の有効性を示す証拠がないからといって、すべての理論がまちがっているわけではない。この理論にはさまざまな形態があり、なかには有効なものもあるだろうが、どれが有効かはわからない。厳密な研究が少なすぎて判断基準がないも同然なのだ。判明したことをもとに、パシュラーたちは、現存する証拠を見るかぎり、**多大な費用と時間をかけて学生の好む学習法を見つけ、それに合った指導法を再構築することは正当化できない**と論じている。今後はっきりした証拠が得られるまで、本書で大まかに説明したような、学習法の好みに関係なく効果が実証された指導技術のほうが有用だろう。[*6]

成功する知能

「知能」は学習上のちがいを生むよく知られた要素だが、じつのところどういうものなのか。どんな社会にも、それぞれ文化における「知能」の概念がある。人の知的な処理能力を表すこの概念をどのように定義、測定し、潜在的な可能性を正しく評価するかという問題は、一〇〇年以上前から議論されてきた。心理学者は二〇世紀初期からずっとその構成要素を測定しようとしてきた。近年の心理学では、人にはそれぞれ少なくとも二種類の知能があるという共通認識がある。「流動性」知能は、論理的に考え、関係を把握し、抽象化し、問題に取り組むあいだ情報をとどめておく能力だ。一方、「結晶性」知能は、世界に関して蓄えた知識や、過去の学習や経験で培った手順やメンタルモデルを指す。この二種類の知能があることで、われわれは学び、論理的に考え、問題を解決することができるのだ。[*7]

従来、個人の論理的、言語的な能力を測るために、「知能指数」を出すＩＱテストが用いられてきた。知能指数とは、身体年齢に対する精神年齢の比率に一〇〇をかけた数値で、八歳の子供がたいてい一〇歳になると解ける問題を解けたとすると、10÷8×100で、ＩＱ一二五となる。ＩＱは生まれつき決まっていると考えられていたが、知能に関する伝統的な考え方には疑問の声があがっている。

人の能力の多様さを説明するために、心理学者のハワード・ガードナーが提唱したひとつの対案が、人には八種類のちがった知能があるという説だ。

「論理・数学的知能」――数値や抽象概念などで批判的に考える能力

「空間的知能」――三次元で判断し、頭のなかで映像化する能力

「言語的知能」――単語や言語を操る能力
「運動感覚的知能」――体を制御して器用に動かす能力
「音楽的知能」――音やリズム、音調、音楽に対する感受性
「対人的知能」――他者の感情を「読み取り」、適切に対応する能力
「内省的知能」――自分自身を理解し、みずからの知識や能力、有効性を正確に判断する能力
「博物学的知能」――まわりの自然環境を分類し、関連づける能力（たとえば、園芸家、猟師、料理人が用いる知能）

ガードナーの考えは多くの点で魅力的だが、とくに、観察はできるものの、言語や論理に焦点を当てた現代の西洋的な知能の定義では説明できない差異をとらえようとしているところがすばらしい。学習法理論と同じく、複数の知能モデルがあれば、教育者は提供する学習体験を多様化できる。自分の能力に限界があると思わせかねない学習法とちがって、この多重知能論は、われわれが生まれ持つツールキットのなかの多種なツールを向上させる。ただ、両方の理論に欠けているのは実証研究による裏づけだ。そこはガードナー自身もわかっていて、個人の知能の特定の組み合わせは、科学というより芸術の領域だと認めている。[*8]

ガードナーが知能の概念を広げたのに対し、心理学者のロバート・J・スタンバーグはそれをまた絞った。彼の知能モデルは八つではなく、「分析的」、「創造的」、「実践的」の三つだ。さらに、ガードナーの理論とちがい、スタンバーグの理論は実証研究で裏づけられている。[*9]

知能の測定に特別な関心を寄せたスタンバーグの研究のひとつに、ケニアの田舎で実施されたも

のがある。彼と助手たちは現地の子供の日常的な植物薬の知識を調べた。それらの薬を折に触れて使うことは、ケニアの日常生活には欠かせない。その知識は学校で教わることも、テストで評価されることもないが、薬草を見分けられて適切な使用法や投薬量を知っている子は、そうでない子より社会のなかでうまくやっていける。この土着の知識に関するテストで最高の成績を収めた子供たちは、学校で教わる科目では最低の成績で、公式なテストの基準からすれば「落第生」だった。この食いちがいをどう説明するか。スタンバーグは、日常知識にすぐれた子供の家庭は、学業にすぐれた子供の家庭より、そうした実践的な知識を高く評価していると指摘する。ある学習を別の学習より重んじる環境（たとえば、学業より薬草などの実践的な知識を尊重する家庭）にいる子は、その環境で重視されていない学業分野の知識水準が低いのだ。一方、実践的な薬草の知識より、分析的な（学業を基礎とした）情報を重視する家庭もあった。

ここにはふたつの重要な観点がある。まず、**伝統的な知能の計測方法では環境によるちがいを説明することができない**。地元の日常的な知識にすぐれた子供も、適切な環境があれば、学校の勉強でクラスメイトに追いついたり追い越したりするかもしれないということだ。第二に、地元の知識を重んじる環境にいる子供にとって、学業の習得はまだ発展段階にある。スタンバーグによると、すべての人は専門知識を発達させている途中であり、**あらゆる知能測定テストはその時点の能力を見るだけで、測定分野におけるその人の潜在能力については何もわからない**。

スタンバーグが例示した有益な話がほかにもふたつある。ひとつは、生きていくために街のいかがわしいビジネスを学んで実践しなければならないブラジルの孤児たちの研究だ。学習意欲は高く、食いつなぐための盗みなら危険な部隊と衝突することもいとわない。孤児たちはそういうビジネスに必要な計算はできるが、同じ問題を抽象的な筆記試験で出されると解けない。スタンバーグは、これも専門知識の発達過程から考えれば理解できるという。彼らが暮らしているのは学業ではなく実践的な技術が求められる環境であり、生きるか死ぬかの現場が学習の内容や形式を決めているからだ。[*10]

もうひとつは、競馬のプロの予想屋の話である。予想屋は馬に賭けるために非常に複雑なメンタルモデルを編み出しているが、通常のＩＱテストの結果はごく平凡だ。彼らの予想モデルを、ＩＱは同等だが経験の浅い同業者のモデルと比較してみた。予想を立てるには馬ごとのさまざまな変数を比較検討する必要がある。たとえば、生涯獲得賞金、最高速度、賞金を獲得したレース、騎手の最近のレースでの能力、さらに過去のレースの十数種に及ぶ特徴などだ。最後の四〇〇メートルを走るそれぞれの馬の速さを見積もるためだけに、熟練者は七種類もの変数を含む複雑なメンタルモデルを用いていた。その研究で、ＩＱは予想能力とは関連がなく、「ＩＱテストが何を測るにしろ、変数の多い推論のための複雑な認知モデルは測れない」ことがわかった。[*11]

この白紙状態に対して、スタンバーグは成功するための三種類の知能という独自の説を提唱した。「分析的知能」は、典型的にはテストのような問題を解決する能力、「創造的知能」は、新しく特異な状況に対処するために、すでにある知識や技術を組み合わせて応用する能力、「実践的知能」は、日々の生活に適応する能力、言い換えれば、特定の環境で必要とされるものを理解して実行する能力、たとえば都会で生き抜くための知恵のようなものだ。**文化や学習状況に応じてこれらの知能の**

活用方法は変わる。特定の状況で成功するのに必要な能力は、たいてい通常のＩＱや能力テストでは測定できず、重要な適性が見落とされることがある。

ダイナミック・テスト

ロバート・スタンバーグとエレナ・グリゴレンコは、能力を「動的」に評価するためにテストを使うべきだと言う。専門知識の発達というスタンバーグの考え方によれば、われわれはある分野で経験を積むことによって、つねに能力のレベルを上げている。**標準化されたテストは、継続的な学習過程でテストが実施された時点での「静的」な評価しかできないので、潜在能力を正確に測れない**。三つの知能モデルに合わせるかたちで、スタンバーグとグリゴレンコは、静的なテストから「ダイナミック・テスト」への転換を提案した——各人の習熟度を見きわめ、苦手分野の学習を強化し、フォローアップのテストで改善状況を確かめて集中分野を調整し、さらに習熟度を高めていくのだ。テストで発見された弱点は不変ではなく、必要な技術や知識が欠けているだけだから改善できると見なす。ダイナミック・テストには、通常のテストよりすぐれた点がふたつある。学習者と教師の双方にとって、完成している分野より改善が必要な分野に集中できるとともに、ひとつのテストから次のテストまでに能力がどれだけ伸びたか測定できるので、その人の潜在的な学習能力をより正確につかめるのだ。

ダイナミック・テストは、あるかぎられた学習法に適応することを求めず、一定分野での個人の知識や成績を評価し、成功するために必要なことを示す。つまり、**能力テストや学習法理論の多くが長所を強調して、そこに力を注ぐようながすのに対し、ダイナミック・テストは弱点を発見し、改善することを助ける**。人は人生経験のなかで挫折して、改善すべき点を見つける。そうして将来似たような問題を回避できるし、いっそう努力して能力や専門知識の幅を広げることもできる。ブルース・ヘンドリーは、賃貸物件への投資や株式投資での挫折からきわめて重要な教訓を得た。すなわち、誰かが何かを売りこもうとしているときには疑ってかかり、適切な質問をして、答えを探り出す方法を学ばなければならない。それこそが専門知識の発達だ。

ダイナミック・テストには三つの段階がある。

ステップ1――実体験か、筆記試験で、知識や技術の足りない部分を知る。

ステップ2――省察、間隔練習、その他の効果的な学習法で集中的に能力を高める。

ステップ3――また自分でテストし、何がうまくなったか、そしてとくに、何の練習が足りないかに注意を払う。

われわれはよちよち歩きを始めた幼児のころから、ずっとダイナミック・テストに取り組んでいる。初めて短編小説を書き、作家仲間に読んでもらって感想を聞き、推敲するというのも、作家の技術を学びながら自分の可能性を確かめるダイナミック・テストだ。いかなる認知的・身体的技術も、その人の知能や生来の能力といった、みずから制御できない要素で上限が決まるのかもしれないが、多くの人は自分の弱点を知り、改善することによって、たいていの分野でほぼ限界まで能力を上げることができる。[*12]

構造を作る

学習法の提唱者にはあまり支持されない見解だが、われわれの学び方には認知的なちがいがあるようだ。そのひとつが心理学用語で言う「構造構築」、新しい素材に出会ったときにそこから顕著な概念を抽出し、一貫した精神的な枠組みを作る行為である。この枠組みは「メンタルモデル」、「メンタルマップ」と呼ばれることもある。この構築力が高い学習者は、低い学習者より、新しい素材をよく学ぶことができる。後者は、関係がなかったり競合したりする情報をうまく排除できず、その結果あまりにも多くの概念にこだわりすぎて、さらに学ぶための基礎として使えるモデル（または、もっと全体的な構造）を作ることができない。

構造構築の理論は、レゴブロックで町を作るのにいくらか似ている。新しい課題について調べているとしよう。手始めにたくさんの概念を説明した教科書を読み、そこに含まれていた知識で一貫したメンタルモデルを作ろうとする。レゴであれば、町を作るためにブロックがたくさん詰まった箱を開け、中身をどさっと出して小分けにする。まずは町の周囲や目立った場所の位置を決める車道や歩道を配置する。そして残りのブロックを、アパート、学校、病院、スタジアム、ショッピングモール、消防署といった構造物ごとに分ける。それらの各要素は、教科書の主要概念と似ていて、ブロックをひとつはめこむたびに形や細部が明確になっていく。同時に、主要概念がひとところに集まることによって、町という、より大きな構造ができる。

ここで、かりに弟が以前このレゴブロックのセットで遊んで、別のセットのブロックをいくつか混ぜていたとしよう。構造物を組み立てる途中で、いくつか合わないブロックがあれば、関係がないものとして脇によけることもできるし、その新しいブロックを使って、すでに組み立てたものの付属物を作り、外観や中身を充実させることもできる（アパートに使うならポーチやパティオや裏のデッキ、道路なら街灯、消火栓、並木など）。いまのセットの設計者はそれらを想定していなかったとしても、自分の町にパーツをうまく加えていくのは楽しい。構築力の高い学習者は、基礎的な概念や重要な構成要素を見きわめ、新しい情報を整理して、より大きな構造や既存の知識に加えるか、それとも脇によけるかを判断する技術を発達させる。それに対して、構築力の低い学習者は大きな構造がなかなか理解できず、どの情報を維持し、どれを捨てるべきかがわからない。構造構築は、あるものが既存の知識に当てはまるか、能力や特別な意味合いを加えるか、それともわかりにくくしたり負担を増やしたりするだけかといった判断を、意識的または無意識的にするひとつの訓練だ。

卑近な例として、ある友人が知り合いの四歳の男の子の話をするところを考えてみよう。彼女はその男の子の母親が誰で、読書クラブでどうやって仲よくなったかを話し、さらに、その母親が息子の誕生日の朝にたまたま大量の堆肥を届けてもらったこと、彼女がすばらしい園芸の腕を持っていること、地域の見本市で彼女の育てたナスが受賞して、朝のラジオ放送でインタビューされたこと、さらに、同じ教会にかよっているやもめの男性から堆肥を分けてもらったこと、その男性が馬を飼っていて、彼の息子が誰それと結婚していること――といった具合に続く。この友人は山のようにある不適切なつながりのなかから主要な概念を抽出することができず、話が聞き手に伝わらない。世間話もひとつの「構造物」なのだ。

認知のちがいをもたらす構造構築についての理解は、まだ初期段階だ。構築力が低いのは認知メカニズムの不調のせいなのか、あるいは、構築力を自然に身につけられる人もいれば、教えられないとわからない人もいるということなのか。読者が主要概念に注目しやすくなるように、質問がテキストのなかに埋めこまれていると、構築力の低い人の学習効果も、構築力の高い学習者と同等のレベルまで上がることがわかっている。質問が埋めこまれることによって、構築力の低い学習者の実力以上にテキストの趣旨が明確になり、上のレベルに達することができるのだ。

その過程で何が起きているかは、いまのところわからないが、学習者にとっては、すでに紹介した神経外科医マイク・エバーソールドと小児神経科医ダグラス・ラーセンの意見がいっそう説得力を持ちそうだ――自分の経験を振り返り、それを物語にして学習を強化する習慣をつけるのだ。**何がうまくいき、何がうまくいかなかったかを振り返り、次はどんな別のやり方を試してみるかといったことを考えれば、主要な概念を特定してメンタルモデルを作り、学んだことを将来改善して応用する役に立つ。**構造構築の理論は、その理由を知る手がかりになる。[*13]

規則学習と先例学習

認知にかかわるもうひとつの重要なちがいは、「規則」学習者か、「先例」学習者かということだ。たとえば、化学の授業で異なる種類の問題を解くときや、鳥類を種ごとに分類するとき、規則学習者はその根底にある原則や、学んでいる事物を区別するための「規則」を見つけようとする。そしてあとで新しい化学の問題や鳥を目にしたときには、その規則を用いて見分け、それぞれに適した解答方法や分類先を選ぶ。一方、先例学習者は原則より過去の例を憶えている。見慣れない問題に出会うと、分類や解答に必要な規則を持ち出せないので、たとえ新しい問題ととくに関連がなかったとしても、思い出せるなかでもっとも近い例から答えを導き出す。とはいえ、先例学習者も一度にひとつの例ではなく、ふたつの異なる例を比較するように指示されると、原則を抽出する力が向上する可能性はある。同様に、まったく異なる問題を解くときに、まず両方を比較して共通する原則を見つけなければならない状況を作ると、ふたつに共通する解決策を発見しやすくなる。

たとえば、二種類の問題について考えてみよう。どちらも規則学習の研究で出題されたものだ。ひとつめの問題では、ある将軍の率いる部隊が、濠をめぐらした城に攻めこもうとしている。内偵によって、濠にかかった橋には城の指揮官が爆弾をしかけていることがわかった。爆弾は少人数が橋を渡るときには作動しないので、城の人間は食糧や燃料を運びこむことができる。将軍はどうすれば爆弾を作動させることなく大軍勢に橋を渡らせて、城を攻撃できるだろう。

もうひとつの問題は、手術不可能な腫瘍に関するものだ。その腫瘍は高出力の放射線を使えば除去できるが、放射線は正常組織も通過し、腫瘍を焼灼するレベルなら正常組織にも損傷を与える。正常組織を傷つけずに腫瘍を焼灼するにはどうすればいいか。

その研究で、学生たちはふたつの問題の類似点を探せと指導されるまで、なかなか解決策を見つけられなかった。類似点を探しはじめると、多くの学生は次のことに気がついた。（1）どちらの問題も、目標物に大きな力を向けなければならない、（2）単一のルートですべての力を送りこむと不都合が生じる、（3）小さな力であれば目標物に到達できるが、問題を解決するには小さな力では不充分だ。こうした類似点を理解すれば、たいていの学生は、大きな力を小さな力に分割し、別々のルートを通して一点に集中させ、爆弾を作動させることも正常組織を損傷させることもなく目標物を破壊する戦略を思いつく。この研究には見返りがあった――ふたつに共通する基本的な解決策を理解したあと、学生たちは複数のものをひとつにまとめるさまざまな問題を解けるようになったのだ。[14]

構造構築力と同じく、規則学習者と先例学習者の研究もまだ初期段階だ。しかし、構築力の低い学習者や先例学習者より、構築力の高い学習者や規則学習者のほうが、学んだことを新しい状況に当てはめる能力にすぐれていることはわかっている。すると構築力の高い学習者と規則学習者の傾向に相関があるのかという疑問が生じるが、残念ながら、この問いに答えられる研究はまだおこなわれていない。

構造構築と規則学習の能力の発達は、子供のジョークを発する能力に見ることができる。ノックノックというジョークがある。Aさんがノックのまねをし、Bさんが「どなたですか？」と言うと、

Aさんがファーストネームを答える。さらにBさんがラストネームを訊き、Aさんがそれにからめたオチを言うものだが、三歳児はおそらく構造が理解できないために、このジョークで遊ぶことができない。「どなたですか?」と訊くと、すぐに「鍵がかかってて入れない!」と言ってしまう。「どなたですか?」と訊かれたら、たとえば「ドリス」と答えてつなげる仕組みがわからないのだ。だが、五歳にもなると、その構造を理解してノックノック名人になっている。それでも、五歳ではまだほかのジョークの名人にはなれない。ジョークを成立させる重要な要素、すなわち、どんなオチにも明示か暗示の「しかけ」が必要という「規則」をまだ学んでいないからだ。[*15]

幼少期のブルース・ヘンドリーが、珍しい花火をたくさん詰めこんだ宝箱のようなスーツケースで学んだ教訓を思い出してもらいたい。何十年ものちに貨車に関心を持ったときに、彼が同じ需要と供給のブロックを積み上げていたことがわかるだろう。しかしもちろん、信用リスクやビジネスサイクル、破産手続きの問題などに取り組み、長年かけて蓄えたほかの知識のブロックも使って、より複雑なメンタルモデルを構築していた。なぜ貨車は供給過剰になった? 投資家への政策減税で、あまりにも多くの資金が貨車の製造に流れたからだ。貨車の価値は? 最後に製造されたもののように新品同然なら、一両あたりの製造費は四万二〇〇〇ドル。ブルースは貨車の耐久年数と残存価額を調べ、リース契約についても調査した。供給過剰の市場が変わるまで貨車が売れないとしても、リースでかなりの収益が得られる。

かりにわれわれが当事者であっても、やはり貨車を買っただろう。そう考えたくなる。だが、基本となる需給の原則は同じでも、貨車と花火では大ちがいだ。貨車を正しく購入し、うまくさばく方法を見つけなければならない。平たく言えば「ノウハウ」である。**根本の原則を理解し、個々のパーツの集合以上の構造にまとめることができなければ、「知識」は「ノウハウ」にはならない。ノウハウは「実行」を可能にする学習だ。**

まとめ

学習上のちがいを知ったうえで、得られる教訓をまとめてみよう。

みずから乗り出す　企業の営業研修で昔から言われる決まり文句に「ロッジからシカは撃てない」というのがある。学習も同じで、気持ちを入れ替え、ドアから外に出て、求めているものを見つけなくてはならない。とくに複雑な概念、技術、プロセスを習得するのはたいへんだ。テストの成績のようにはいかないし、コーチから授けられるものでも、歳を重ねれば身につくものでもない。

成功につながる知能について理解する　道をそれてみよう。自分好みの学び方に執着せず、選択肢を検討し、持っている「知能」を総動員して、身につけたい知識や技術を習得する。知りたいこと、やりたいこと、達成したいことをことばで表現し、それに必要な能力、内容、知識や技術を身につけられる場所の一覧表を作る。あとは手に入れにいくだけだ。

自分の専門知識がつねに向上しているか確認しよう。ダイナミック・テストを学習手段として活用し、弱点を見つけ、その分野を重点的に改善する。長所を伸ばすことも大切だが、知識や成績が不充分なところをテストや試行錯誤で改善しつづければ、さらに有能で多才になれる。

想起、間隔、交互練習などの積極的な学習法を取り入れよう。みずから攻めること。成功者になった失読症の人々のように、障害や才能不足を回避したり補ったりする技術を向上させるのだ。

これがベストという「感覚」に頼ってはいけない。すぐれたパイロットが計器を確認するように、クイズ、仲間の批評、さらに5章で紹介したほかのツールを用いて、自分の知っていることやできると思っていることが正確かどうか、いまの手段でゴールに近づいているかどうかを確かめる。

学ぶのがむずかしいと感じても、まちがっていると思ってはいけない。努力を重ねて乗り越えられる困難は、それを補って余りある学習の深さと持続力をもたらすことを憶えておこう。

基本原則を抽出し、メンタルモデルを作る　先例学習者なら、一度にひとつではなく、ふたつ以上の例を学んで、それらのどこが似ていてどこが似ていないかを自問するといい。さらに、それらのちがいは別々の解決策を必要とするだろうか、類似点は共通の解決策で対処できるだろうかと考えてみる。

自分の考えや必要な能力を、細かな構成要素に分けてみる。構築力の低い学習者や先例学習者が新しいことを学ぶときには、定期的に立ち止まり、主要な概念は何か、規則は何かと考える。それぞれの概念をことばで表してみて、関連するポイントを思い出し、どれが重要なアイデアで、どれが補足的なアイデアや意味づけかを見きわめる。主要な概念を自分でテストするなら、どのような質問を作るだろうか。

そういう主要概念をひとつにまとめる足場や枠組みとは、どのようなものだろうか。ブルース・ヘンドリーの投資のメンタルモデルを螺旋階段にたとえると、次のような働きがあることがわかる。螺旋階段には、中央の柱、踏み板、踏み板のあいだの縦板という三つのパーツがある。柱が、いまいるところ（下）から行きたいところ（上）につながるものだとすると、それは投資機会だ。それぞれの踏み板は、資金を失って後退することを防ぐ取引の要素であり、縦板は段階を少しずつのぼっていくための要素だ。踏み板と縦板は、階段としての機能を果たすため、つまり取引を魅力的にするために、どちらも欠かせない。貨車の残存価額を知っていることが踏み板だ――ブルースには収入が投資を下まわらないことがわかっていた。もうひとつの踏み板は、投資した資金を動かせないあいだも収益を保証してくれるリース契約だ。縦板には何があるだろうか。たとえば、貨車の価値を高める緊急の供給不足。潜在価値のある新品同様の車両。取引に踏み板も縦板もなければ、落下も防げないし、確実にのぼっていくこともできない。

「構造」はわれわれのまわりにたくさんあり、詩人がたとえを駆使するように、いつでも使うことができる。木には根や幹、枝という構造がある。町にも川や道、区画、家、店、会社がある。空っぽの土地にそれぞれが勝手に散らばっていては意味を持たないが、構造があることによって、町は生活という実体のある空間となる。

基礎となる規則を抽出し、それらを構造に当てはめることによって、人はたんなる知識を超えた「ノウハウ」を手にする。そのような習熟が人を進歩させるのだ。

7章 能力を伸ばす

Increase Your Abilities

一九七〇年代におこなわれた有名な研究がある。机の上に、マシュマロがひとつのった皿だけを置き、ほかに気をそらすものがない部屋に、保育園にかよう幼児をひとりずつ入れる。研究者はその子に、マシュマロはすぐ食べてもいいけれど、一五分食べずに我慢できたら、もうひとつあげると言って部屋を出る。

ウォルター・ミシェルと教え子の大学院生たちは、マジックミラー越しに幼児が葛藤するのを観察する。研究者が出ていくとすぐにマシュマロを食べる子もいるが、待つことができた子もいた。待てた子供たちは、我慢するために思いつくかぎりのことをした。皿から目をそらしてマシュマロのことを頭から追い出すために、「両手で目を覆ったり、机に突っ伏したり……ひとり言をつぶやいたり、歌ったり、手や足を使った遊びを考えたり、なかには寝ようとする子もいた」。

六〇〇人以上の保育園児が実験に参加したが、ふたつめのマシュマロをもらえるまで誘惑に耐えられたのは、たったの三分の一だった。

二〇一一年まで継続的におこなわれた追跡調査では、この実験で楽しみを長く遠ざけておけた園児ほど、学校や職場で成功していることが判明した。

このマシュマロ研究は単純明快であり、人生のメタファーとしてもすぐれている。**人は遺伝子が定めた才能とともに生まれてくるが、成功するかどうかは、モチベーションと自己信頼から生まれる集中力と自制心に驚くほど左右されるのだ。**[*1]

ジェイムズ・パターソンの場合を考えてみよう。彼は気力あふれる三〇代のウェールズ人で、ふとしたことから記憶術（mnemonic device）と暗記大会の世界に魅了された。「mnemonic」は古代ギリシャ語の「記憶」から来ている。一般に、さまざまな形態のツールを使って大量の新しい情報を記憶にとどめ、すぐに思い出せるようにする技術だ。

ジェイムズが初めて記憶術を知ったのは、大学の教授が講義中にふとその利便性に触れたときだった。彼はまっすぐ家に帰ると、ウェブサイトを検索して本を買った。この技術を習得すればすぐに授業内容を憶えられ、友人と遊ぶ時間が増えると考えたのだ。さっそく心理学の授業に出てきた名前や年月日、教科書の掲載ページ番号を憶える練習を始めた。また、シャッフルしたトランプを上から順に憶えたり、友人に作ってもらった表から無作為に読み上げた数字を暗記したりといった余興も練習した。長い時間をかけて技術を磨き、熟練して、仲間内のパーティでも人気を博した。

そして二〇〇六年、イギリスのケンブリッジで記憶力大会が開催されることを知り、興味本位で参加したところ、本人も驚いたことに初心者部門で一位になり、一〇〇〇ユーロの賞金も獲得した。

ジェイムズは記憶術の世界に夢中になった。挑戦して失うものは何もないと考えて、同じ年にロンドンで開かれた世界記憶力選手権にも出場した。

ジェイムズは、記憶術で簡単な事実さえ暗記すれば、時間と労力をかけて教材を完璧に憶えなくても試験で最高点がとれることを知ったが、まったくちがうことにも気がついた。あとでくわしく説明する。

「メモリー・アスリート」（選手は自分たちをそう呼ぶ）が記憶術を始めるきっかけはさまざまだ。二〇一二年の全米記憶力大会の優勝者、ネルソン・デリスは、祖母がアルツハイマーで亡くなったのを機に始めた。祖母の容態が悪化して、認知能力のなかでまず記憶力が失われるのを目の当たりにしたからだ。当時彼はまだ二〇代だったが、自分も同じ運命をたどるのだろうか、いまのうちにできることはないかと考えた。そして脳のトレーニングを知り、記憶の容量を増やしておけば、たとえ歳をとってアルツハイマーに罹ってもいくらか残るだろうと期待した。メモリー・アスリートとなったネルソンは、クライム・フォー・メモリーという基金を設立し、アルツハイマーという怖ろしい病を世に知らせ、研究のための資金を募ることにした。山登りもするので（エベレスト山の山頂近くまで二度登った）、それが基金の名前の由来となった。この章では、パターソンやデリスのように、認知能力をあの手この手で高めることに成功した人々を紹介する。

脳は驚くほど「柔軟」で、その性質は歳をとってもほぼ継続する。本章の知能の向上に関する考察では、生涯を通して変わりつづける脳の能力と、そういう変化に影響を与えてＩＱを高めようとする人間の能力について、科学が解明してきた疑問を見ていく。そのあと、既存の脳の処理能力をいっそう引き出すことで知られている認知的手法を、三つ紹介する。

赤ん坊の脳は、ある意味で未開地のようなものだ。陸軍将校のジョン・フレモントが一八四六年にアメリカの遠征隊を率いて、当時メキシコ領だったロス・アンヘレス村（いまのロサンジェルス）にたどり着いたとき、ワシントンのジェイムズ・ポーク大統領に進捗を報告するには、斥候のキット・カーソンをラバで大陸横断させるほかなかった。数々の山や砂漠、荒野、草原を越えていく、じつに往復九七〇〇キロの旅である。フレモントはカーソンを奮起させ、狩りのために移動を中断せず、倒れて交換しなければならなくなったラバを食糧にして進めと命じた。そのような旅が必要だったこと自体が、まさにそこの「未開」を物語っている。身長一六三センチ、体重六三・五キロだったカーソンは、西海岸から東海岸に伝言を運ぶのにうってつけだった。大陸のかぎりない資源とは裏腹に、生まれてさほどたたない国家には、まだほとんど「能力」がなかった。強大な国家になるには、町や大学、工場、農場、港、道、列車、そしてそれらをつなぐ電信網が必要だった。[*2]

脳も同じである。われわれは遺伝子という「原材料」とともに生まれてくるが、学習とメンタルモデルの発達、さらに論理的思考や問題解決や創造を可能にする、神経回路を通して能力を身につけていく。脳に備わった知的な潜在能力は生まれたときから多かれ少なかれ決まっていると教えられてきたが、いまやそうではないのがわかっている。過去一世紀のあいだに、生活環境の変化にともなって、ＩＱの平均値も上がっているのだ。脳卒中や事故で脳が損傷した人々の調査によって、脳は損傷した部分の仕事を近くの神経回路に割り当て直し、失った能力を取り戻せることもわかった。ジェイムズ・パターソンやネルソン・デリスのような「メモリー・アスリート」の競技は、訓練を積んで驚くべき記憶力を発揮する人々の国際的なスポーツとなった。医学、科学、音楽、チェス、スポーツなどの専門的な活動は、長く信じられてきたような生来固有の能力ではなく、何千時間もの熱心な練習で少しずつ蓄積された技術の成果であることが証明されている。つまり、**調査と近年の記録によって、人間とその脳は、数十年前まで科学者が可能と考えていたよりはるかに偉大なことをなしとげられるのがわかったのだ。**

神経の可塑性

すべての知識と記憶は、われわれの神経細胞とその回路で起きる生理的現象だ。脳は生来固定されておらず、柔軟で可変的、新しいタスクごとに再編成されるという考え方は、近年の革新的な発見であり、その意味や仕組みはまだ研究が始まったばかりだ。

有益な神経科学の論考のなかで、ジョン・T・ブルーアーは、この問題を、脳の神経回路の初期の発達と安定化、幼少期の刺激による知能強化と関連づけた。人は「ニューロン」と呼ばれる神経細胞をおよそ一〇〇〇億個持って生まれてくる。その神経細胞同士を接合のための構造である「シナプス」がつなぎ、信号の送受を可能にする。生まれる直前から直後にかけて、シナプス形成の爆発的増加が起き、脳内に回路が張りめぐらされる。具体的には、神経細胞が「軸策《じくさく》」と呼ばれる微細な枝を伸ばして、ほかの神経細胞の「樹状突起」と結びつき、シナプスが形成されるのだ。軸策が目標の樹状突起を見つけ、神経回路の接続を完成させるためには、途方もない距離を進まなければならないこともある（気が遠くなるほど長く、目的地に正確にたどり着くその旅を、ブルーアーは、フレモントのために大陸の端から端まで横断して伝令の任務を果たしたキット・カーソンになぞらえた）。この神経回路が、学習や記憶を含めたわれわれの感覚、知覚、運動能力を生み出し、知能の可能性を広げたり限界を定めたりしているのだ。

情報伝達のための神経細胞をつなぐシナプスの数は一、二歳でピークに達し、その数は成人の平均値より五割ほど多い。それが思春期のころまで維持され、その後は脳が過剰なシナプスを「剪定」して減らしていく。一六歳になるころには成人のレベルに落ち着くが、それでもシナプスの数は一五〇兆にもなる。

なぜ新生児の脳が過剰なつながりを作るのか、成長過程でそれをどう選別して減らしていくのかはわかっていない。使用していないつながりが衰えて消えていくと考える神経科学者もいる。この「使うか、なくすか」の原則にしたがえば、初期段階でできるだけ多くのシナプスに刺激を与えて、それらを一生維持しようということになる。一方で、発芽と選別は遺伝子によって決まるから、残されたり消されたりするシナプスに影響を及ぼすことはほとんど、あるいはまったくできない、という説もある。

神経科学者パトリシア・ゴールドマン＝ラキックは、アメリカ教育委員会で、「子供の脳は幼少期に膨大な量の情報を必要とする」けれども、大半の学習はシナプス形成が安定したあとでおこなわれると語った。「小学校一年生が高校生、大学生になり、さらに成長しても、シナプスの数はほとんど変わらない」。学習しているときにも、言語や数学や論理の能力を大人の水準まで発達させるときにも、ほとんどシナプスは形成されないという。[*3] また、経験や環境による刺激で個人の神経回路が微調整され、特有の神経構造ができるのは、新生児のころより、むしろ成人になるまでの成長期である、と神経科学者のハリー・T・チュガニも考えている。[*4] 二〇一一年にイギリスの心理学と社会学の研究チームが発表した論文では、神経科学の証拠を再検討し、脳の設計と全体構造は実質的に遺伝子で決まるが、細かい神経回路の構造は経験によって作られ、大きく修正することが可能だと結論づけている。[*5]

脳が変わりうることは、多くの分野で実証されてきた。精神科医ノーマン・ドイジは著書『脳は奇跡を起こす』（講談社インターナショナル）のなかで、神経学者の支援を受けて重い障害を克服した患者の説得力のある事例を取り上げている。

神経の可塑性〔外からの刺激などによって神経系がつねに機能的、構造的に変化していること〕について最先端の研究を進めてきたその学者のひとり、ポール・バキリタは、感覚器障害の人を支援する装置を先駆的に開発してきた。彼の装置は、体の別の器官への刺激に反応することを脳に教えて、失われた器官の能力を回復させる。たとえば、目の見えない人が杖を突いたときの音の反響でまわりのものを「見る」ようになったり、点字で読むことを学んだりするのに似ている。[*6]

バキリタの患者のひとりは、前庭器官（平衡感覚を司り、空間内の位置を感じ取る内耳の器官）に障害があり、立って歩くことはおろか、介助なしに生活することもできなかった。バキリタは、大工道具の水平器を取りつけたヘルメットを用意し、そこから微小電極の埋めこまれた切手大のテープに配線して、患者の舌にのせた。彼女が頭を傾けると、電極に信号が流れ、泡がはじけるように舌を刺激して、特徴的なパターンで頭の動きを伝える。その装置で訓練を続けると、女性は徐々に脳と前庭器官の感覚を取り戻し、だんだん長い時間バランスを保てるようになった。

　別の患者は一三歳のときに視力を失った三五歳の男性で、小型のビデオカメラを取りつけたヘルメットをかぶり、舌に信号を送れるようにした。ものを見るのは「目」ではなく「脳」だとバキリタは説明する。目が感じ、脳が解釈する。その装置の成功は、舌に送られた信号を脳が「視覚」として解釈できるかどうかにかかっていた。そして、「ニューヨーク・タイムズ」紙にすばらしい結果が報告された。「患者はドアを見つけ、転がってくるボールを受け止め、二〇年ぶりに幼い娘とじゃんけんをした。（彼は）訓練すれば『まるで脳の神経が改めてつながるかのように』代替の感覚が磨かれると語った[*7]」

　さらに別の分野では、前述したメタ認知に関連して興味深い事例がある。パイロットの胸に刺激装置をつけて航空計器の値を信号で送ると、飛行条件が悪くて前庭器官が働かないときでも、脳が速度や高度の変化を感じ取ることができるのだ。

　神経細胞組織は人の脳の大半を占めており、専門用語では「灰白質《かいはくしつ》」という。一方、おもに神経線維からなるのが「白質」で、その実体は、ほかの神経細胞の樹状突起につながる軸策と、ランプのビニールコードのように軸策を包んでいる白い髄鞘《ずいしょう》である。認知と運動技術を司る構成部分がどのように働くか、それらは人生をつうじてどう変化するかを解明するために、灰白質と白質はさかんに研究されているが、近年急速に発達した脳画像化技術によって、この分野は大きく進展した。

人の脳内のつながりの地図化をめざす、アメリカ国立衛生研究所の出資による「ヒューマン・コネクトーム・プロジェクト」という野心的な活動がある（「コネクトーム」とは、人の遺伝子情報を表す造語の「ゲノム」のように、人の神経回路の構造を指す）。参加研究機関のウェブサイトには、脳の線維構造の印象的な画像が掲載されている。蛍光色で信号の方向が示されたワイヤーのような軸策のかたまりは、一九七〇年代のスーパーコンピュータ内部の大量の配線によく似ている。カリフォルニア大学ロサンジェルス校でおこなわれたある研究では、遺伝子が同じ一卵性双生児と、いくらか似た二卵性双生児のシナプス構造を比較したところ、ほかの研究と同じく次のことが判明した。われわれの知能の処理速度は神経のつながりの強さで決まる。その強さは初期段階ではおもに遺伝子に左右されるが、人の神経回路は身体的な発達ほど早く進まない代わりに、四〇代、五〇代、六〇代になっても変化と成長を続ける。神経のつながりが成熟すると、軸策を覆う髄鞘が少しずつ太くなっていく。髄鞘形成はふつう脳の後部から始まり、やがて正面へと進み、成人するころには前頭葉に至る。前頭葉は脳の重要な機能を担う部位で、高度な論理的思考や、判断、経験によって発達する技術を処理する。

軸策を覆う髄鞘の厚さは能力と相関していて、研究結果では、練習を重ねるほど関連する経路の髄鞘が太くなり、電気信号の強さと速さが増し、成果も向上することが確認されている。たとえば、ピアノの練習量を増やすと、指の動きや作曲の認知プロセスと関連のある神経線維の髄鞘が増えた。

音楽家でない人には見られない変化だ。[*8]

習慣形成の研究からも、神経の可塑性について興味深いことがわかっている。目標に向かって意識的に行動するときに使う神経回路は、習慣化して無意識に行動するときに使う回路とは別なのだ。習慣になった行動は、大脳基底核と呼ばれる脳のより深い部分から指示が出る。長期にわたる訓練や反復学習をおこなうと、とくに運動技術や連続的な活動の場合、目の動きなどの無意識な行動の制御と同じく、その深い部分に記憶されると考えられる。その記憶の過程で脳は運動と認知行動をひとつにまとめ、単一のものとして実行できるようにしているようだ。つまり、そこで反応を遅らせる一連の意思決定を省略して、一連の行動が「反射」となる。もとは目標に向けて自分の意思で始めたことでも、刺激に対する無意識な反応になるわけだ。研究者によっては、複数の機能をひとつにまとめるこのプロセスを「マクロ」（簡単なコンピュータのアプリケーション）と表現し、非常に効果的な統合学習だと説明する。「まとめること」を習慣形成に不可欠なプロセスと考えるこうした理論によって、スポーツで次々と起きることに、考えるよりも早く反応する能力が発達することが説明できる。音楽家の指が無意識に動いたり、チェスプレーヤーが盤面の異なる配置に対して数えきれないほどの手や意味合いを推測できたりするのも同じだ。多くの人は文字のタイピングで同じ能力を使っている。

脳の永続的な可塑性を示すもうひとつの重要な出来事は、学んだことと記憶を統合する「海馬《かいば》」の発見だった。海馬では生涯を通して新しい神経細胞が生み出される。この「神経細胞新生」という現象は、身体的な損傷からの回復や、人の生涯学習を実現する脳の能力のなかで、中心的な役割を果たすと考えられている。神経細胞新生と学習や記憶の関連性は新しい研究課題だが、すでに「関連学習」（名前と顔といった本来関連のないものを結びつけて憶える学習）が海馬を刺激し、新しい神経細胞の数を増やすことは確認されている。この新しい神経細胞の増加は、新しい学習活動がおこなわれるまえから始まる。脳が学ぼうとしていることの表れだ。そしてそれは学習行動のあとも続く。つまり、記憶の統合と、間隔をあけて想起練習をしたときの記憶の長期維持効果に関して、神経細胞新生が一定の役割を担っているのだ。[*9]

もちろん、学習と記憶は神経作用のプロセスである。想起練習、間隔練習、リハーサル、規則学習、メンタルモデルの形成が、学習と記憶を向上させるという事実が、神経の可塑性を証明している。記憶の統合とは、学習内容をあとで思い出して応用するための神経回路の増強である、という科学者の見解とも一致している。アンおよびリチャード・バーネットのことばを借りるならば、人類の知的発展は、「遺伝的な傾向と人生経験との生涯にわたる対話」だ。[*10]本章では引きつづき、その対話の本質を解明していく。

IQは変わるか

IQは遺伝子と環境の産物だ。身長で言えば、そのほとんどは遺伝だが、ここ数十年で栄養事情が改善されたので、近年の世代は背が高くなった。同様に、世界のあらゆる工業化社会のIQは、一九三二年に標準的なサンプル調査が始まって以来ずっと右肩上がりで、この現象を初めて世に広く知らせた政治学者にちなんで「フリン効果」と呼ばれている。[*11] アメリカでは、過去六〇年間で平均IQが一八パーセント上昇した。どの年齢層においてもIQ一〇〇が受験者の平均値だから、今日のIQ一〇〇の知能は、六〇年前のIQ一一八に相当することになる。平均がそこまで上がった理由について仮説は多数あり、なかでも有力なのは、IQテストで測られる言語と数学の能力に、学校や文化（テレビなど）や栄養状態が大きな影響を与えたというものだ。

社会心理学者のリチャード・ニスベットは、著書『頭のでき』（ダイヤモンド社）で、数年前のマクドナルドのハッピーセットのおまけについていた迷路パズルが、知能の高い子供向けのIQテストの迷路よりむずかしかったことを例にあげ、過去には存在しなかった現代社会の刺激の普及について論じている。[*12] また、バスケットボールをする背の高い子が、技能は同じだが背の低い子にはまねできない上達を示すこと、興味を持って勉強に励む子が、知能は同じだが興味のない子よりも優秀になることなど、「環境乗数効果」にも触れている。学習の選択肢は急激に増えてきた。**遺伝子による子供たちの好奇心の差はわずかかもしれないが、好奇心が簡単にかき立てられ、手軽に満たされる環境があれば、その影響は何倍にもなる。**

IQを決めるほかの環境的要素は、社会経済的地位、刺激の多さ、栄養状態だ。これらは総じて裕福で教育水準の高い家庭で整えやすい。裕福な家庭の子供のほうが、貧しい家庭の子供よりIQの平均値は高く、貧しい家庭に生まれても裕福な家庭の養子になった子供は、生みの親の社会経済的地位に関係なく、貧しい家庭の子供よりIQ値が高い。

ＩＱを上げる能力に関する議論は多岐にわたり、科学的な厳密さに大きなちがいのある研究が数多く存在する。幼い子供の知能を高めることについて、現存する研究を包括的にレビューした二〇一三年発表の論文では、著者たちが厳しい判断基準を設けたことで、この問題に光明が見えてきた。基準を満たす研究とは、非臨床の一般人を対象とし、ランダムな設計の実験をおこない、一度きりやテスト中だけの操作ではなく継続的に介入し、広く普及した標準的な知能測定方法を用いるものだ。胎児から五歳までの子供を対象とする実験に絞ったものの、条件を満たす研究の被験者数は三万七〇〇〇人以上になった。

その結果、判明したのは、栄養がＩＱに影響を及ぼすということだった。妊婦、授乳中の母親、新生児に脂肪酸の栄養補助食品を与えたところ、ＩＱがどのレベルでも三・五から六・五パーセント上昇した。特定の脂肪酸は神経細胞の発達に欠かせないが、体では作ることができない。そこから考えられるのは、栄養補助食品が新しいシナプスの生成を助けるということだ。鉄分やビタミンＢ群といったほかの栄養補助食品にもほぼ確実な効果があったが、最終判断を下すにはさらに実証研究が必要だ。

環境による影響については、貧しい子供が早期教育に参加することでＩＱが四パーセント以上伸びた。さらに、持続的な刺激があまりない自宅ではなく、研究所で介入がおこなわれた場合には、七パーセント以上の上昇が見られた（ここで早期教育とは、保育園に入るまえの環境強化や構造学習を指す）。ただ、おそらく家庭でそうした刺激をたくさん受けられる裕福な子供には、早期教育で同様の数値の上昇があるとはかぎらず、できるだけ幼いうちから早期教育に参加させたほうが効果があがるという通説には、科学的根拠が得られなかった。むしろ、神経科学者のジョン・ブルーアーが指摘したように、生後一、二年は、すぐに終わってしまう発達の時期ではないようだ。

ＩＱの上昇はいくつもの認知訓練の場で確認された。所得の低い家庭の母親に、子供のための教育ツール、本、パズルを支給し、話し方や家のなかのものの見分け方を教える方法を訓練したところ、子供のＩＱが上昇した。三歳児のいる低所得家庭の母親に、たびたび子供と長い会話をし、自由に答えさせる質問をする練習をさせると、やはり子供のＩＱが上昇した。四歳以下の子供に読み聞かせをしてもＩＱが上がり、とりわけ読書に積極的な興味を示す子供を親が熱心に励ますと高い効果が得られた。五歳以上の子供に読み聞かせをしてもＩＱは上がらなかったが、言語運用能力は継続的に発達した。保育園にかよわせることでもＩＱが四パーセント以上上がり、ことばの練習がおこなわれる保育園ならそれが七パーセント以上になった。くり返すが、早期教育、保育園、ことばの練習が、すでに恵まれた環境にいる裕福な子供のＩＱ上昇に役立つことを示す証拠はない。[*13]

脳は鍛えられるか

「脳トレ」というゲームはどうだろう。脳は認知能力を高めることで筋肉と同じように鍛えられるという、オンラインゲームやテレビゲームで新しく台頭したビジネスだ。それらの製品は、おもに二〇〇八年に報告されたスイスの研究結果にもとづいているが、その研究は調査範囲がかなりかぎられており、ほかの研究で再現確認もされていない。[*14] 研究の焦点は「流動性知能」、すなわち、抽象的に考え、なじみのない関係性を把握し、初めて見た問題を解決する能力を強化することだった。流動性知能はＩＱを構成するふたつの知能のひとつである。もうひとつは「結晶性知能」で、年月をかけて知識を蓄積していく倉庫の役割を果たす。効果的な学習と記憶の手法を用いれば、結晶性知能を増やせることはわかっているが、流動性知能はどうだろうか。

流動性知能の重要な決定要素は、ワーキングメモリの容量だ――ひとつの問題に取り組むときに（とくにいくらか気が散るものがある場合）、頭のなかに置いておける新しい考えと関係性の量である。例のスイスの研究の焦点は、気が散る時間がどんどん長くなるなかで、被験者がふたつのちがった刺激を受けながら、難易度を増すワーキングメモリの課題に取り組むことだった。刺激のひとつは数字の羅列、もうひとつは画面のあちこちに現れる小さな四角いライト。数字と、四角の位置は三秒ごとに変わる。課題は、変わっていく数字と配置が変わる四角を見つつ、それぞれの数字と四角の組み合わせがｎ個前に現れたものと一致するかどうかを判断するというものだった。課題が進むとｎの数が増え、ワーキングメモリを働かせるのがむずかしくなっていく。

被験者は全員、研究開始時に流動性知能のテストを受けた。その後、むずかしくなっていくワーキングメモリの課題に最大一九日間取り組む。そして最後にもう一度、流動性知能を測るテストを受けたところ、全員が訓練前より好成績を収めたが、もっとも大きく改善したのは、いちばん長く取り組んだ被験者たちだった。その結果により、流動性知能が訓練で強化されることが初めて証明された。

では、何が問題なのか――。

被験者の数が少なく（わずか三五名）、全員が知能の高い、似たような人で構成されていたことだ。また、訓練課題はたったひとつだったので、ほかの訓練課題にどこまで当てはまるのか、そもそも結果がひとつの訓練の特異性によるものではなく、本当にワーキングメモリを調べたものと言えるのかも不明確だった。加えて、改善された成果の持続性が検証されておらず、ほかの研究による再現もない。実証結果の再現ができることは、科学的な理論の基本中の基本だ。PsychFileDrawer.orgというウェブサイトで、読者が再現を見たい心理学研究の上位二〇のリストが公開されており、このスイスの研究は一位になっている。二〇一三年に発表された再現の試みでは、スイスの研究と同じ課題について、なんら流動性知能の改善は見られなかった。興味深いのは、再現実験に参加した人たちが自分の知能が高まったと思いこんだことで、報告者は、錯覚だと指摘している。とはいえ、そのように「自己効力感」が強くなると、訓練で能力が高まったと信じて励まされることで、むずかしい課題に粘り強く取り組めるようになることは確認された。[*15]

脳は筋肉ではないので、ある技術を強化したからといって、ほかの技術まで同時に鍛えられることはない。想起練習やメンタルモデルの構築などの学習・記憶強化法は、教材や練習中の技術に関する知能を高めるのには効果的だが、ほかの教材や技術の習得に及ぶほどの効果はない。専門家の脳を調べた研究では、専門分野に関係のある軸策の髄鞘は太くなっていたが、ほかの部分に変化は見られなかった。ピアニストの髄鞘形成の変化はあくまでピアニストに特有だった。**しかし、練習を習慣にする能力は誰でも高められる。**報告者たちが指摘するとおり、「脳トレ」が自己効力感や自信を高めるのであれば、練習にどのように集中し、どう継続するかといった、よりよい習慣を作るところに貢献できるだろう。

リチャード・ニスベットは著書のなかで、わずかな遺伝子的傾向から不釣り合いなほどの影響力を引き出す「環境的乗数効果」について書いている。遺伝的に少し好奇心が強い子に好奇心を満足させる環境を与えると、大幅に賢くなるのだ。その考え方を逆にしてみよう。急にＩＱを上げるのはむずかしいので、現状の知能を高められる「認知的な」乗数効果を生む手法や取り組みはあるだろうか。じつはある。**成長を意識し、専門家のように練習し、記憶を築くという三点だ。**

成長の意識

「できると思うのも、できないと思うのも、正しい」という昔の金言に話を戻そう。このことばは気が利いているというより、真実を突いている。つまり、「態度」が重要なのだ。心理学者キャロル・ドゥエックの研究は、たったひとつの信念が学習と成果にどれほど大きな影響を与えるかを示して、非常に注目された――すなわち、知能の水準は固定されておらず、本人のやる気次第で大きく変わるという信念だ。[*16]

ドゥエックと同僚たちはいくつもの研究で結果を再現し、拡張している。初期の実験では、ニューヨーク市立中学校の成績の悪い一年生を対象に、脳の仕組みと効果的な学習法を教えるワークシヨップをおこなった。その後、被験者の半数は、記憶に関する講演を聞いたが、もう半数は苦労して学ぶことによって脳がいかに変わるかという説明を受けた。懸命に努力して新しいことを学ぶと、脳が新しいつながりを作り、それが時とともに人を賢くするという内容だった。このグループはまた、知能は生来あるものが自然に発現するのではなく、努力と学習で新たなつながりが形成されて発達するとも教えられた。ワークショップが終わると、両方のグループの生徒は通常の授業に戻った。担任の教師たちは、努力して学習すれば脳は変わると教えられた生徒がいることを知らなかったが、学年が進むにつれ、その生徒たちはドゥエックの言う「成長の意識」（自分の知能は自分でコントロールできるという信念）を持ち、いっそう積極的に学んで、好成績を収めるようになった。一方、従来どおりの「固定された意識」を持つグループは、自分の知能は生まれつき決まっていると思いこみ、それほどの成果をあげられなかった。

ドゥエックがこの研究を始めたのは、なぜ困難や失敗に直面すると何もできない人と、新しい戦略を考え、二倍努力して失敗を乗り越えようとする人がいるのだろうかと興味を覚えたからだった。ふたつの反応の根本的なちがいは、「失敗」のとらえ方だった。自分は頭が悪い、失敗したのは能力が足りないせいだ、ととらえる人は、手も足も出なくなる。これに対して、失敗したのは努力が足りなかったから、あるいは、やり方がまずかったからと考える人は、さらに努力を重ね、ちがうやり方を試してみるのだ。

ドゥエックは、「成果」を目標にする学生もいれば、「学ぶこと」を目標にしてがんばる学生もいることに気がついた。前者は自分の能力を証明しようとし、後者は新しい知識や技術を習得しようとする。成果をめざす人は、無意識のうちに自分の潜在能力を制限する。能力の証明や見せびらかしが目的なら、できる自信のある課題を選ぶほうがいいからだ。そういう人は、できるところを見せたいがために同じことを何度もくり返す。ところが、能力の強化を目的とする人は、つねにむずかしい課題を選び、失敗しても、もっと集中して独創的に練習に励むための有益な情報ととらえる。「何かができることをくり返し証明したい人にとって、能力は自分のなかで静止しているが、能力を強化したい人にとっては、動的で可塑性があるものとして感じられる」とドゥエックは言う。**学習を目標とする練習は、成果を目標とするときとまったくちがう考えや行動の連鎖を生む。**[*17]

皮肉なことに、成果に執着しすぎると一流のアスリートでも足元をすくわれることがある。「天才」と褒められたアスリートは、自分の業績は生まれつきの才能によるものだと思いこむ。だとすれば、他人に勝つために厳しい練習をする必要はない。実際に、多くは練習しなくなる。練習が必要なのは、期待に沿えるほど天賦の才能がないのを大っぴらに認めることだからだ。**学習と成長ではなく、成果に執着すると、人はリスクを避けるようになる。**すぐれた結果を出すために苦労しなければならない状況に身を置いて、自己イメージを危険にさらしたくないと考えるわけだ。

ドゥエックの研究は、課題に取り組む意欲を湧かせる称賛の力にも及んでいる。例をあげよう。小学五年生にそれぞれひとりでパズルを解かせた。解いた生徒の一部は賢いと褒められ、ほかの生徒はがんばったことを褒められた。彼らに次に解くパズルを二種類のうちから選ばせた。ひとつは同じくらいのむずかしさ、もうひとつは、よりむずかしいが努力すれば解き方がわかるものだった。すると、賢いと褒められた生徒の大部分は同じくらいのむずかしさのものを選んだが、がんばったことを褒められた生徒のうち九〇パーセントはむずかしいほうを選んだ。

この研究には工夫があり、生徒たちはふたりの人物、トムとビルからパズルを受け取る。トムが渡すパズルは努力すれば解けるが、ビルが渡すのは解けないパズルだ。生徒は全員、トムとビルの両方からパズルを受け取る。パズルを解こうとしたあと、一部の生徒は賢いと褒められ、残りはがんばったと褒められる。二回目もトムとビルの両方からパズルを受け取るが、今度のパズルはすべて解くことができる。ところが驚いたことに、賢いと褒められた生徒のほとんどは、ビルからもらったパズルが解けなかった。そのパズルが先ほどトムから渡されたものと同じであってもだ。賢く見られることを最優先に考えた生徒たちは、最初にビルのパズルを解けなかった失敗で、挫折感と無力感を植えつけられたのだ。

「知能」を褒めると、子供は賢いことが重要なのだというメッセージを受け取る。「努力の大切さを強調すれば、子供は思いどおりにすばらしく変われる」とドゥエックは言う。しかし、「**生来の知能を強調すると、子供はどうにもならないとあきらめ、失敗にうまく対処する方法を学べなくなる**」[*18]。

ジャーナリストのポール・タフも最近の著書『成功する子　失敗する子』（英治出版）でドゥエックらの研究を引用し、われわれの成功は、ＩＱより決意や好奇心や粘り強さに左右されると主張する。重要なのは、子供のころ逆境に遭遇し、乗り越えた経験を持つことだ。タフによると、社会の最底辺にいる子供は難問に取り囲まれ、成功を経験する機会にも恵まれていない。だが、またしても皮肉なことに、最高の社会的階級で甘やかされて育ち、賢いと褒められ、困ったことがあれば過保護な両親に助けてもらい、失敗したり逆境を乗り越えたりする経験をさせてもらえなかった子供も、のちの人生の成功に必要な人格形成ができないのだ[*19]。三塁ベースに生まれ、三塁打を打ったと信じて育った子は、潜在能力をフルに引き出しうる課題に進んで取り組もうとしない。賢く見られることにこだわると、目標に前進するための小さなリスクだろうと、将来の大きな成功へとつながる大胆な行動だろうと、とにかく人生で危ない橋を渡ろうとしなくなる。キャロル・ドゥエックが指摘するように、**失敗は有用な情報を与え、自分が本気になったときにできることを知る機会を与えてくれるのだ**。

この分野について、ドゥエックやタフらの研究者が教えてくれるのは、**より高度な学習と成功に必要な自己効力感、創造力、粘り強さを人に与えるのは、ＩＱ以上に、自制心や決意や成長の意識だ**ということである。「学習技術は、積極的な要素の裏づけがなければ活かされない」とドゥエックは言う。積極的な要素とは、**自分の能力を向上させる力の大部分は自分でコントロールできる**という、単純ながら深い理解だ。

計画的な練習

分野は何であれ（ピアニスト、チェスプレーヤー、ゴルファー……）、専門家の技術を目にすると、それを裏打ちする天性の才能に驚くかもしれないが、**じつは専門家の技術のほとんどは遺伝やＩＱの高さによるものではない**。心理学者アンダース・エリクソンの言う、何千時間もの「計画的な練習の継続」のおかげである。同じことをくり返すのが練習だと思うかもしれないが、計画的な練習は異なる。**目標を明確に定め、たいていひとりで、現在の能力レベルを超えようと努力を重ねることだ**。どの分野でも、専門技術は、徐々に複雑になっていくパターンをゆっくりとより多く習得していくことで身につくと考えられる。そのパターンは、さまざまな状況ごとにどの行動をとるかという知識を蓄えるために使われる。たとえば、チェスのチャンピオン選手は盤上の駒を見ながら、代替となる多くの手や、形勢を悪くするかもしれない無数の手について考えることができる。計画的な練習の特徴である努力、失敗、解決、新たな試みによって、より高いレベルに到達するのに必要な新しい知識や生理学的適応力、複雑なメンタルモデルが構築されるのだ。

システィーナ礼拝堂の天井に四〇〇人以上の等身大の人物像を描き終えたミケランジェロは、「私がここまで熟練するのにどれほど努力したかを知れば、さほど驚くべきことだとは思わないだろう」と書き記したと言われる。称賛者がたんに天才の腕前だと思っていたものには、仕事に身を捧げて苦しみ抜く四年間が必要だったのだ。[*20]

計画的な練習はだいたい楽しくなく、学習者の多くはコーチやトレーナーの助けを必要とする。改善すべき分野を見つけ、特定の部分に注力するのを支援してもらい、知覚と判断を正確にするためにフィードバックを受けるのだ。計画的な練習を根気強く継続することで脳と生理機能が再構築され、より高い技術に対応できるようになるが、熟練するのはその分野にかぎられる。ほかの分野で熟練したいときに有利になったり、好スタートを切れたりはしない。脳を再構築する練習の簡単な例として、局所性ジストニアの治療がある。演奏でくり返し指を使うギタリストやピアニストなどに多い病気で、脳が二本の指を一本と認識してしまうのだが、一連のむずかしい訓練を続けることで、少しずつまた二本の指を別々に動かせるようになる。

専門家が並はずれた才能の持ち主と見なされる理由のひとつは、その専門分野の複雑な活動を、あとで細部に至るまで完璧に記憶から再現できる人がいるからだ。モーツァルトは複雑な曲でも一度聴いただけで楽譜に書き起こせることで有名だった。しかし、エリクソンによると、そういう技術は「第六感」によるものではなく、専門分野で何年もかけて技術と知識を習得することで磨かれた、最高の認知力と記憶力の賜物である。ある分野ですぐれた実績を収める人は、たいていほかの分野では平均的な実績にとどまる。

エリクソンが調査した人々は、練習に平均一万時間あるいは一〇年間を費やして専門家になっていた。なかでも最高レベルの人は、ほかの人たちより、ひとりでする計画的な練習に長い時間を割り当てていた。要するに、**専門技術は遺伝がもたらすものではなく、練習の量と質の成果であり、平凡な才能の人であっても、意欲や時間、ひたむきに続ける規律があれば、優秀な専門家になれる**

可能性はあるということだ。

記憶の手がかり

「記憶術」では、素材を記憶にとどめ、すぐに思い出す手がかりとなるメンタルツールを使う。簡単なツールには、虹の色を表す「ROY G BIV」〔それぞれ赤橙黄緑……の頭文字〕のような頭文字法や、ローマ数字の一から一〇〇〇へと大きくなっていく数値（たとえば、Vは5、Dは500）を表す「I Value Xylophones Like Cows Dig Milk」〔牛がミルクを掘るように、私は木琴を大切にする、という文を文字列に合わせて作ったもの〕のような逆頭文字法がある。

「記憶の宮殿」はもっと複雑な記憶術のツールで、より多くのことを記憶し、維持するのに役立つ。古代ギリシャの記憶術「ロキ・メソッド（場所法）」に由来し、思い出したいもののイメージを、現実にある場所と結びつけて記憶を呼び覚ます手法だ。たとえば、自分の家のようなよく知っている場所にいるところを想像し、さらにその空間にある安楽椅子などの目立つものと、思い出したいもののイメージを結びつける（安楽椅子にヨガの達人が坐っているところを想像し、ヨガ教室に行く予定を思い出すなど）。家のなかを歩きまわるところを想像するだけで、そこにあるものが、あとで何かを思い出す無数の視覚的な手がかりになる。一定の順番で思い出したいなら、家のなかを進むルートにしたがって手がかりを作るといい（ロキ・メソッドでは、近所の店に出かけるときのような、なじみのある移動で見かけるものを手がかりと結びつけたりする）。

つい最近も、イギリスのオックスフォード大学の学生たちが、心理学のAレベル試験〔大学入学レベルの学業修了認定試験）のために記憶の宮殿を構築した。六週間にわたって毎週、指導教官とともに町のいろいろなカフェを訪れてはコーヒーを味わい、店内のレイアウトを憶え、試験で心理学の論点を思い出す手がかりとなる大勢の印象的な人物の配し方を議論した。

この学生たちはまたあとで紹介することにして、まず手法についてもう少し説明しよう。これは視覚イメージが記憶の鮮明さと想起の強化に役立つことを利用した、驚くほど効果的な手法だ。人はことばよりイメージのほうが憶えやすい（たとえば、「ゾウ」ということばより、ゾウの画像のほうが憶えやすい）。つまり、鮮明なメンタルイメージをことばや抽象的な概念と結びつけると、想起しやすくなる。強力なイメージは、釣った魚をたくさん引っかけた紐のように確実で有益だ。引き上げるだけでその日一日の釣果が浮かび上がってくる。たとえば友人が、あなたといっしょに行った旅行で別の誰かとした会話を思い出させようとするが、あなたはなかなか思い出せない。しかし、どこでその会話をしたかを教えられ、その場所を思い浮かべると、一気にすべての記憶がよみがえる。イメージが記憶の手がかりになるのだ[*21]。

この現象について、作家のマーク・トウェインが「ハーパーズ」誌に体験記を寄せている。

講演活動をしていたころ、トウェインは話題の変わり目を自分に知らせるために、文章の一部を書き留めたリストを使っていた。だが、文章の抜き書きはどれも同じように見えて、使い勝手が悪い。そこで別の手立てを考え、ついに内容を鉛筆書きの大ざっぱなスケッチにまとめることを思いついた。たとえば、干し草の山の下にヘビが一匹いる絵を見たら、ネバダ州カーソン渓谷での冒険の話、強風にあおられる傘の絵なら、毎日午後二時ごろにシエラネバダ山脈から吹きおろす荒々しい風の話といった具合だ。それが非常に役立った。

ある日トウェインは、そうしたスケッチの記憶喚起力が、わが子にも役立つと気づいた。子供たちは、イギリスの歴代の王や女王の名前と時代を乳母に長いこと教えられていたが、どうしても憶えられなかったのだ。トウェインは、王と統治年代を「見える」ようにしてはどうだろうと考えた。

> 当時、私たちは農場に住んでいた。家のポーチからなだらかな傾斜を下ると柵があり、そこから右に曲がると、丘の上に私が仕事場にしている小さな小屋があった。馬車道が敷地内をくねくねと通って丘を登っていたが、私はそこに征服王ウィリアム一世から始まるイギリス王の絵を描いた杭を立て、ポーチに立つと全員の治世と統治期間が一望できるようにした。征服王から、ヴィクトリア女王の四六年にわたる在位まで、八一七年分のイギリスの歴史を一挙に見渡せるのだ！

道の長さを八一七フィート〔二五〇メートル〕測り、一フィート〔三〇センチ〕を一年と見なして、各治世の始まりと終わりに当たる場所の横に三フィートのマツの杭を立て、王の名前と年月を書いた。

トウェインと子供たちは、それぞれの王を象徴する絵を描いた。征服王ウィリアム（William）ならクジラ（Whale）だ。理由はどちらもWで始まり、「くじらは泳ぐ魚のなかでいちばん大きく、ウィリアム一世はイギリスの歴史のなかでもっとも目立つ人物」だから。ヘンリー一世（Henry）は雌鶏（Hen）だった。

私たちはその歴史の道を大いに楽しみ、練習もした。征服王のところから仕事場までいっしょに走って、杭の横を通りすぎるたびに、子供たちが歴代の王の名前、年号、在位期間を叫んだ。「あずまやの横」、「オークの林」、「石段の上」のような決まった位置で立ち止まり、スティーブン、コモンウェルス、ジョージ三世と名前をあげる。彼らは難なくその習慣を身につけた。長い歴史をそれほど正確に描き出せたのは私にとってもありがたかった。私には本や記事をそこらじゅうに散らかす癖があり、以前はどこに置いたかきちんと説明できず、時間の節約とまちがい防止のために自分でしかたなく取りにいっていたが、いまでは子供たちに王の治世を伝えて送り出せばよくなった[*22]。

押韻配列も記憶術のツールのひとつだ。リストを憶えるために「ペグ・メソッド」という押韻配列がある。一から二〇までの数字を、韻を踏んだ具体的なイメージとペアにする。一〔ワン〕はバン〔丸くまとめた髪〕、二〔ツー〕はシュー〔靴〕、三はツリー〔木〕、四はストア〔店〕、五はハイブ〔ミツバチの巣〕、六はトリックス〔手品〕、七はヘブン〔天国〕、八はゲート〔門〕、九はトワイン〔撚り糸〕、一〇はペンというふうに〔一〇の次からは一〇の位を「ペニー」と呼び、三音節の手がかりのことばをつなげる。一一はペニーワン・セッティングサン〔沈む太陽〕、一二はペニーツー・エアプレーングルー〔模型用接着剤〕、一三はペニースリー・バンブルビー〔マルハナバチ〕という調子で二〇まで続く〕。韻を踏んだ具体的なイメージを「釘《ペグ》」にして、今日やりたいことなど、憶えたいものをそこに「引っかける」のだ。この二〇のイメージは、何かのリストを憶えたいときにつねに役立つ。買い物にいくときには、「丸くまとめた髪」のイメージからスキー旅行のための帽子を思い出し、「靴」で身だしなみを連想して、ドライクリーニングに出した服を受け取ること、「木」で家系図を連想して、いとこの誕生日カードを買うことを思い出す。韻を踏んだイメージはつねに同じだが、それらが連想させるものは、その都度憶えておかなければならない新しいリストに変えていく。

よく知っている歌も、記憶術として使える。各フレーズの歌詞と、思い出したいものの手がかりとなるイメージを結びつけるのだ。人類学者で、モンゴル帝国皇帝チンギス・ハン研究の第一人者であるジャック・ウェザーフォードによると、モンゴルに古くから伝わる詩や歌は、帝国の端にある中国から、広大な領土を横断した反対側にある西洋に、正確に伝言を届けるために用いられたらしい。軍隊は書面の伝言を送ることを禁じられており、どう連絡をとり合ったのかはいまだに謎だが、ウェザーフォードは、記憶術を使ったのではないかと推測する。たとえば、長歌として知られる、馬の動きを表現したモンゴル民謡であれば、音調やビブラートに変化をつけて歌うことで、草原や低い山の横断といった動きを伝えられるという。

記憶術の使い方はそれこそ無限大にある。共通するのは、数字配列、移動ルート、間取り、歌、詩、格言、頭字語といった、ある種の「構造」だ。いずれもよく知っていて、憶えたい情報と簡単に結びつけられる要素がある。[*23]

試験勉強中の心理学部生に話を戻そう。オックスフォードのベラビーズ・カレッジの講義室で、黒髪の一八歳の女子学生が心理学のA2試験を受けている。彼女の名をかりにマーリスとしよう。

マーリスは合計三時間半の二回のテストで五つ、小論文を書かなければならない。イギリスのAレベル試験対策授業は、大学進学には欠かせない。

マーリスは大きなプレッシャーを感じている。おもにこの試験結果で志望大学に行けるかどうかが決まるからだ。出願しているのは、ロンドン・スクール・オブ・エコノミクス。イギリスでも最難関のこの大学に合格するには、Aレベル試験を三科目受ける必要があり、その成績が志望大学に通知される。全科目で最高評価が必要と言っても過言ではない。基準を満たせなかった場合には、別の手順で残りの合格枠に入ることをめざすが、その厳しさは宝くじに当たるのと同じくらいだ。

それだけでもたいへんなのに、マーリスは次の一時間半のあいだに、膨大な学習範囲をマスターしていることを示さなければならない。彼女とクラスメイトたちは、Aレベル試験対策の二年目で六つの大きな主題――摂食行動、攻撃性、人間関係、統合失調症、変則的心理学、心理学研究法――を学んだ。最初の五つについては、七つの異なる設問について小論文を書く。そのいずれについても、短めの一二段落で、主題や条件、現存する研究とその意義、対抗意見、（たとえば統合失調症の）生物学的治療法などについて書き、試験対策の一年目で習った心理学の基礎的な概念と、それらがどう関連するかも論述する。五つの大きな主題ごとに七つの小論文（つまり合計三五）があり、それぞれ一二段落で簡潔明瞭に習熟度を示すのだ。加えて、心理学研究法に関する短答式の問題もある。その日の試験で取り上げられる主題はわかっているが、設問まではわからないので、すべて解答できるように準備しなければならなかった。

学生の多くはこの時点で凍りつく。教材を熟知していても、「賭け」が大きすぎて、空白の試験冊子と監督官の時計を見たとたんに頭が真っ白になる。だが、そんなときこそ、時間をかけて構築した記憶の宮殿が真価を発揮する。**試験の複雑な細部を理解することは重要ではなく、ただむずかしくて結果が重視されることを知っていればいい。そういう状況で、記憶術は心強いツールになる。**

その日の試験の三つの主題は、人の攻撃性の進化論的説明、統合失調症の心理学・生理学的治療法、ダイエットの成功と失敗だった。マーリスは、攻撃性に関して、キャッスル通りのクリスピー・クリーム・ドーナツのショーウィンドウのまえにいる母親オオカミと、腹を空かせた子オオカミを想像する。統合失調症には、ハイ・ストリートのスターバックスにいる、カフェインを摂取しすぎたバリスタ。ダイエットならば、コーンマーケット通りのカフェ、プレタ・マンジェの店内にある、のしかかるように巨大な鉢植えの植物を思い出す。

席についた彼女は、知識をすぐに呼び起こせる自信がある。まずはダイエットの小論文から。プレタ・マンジェは、マーリスの記憶の宮殿のなかでダイエットの失敗と成功に関する知識を保管している場所だ。以前実際に店を訪ねたときに、間取りや内装をしっかりと憶え、よく知っているキャラクターを頭のなかで配置していた。彼らの名前や行動が、小論文の重要な一二の要点を思い出す手がかりになる。

マーリスは店に入るところを思い浮かべる。ラファーン（彼女の好きな映画『リトル・ショップ・オブ・ホラーズ』に登場する食人植物）が友人のハーマン（Herman）を捕まえ、蔓《つた》でがんじがらめにして、目のまえにあるマカロニ（mac）とチーズの大皿に手が届かないように（restrain）している。

マーリスは試験冊子を開いて書きはじめた――「ハーマン（Herman）とマック（Mack）の抑圧理論

（restraint theory）によると、食べすぎないように食餌制限をすることで、かえって過食の可能性が高まることがある。つまり、食餌制限中の人は、脱制止〔外部からの刺激で抑制が一時的に中断すること〕によって食べすぎてしまい……」。

マーリスはこのやり方でカフェのなかを進み、記述していく。ハーマンは猛々しい雄叫び（roar）をあげて抑制を振りきり、働きバチ（bee）のようにまっすぐ大皿に飛びつき、マカロニを呑みこむ（inhale）ように食べて、腹が裂けてしまう――「抑圧理論はウォードル（Wardle）とビール（Beale）の研究で裏づけられた。その研究により、食餌制限をしている肥満女性は、運動を取り入れて食事や生活習慣は変えていない肥満女性より、実際に食べる量が多い（inhale）ことが判明した。しかし、オグデンは……」。マーリスは頭のなかでカフェを時計まわりに移動し、飢餓と飽満の境界モデル、肥満に対する文化的偏見、事例証拠にもとづくダイエット記録の問題点、リポタンパク質リパーゼのレベル（「リトル・ピンク・レモン」と憶える）の高さと関連した代謝のちがいなどの手がかりを見つけていく。

そして今度はプレタ・マンジェからクリスピー・クリームに移動し、攻撃性の進化論的説明の手がかりにしている内装のなかを歩く。次はスターバックスだ。変わり者のバリスタや、店の間取り、常連客は、統合失調症の生理学的治療についての一二段落の手がかりになる。

マーリスにベラビーズ・カレッジで心理学を教えているのはほかでもない、世界記憶力選手権で頭角を現した童顔のウェールズ人、ジェイムズ・パターソンだ。[*24] ふつうベラビーズの教授が学生をフィールドワークに連れ出すときには、サイード・ビジネス・スクールやアシュモレアン博物館、ボドリアン図書館での校外学習であることが多い。だが、パターソンはちがう。彼がよく学生を連れていくのは、くつろいで想像の世界に入りこみ、記憶スキーマを構築できる市内の五、六軒のカフェだ。学生が三五の小論文すべてをしっかりと記憶に刻めるように、主題をいくつかのグループに分ける。ひとつめのグループについては、大学の近所の勝手知ったるカフェで記憶の宮殿を作る。次のグループにはペグ・メソッドを用いる。さらに別のグループでは、好きな歌や映画と憶えたいものを結びつける。

ただし、ひとつ重要なポイントがある。パターソンは、**学生に記憶の宮殿を構築させるまえに、教材の内容をしっかり授業で教えて理解させている**ということだ。

彼の元教え子で、ベラビーズ卒業後に大学に進んでからもその技術を活かしているのが、ミシェラ・ソンヒュン・キムだ。彼女は大学の心理学の試験対策について説明してくれた。まず、講義スライド、参考文献、講義ノートのすべての素材をまとめる。次にそれを主要な概念だけに絞りこみ、小論文の骨格とする。そして、記憶の宮殿になる場所を選び、視覚化した内部のあちこちの場所に主要な概念を割り当てて、想起の手がかりになる突拍子もないものを配置する。彼女は試験会場で席に着き、小論文の設問を読んだあと、頭のなかで記憶の宮殿の関連箇所を一〇分間歩いてまわり、それぞれの小論文に必要な概念のリストを作る。忘れたことがあれば次に進み、空欄はあとで埋める。大まかに内容が決まれば、正確に思い出せるだろうかという不安に悩まされることもなく、記述に取りかかれる。[*25] 彼女のやっていることは、マーク・トウェインが演説の要点を思い出すためにスケッチを活用したのと似ている。

記憶術を学ぶまえには、思い出せない項目を飛ばしてあとで埋めるという発想はまったくなかった、とミシェラは言う。しかし、記憶術のおかげですぐに思い出せる自信がつき、あとまわしにできるようになった。**記憶の宮殿を、学習ツールとしてではなく、学んだことを整理し、小論文を書くときに自在に思い出すための手法として活用しているのだ。**これは、記憶術は丸暗記にしか役立たないというよくある批判を退ける重要なポイントだ。記憶術は、うまく使いこなせば、膨大な知識を整理していつでも引き出す役に立つ。必要に応じて蓄えた知識を思い出せるというミシェラの自信は、ストレスを大きく軽減し、時間を節約している、とパターソンは言う。

クリスピー・クリームとスターバックスが「宮殿」と呼ばれることはなかなかないが、人の心のなかでは意外なことも起こりうる。

二〇〇六年の世界記憶力選手権に初めて参加したパターソンは、のちに記憶術に関する体験記『ごく平凡な記憶力の私が1年で全米記憶力チャンピオンになれた理由』（エクスナレッジ）を書くアメリカ人のジョシュア・フォアを僅差で破り、一二位に入るという快挙をなしとげた。パターソンはひと組のトランプを上から順に二分以内で憶え、目を閉じて復唱することができる。一時間あれば一〇から一二組のデッキ〔ひと組のトランプ〕を憶えて、まちがえることなく暗誦するだろう。優勝者レベルになると、ひと組のデッキなら三〇秒以内、二五組あっても一時間で憶えてしまうため、パターソンにもまだ向上の余地はあるが、彼はいまも熱心に競技に参加し、着実に技術と記憶ツールを蓄えて前進している。たとえば、数字の一から一〇までイメージを暗記するペグ・メソッド（一はバン〔丸くまとめた髪〕、二はシュー〔靴〕など）のように、パターソンはゼロから一〇〇〇まで、独特なイメージと結びつけて暗記している。そのためには、長い時間をかけて集中的に練習しなければならない。まさにアンダース・エリクソンが言った、専門分野で秀でるための孤独でひたむきな練習だ。パターソンは家族や仕事、交友に割く時間の合間に、一年をかけて一〇〇〇個のイメージを記憶に定着させた。

学校の職員室でパターソンをつかまえて、即興で記憶術を披露してほしいと頼んでみたところ、彼は快諾してくれた。無作為な数字の羅列、６１５３９２６１１３３３５１７を一度だけ読み上げると、パターソンは注意深く耳を傾けてから、「よし。ここにあるものを使おう」と言って、まわりの什器を見た。「この冷水器はスペースシャトルで、いま打ち上げられようとしている。ちょうどそのとき、地下鉄列車が冷水器の下から飛び出してくる。冷水器のうしろの本棚では、映画『裸の銃を持つ男〔原題はNaked Gun〕』で主役を演じたレスリー・ニールセンとラッパーのエミネムが銃撃戦をしていて、刑事コロンボ（Lieutenant Columbo）が上からふたりを見おろしている」[*26]

どう解釈するか？　彼は数字を三つずつのグループに分けて記憶する。三つの数字ごとに具体的なイメージがあるのだ。たとえば、６１５という数字はかならずスペースシャトル、３９２ならロンドン地下鉄のエンバンクメント駅、６１１はレスリー・ニールセン、３３３はエミネム、５１７は刑事コロンボ。これらのイメージを理解するには、その裏にあるもうひとつ別の記憶術を参照しなければならない。パターソンは0から9のそれぞれの数字に発話の音を当てている。６ならつねにSheh かJeh という音、1は Tuh か Duh 、5はLだ。したがって、615のイメージは、Shen Tuh L、つまりシャトル（Shuttle）となる。パターソンの頭のなかには、000から999までの三つずつの数字に、こういう音を具体化した固有のイメージがあるということだ。われわれの出題したクイズを例にとると、スペースシャトルに加えて次のイメージを想起する。

392　3=m, 9=b, 2=n　embankment（エンバンクメント）
611　6=sh, 1=t, 1=t　shootout（銃撃戦）
333　3=m, 3=m, 3=m　Eminem（エミネム）
517　5=l, 1=t, 7=c　Lt Columbo（刑事コロンボ）

一秒にひとつという速さで読み上げられる数字を挑戦者が暗記する記憶力大会で、パターソンは七四個の数字を正確に憶えて復唱することができ、さらに練習を重ねてその数を伸ばしている（「家内は自分のことを記憶の未亡人だと嘆いているよ」）。記憶術のツールがなければ、たいていの人がワーキングメモリにとどめておける数字の数は七つほどまでだ。だからアメリカの市内電話番号は七桁を超えないように設計されている。ちなみに、読み上げられた数字の暗記（心理学用語で言う「メモリスパン」）の世界記録は、本書執筆時、ドイツ人のヨハネス・マローの三六四個である。

記憶術に興味を持ったきっかけは、勉強で楽をしたかったからだとパターソンは素直に認めた。

「あまり純粋な動機じゃないね」。そして独学で記憶術を学び、いくらか怠け者になった。試験を受けるときに、名前も日付も、関連のある事実も、すぐに思い出せることがわかっていたからだ。しかし、パターソンは自分に足りないものがあるのに気づいた。概念、関連性、基本原則を習得していなかったのだ。山頂は知っていても、知識を構成するその山の全体像、谷や川、動植物のことは理解していなかった。

記憶術は記憶の手品であり、根本的な学習ができるツールではないと軽視されることがある。ある意味でそれは正しい。知能を高める記憶術の真価は、新しいことを学んだあと
に現れる。ベラビーズ・カレッジの学生たちのように、学んだことを頭のなかの便利なポケットにしまい、それぞれのポケットの主要概念を鮮明な記憶の手がかりと結びつけて、急に必要になったときにもすぐに思い出し、関連する概念や細かい情報を引き出せるようにするのだ。

ジェット機パイロットのマット・ブラウンは、さまざまな緊急事態に応じて異なる操作をするリズムを、長時間の操縦シミュレータの訓練で叩きこまれたおかげで、個別の不測の事態ごとの行動パターンや、目や手の動きを再現できるようになったと言う。そういう場面では、計器やスイッチの正確で完璧な操作手順が死活問題になる。すべての動作が、正常な運航に戻るための記憶術的な手がかりなのだ。

カレン・キムはバイオリンの名手だ。われわれがインタビューしたとき、彼女は世界的に有名な弦楽四重奏団パーカー・カルテットの第二バイオリンだった。彼らは業界では珍しく暗譜で演奏する。第二バイオリンは伴奏がほとんどで、ハーモニーを記憶することが演奏上重要になる。「頭の

なかで主旋律を奏でるの」とキムは言う。「そうすれば、主旋律のどこでハーモニーを変えればいいかわかる」[*27]。ある種の楽曲、たとえばフーガなどでは、四つのテーマが複雑に各パートを往き来するので、とくに憶えるのがむずかしい。「私が第二テーマを演奏しているあいだ、もうひとりが第一テーマを演奏している。そういうことを理解する必要がある。フーガは本当に憶えにくいの。全員のパートをより深く学ばなきゃならない。するとおもしろいもので、頭ではわかっていたかもしれないけれど、意識して聴いていなかったパターンがわかるようになる。ハーモニーを憶えるというのは、作品の構造、全体像を理解することと言ってもいい」。カルテットが新しい曲を練習するときには、譜面を見ずに何度もゆっくりとくり返し、次第にテンポを上げていく。ヴィンス・ドゥーリーがフットボール・チームのそれぞれのポジションの動きを徐々に組み合わせ、次の土曜の試合に向けて調整していたことを思い出してほしい。神経外科医のマイク・エバーソールドの場合には、銃で撃たれた患者の傷の具合を調べ、その後取りかかる脳外科手術で起きそうなことを、順序立てて検討していた。

　演奏中の体の動きを「振りつけ」のようなものととらえ、「全体像を見て」、複雑なメロディをフットボール選手がパスするボールのように可視化する。すべてが記憶や演奏の手がかりになる。

　想起をくり返すことで、複雑な教材がその人にとって第二の天性となり、もはや記憶の手がかりも必要なくなる。ニュートンの運動の第三法則のような概念も、メンタルモデルにまとめれば一種の速記のように使えるようになる。**くり返し使うことで、脳が一連の運動と認知行動と能力を「ひとかたまり」に符号化するので、習慣のように自動的に思い出して応用できるようになる。**

まとめ

結局、単純だが深い真実に行き着く――**努力を必要とする学習は、新しいつながりと能力を築くことで脳を変える**。われわれの知能は生まれたときから決まっているのではなく、大部分は自分で作り上げる。その事実が、たびたび訊かれる「なぜ苦労して？」という質問への明確な答えになる。われわれが努力するのは、**努力そのものが能力の限界を広げる**からだ。自分の行動こそが、なりたいものややりたいことを実現する鍵となる。努力すればするほど、できることが増えていく。そういう原則にしたがって成果を重ねていくのが、「成長の意識」を持って生きるということだ。

そしてまた、**複雑な技術を習得したり、専門分野で秀でたりするのにかならずしも特別な遺伝子は必要なく、むしろ自制心、決意、粘り強さによるところが大きい**ということも単純な事実だ。つまり、それらの素質が一定の水準を満たしていれば、すぐれた専門家になりたいという要望はたぶん叶うのだ。努力して習得したいことが何であれ（友人の誕生日に捧げる詩、心理学の古典的条件づけの概念、ハイドンの交響曲第五番の第二バイオリンのパート……）、意識的に記憶術の手がかりを用いれば、学んだことを整理していつでも思い出せるようになる。そうして意識的に練習し、くり返し使っていると、やがて符号化が深いところでおこなわれ、無意識のレベルで動けるようになる。まさにそれが、すぐれた専門的技能の特徴だ。

8章 学びを定着させる

Make It Stick

何をしようとしているか、何になりたいかにかかわらず、競争者としてその分野にとどまりたいなら、ものを言うのは「学ぶ能力」を身につけられるかどうかだ。

これまでの章では、実証研究にもとづく大きな考えを示し、事例を充分紹介すれば読者がおのずと最適なやり方を判断するだろうと考えて、あからさまな処方箋はできるだけ避けてきた。だが、本書を早めに読んだ人から、もっと実用的なアドバイスが欲しいと求められたので、この章で説明したい。

まずは、おもに高校、大学、大学院の学生向けのアドバイスから。そのあと生涯学習者や教師、最後に職場の指導者向けのアドバイスをする。どのグループでも基本的な原則は変わらないが、環境、ライフステージ、学習内容がちがう。適用法を具体的にイメージしてもらうために、すでに自分なりのやり方を見つけて大きな成果をあげている人々の例を紹介していく。

学生へのアドバイス

最高の成績を収める学生は、主体的に学び、単純だが規律正しい手法にしたがっている。その方法は、まだ教えられていない人も実践することができ、効果には目をみはることだろう。**意義のある学習はたいていむずかしい**という事実を忘れないでほしい。後退しているように思えるときもあるが、それは失敗ではなく努力の証である。挫折は努力にはつきもので、努力こそが本物の技能を作り出す。**努力を必要とする学習は脳を変え、新しい神経のつながりを作り、メンタルモデルを増やし、能力を向上させる。**この意味は大きい。知能は学習者の努力次第で大きく伸びるということだからだ。このことを念頭に置いて、困難には取り組む価値があると考えてほしい。

これから三つの主要な勉強法を紹介する。習慣として継続できるように、日々のスケジュールに組み入れよう。

新しく学んだことを想起練習する

「想起練習」とは何か――自分でクイズをすること。再読ではなく、記憶から知識や技術を思い出すことを学習の中心に置くべきだ。

どう勉強法に取り入れるか――教科書や講義ノートを読むときに、ときどき手を止め、テキストを見ずに次のように自問する。ここで重要な概念は何か。初めて見る用語や概念はどれか。それらをどう定義するか。この考えはすでに学んでいることとどう関係するか。

たいていの教科書には章の終わりに設問があるから、それを自己クイズの参考にするといい。自分で問いを考えて答えを書くのもいい勉強になる。

一学期のあいだ、毎週いくらか時間を作って、その週とまえの週までに学んだことをクイズにして解く。

クイズのあとは答え合わせをして、知っていることと知らないことを正確に把握しているかどうか確かめる。

クイズを使って自分の弱点を発見し、その範囲の学習を強化して弱点を克服しよう。

新しく学んだことを思い出すのがむずかしいほど、学習効果は高まる。まちがえたとしても、答え合わせで正すことさえ怠らなければ、失敗ではない。

直感的には――学習者の多くは教科書や講義ノート、スライドに下線を引いたり、ハイライトをつけたりする。その部分を何度も読み返し、文章や専門用語に慣れてすらすら読めるようになると勉強した気になるので、その作業に多くの時間を割いている。

なぜ想起練習のほうがすぐれているのか――テキストを一、二回読み返したあとは、自分でクイズをするほうが、再読をくり返すよりはるかに効果的な学習になる。理由は2章でくわしく説明したが、とくに重要な点をくり返しておく。

再読によってテキストに慣れると、理解しているという錯覚を起こすが、それで教材を習得したとはかならずしも言えない。テキストに慣れることには、ふたつの問題がある。ひとつは学んだと思いこむこと、もうひとつはあとで思い出せるというまちがった認識を持つことだ。

それに対して、主要な概念や解釈について自分でクイズをすれば、周辺情報や教授の言いまわしではなく、中核となる原則を理解するのに役立つ。また、自分が理解していること、学び足りないことを客観的に知ることができる。さらに、クイズには忘れることを防止する効果もある。忘れるのは人間の本質だが、新たに学んだことを思い出す練習をすれば記憶が強化され、あとで思い出しやすくなる。

定期的に自分でクイズをして新しい知識や技術を練習すれば、習熟度も、既存の知識と結びつける能力も高まる。

講義期間中に定期的な想起練習をする習慣をつければ、詰めこみ学習や徹夜をする必要はなくなる。ほとんど「試験勉強」をする必要がなくなるのだ。試験前夜に教材を復習するのは、本物の習得からはほど遠い。

どんな学習体験になるか——再読とちがって、自分でするクイズはすいすい進まず、とくに新しい内容が思い出しにくくて苛立つかもしれない。講義ノートやハイライトをつけた教科書の再読ほど成果を感じないものだ。しかし、そのときには感じなかったとしても、新しく学んだことを必死に思い出そうとするたびに記憶は確実に強化される。思い出せずにもう一度勉強したら、想起の努力をしなかった場合より着実に学習している。そのような努力で知識や技術が定着し、あとで思い出す能力も高まるのだ。

間隔をあけて練習する

「間隔練習」とは何か――同じ教材を一定の時間をあけて複数回学ぶこと。

どう勉強法に取り入れるか――少し忘れたころを見計らって自分にクイズを出し、再度勉強する。どのくらいの時間をあけるかは、教材次第だ。人の顔と名前のような、つながりを忘れやすいものなら、最初に見てから数分以内に見直す必要があるだろう。教科書の新しい内容なら、最初に読んでから一日、二日以内に再読したほうがいいかもしれない。そしてもう一度見るときには、数日から一週間ほどあける。ある内容をマスターしたと感じたら、一カ月に一度クイズをおこなう。また、学期中に新しく学んだもののクイズをすると同時に、まえに習った内容も想起練習し、その知識があとから学んだこととどのように関係するか考える。

フラッシュカードを使う場合には、二、三回正しく答えられたからといって抜き取ってはいけない。しっかり記憶に定着するまでカードの束に混ぜておく。定着したら束から抜いてもかまわないが、一カ月ほどあけてときどき復習する。何であれ憶えておきたいことは、かならず定期的に想起しなければならない。

間隔をあけて練習するもうひとつの方法は、ふたつ以上の主題を交互に練習することだ。代わるがわる学べば、どの主題にも新しく切り替わった頭で接することになる。

直感的には――ひとつのことに長い時間をかけて集中し、習得したいことをくり返し練習するほうがよさそうに見える。新しい技術や知識の習得には欠かせないと信じられてきた、練習あるのみという集中学習だ。この直感には説得力があり、ふたつの理由で反論しにくい。まず、同じことをくり返し練習するとたいていうまくなるので、この練習法は正しいと思いこむ。第二に、ひたすらひとつのことをくり返して上達したとしても、それは短期記憶に入っているだけですぐに忘れてしまうということを理解していない。憶えてもすぐに忘れることがわからないから、集中練習は効果的という印象を持つのだ。

さらに、たいていの学生は集中学習に効果があると誤解しているので、試験日が近づくまで見直しをせず、直前になって教材を何度も読んで記憶に焼きつけようとする。

なぜ間隔練習のほうがすぐれているのか——たんなるくり返しで何かを記憶に刻みこめるという考えは、広く信じられているがまちがいだ。たくさん練習することに効果はあるけれども、間隔をあけなければ意味がない。

自分でクイズをすることを勉強法の中心とし、まえに学んだことを少し忘れるくらい学習の間隔をあけると、思い出す努力をしなければならない。つまり、長期記憶から「リロード」することになる。その努力で重要な概念が目立って憶えやすくなり、ほかの知識やさらに新しく学ぶこととしっかり結びつく。間隔練習はじつに効果的な学習法なのだ（くわしくは4章）。

どんな学習体験になるか——集中学習は間隔練習より効果があると感じるが、実際はちがう。間隔練習は、記憶が少し薄れてすぐに思い出せないのでむずかしく感じる。進歩がないように思えるかもしれないが、じつは正反対のことが起きている。どれほどもどかしくても、長期記憶から学び直すうちに、記憶と習熟度が強化されているのだ。

種類のちがう勉強を交互にする

「交互練習」とは何か――数式を学ぶなら、一度に二種類以上を勉強し、解法のちがう問題を代わるがわる解くようにする。生物の種類でも、オランダの画家でも、マクロ経済の原理でも、さまざまな例を混ぜるのだ。

どう勉強法に取り入れるか――多くの教科書は主題ごとにまとまっている。たとえば、回転楕円体の体積の求め方といった特定の種類の問題の解き方が説明され、いくつも練習問題があったあとで、別の種類の問題（錐体の体積の求め方）に移る。この種の「ブロック練習」には交互練習ほどの効果はない。こうしてみよう。

勉強の計画を立てる際に、解き方は憶えたけれどまだ充分身についていない新しい種類の問題を、ほかの練習問題に混ぜて交互に取り組み、それぞれに適した解き方を思い出せるようにする。

特定の主題や技術に集中しすぎて、そればかり練習していると気づいたら、やり方を変える。ほかの課題や技術と混ぜて、つねにどの種類の問題か、そして正しい解き方はどれか気づく能力を養う。

4章の野球選手の例に話を戻すと、速球一五回、カーブ一五回、チェンジアップ一五回という打撃練習をする選手は、球種が入り混じった練習をする選手より早く上達する。だが、球種が入り混じった練習をする選手は、それぞれの球種を見きわめ、反応する能力が養われて、もっとすぐれたバッターになる。

直感的には――一度に一種類の問題を集中して解き、その種類を「完璧に」習得してから次の種類に移りたくなる。

なぜ交互練習のほうがすぐれているのか——さまざまな種類の問題を混ぜることで、種類を見分け、その種類に共通する特徴に気づく能力が養われる。のちの試験や実際の環境では、問題の種類を判別し、正しい解決策を当てはめて解かなければならないが、それがうまくできるようになる(くわしくは3章)。

どんな学習体験になるか——一種類の問題をマスターしてから次の種類に進む「ブロック練習」は、どんどん上達していると本人も感じるし、外からもそう見える。それに対して、一種類の練習を中断してほかの種類に移るやり方は、一貫性もなく非効率に思える。交互練習のほうがすぐれた成果があるときでさえ、学習者はブロック練習のほうが効果的だと感じる。しかし、そう感じるのは錯覚であることが実証されている。

その他の効果的な勉強法

「精緻化」は新しい教材の習熟度を高め、あとで思い出して適用するための手がかりを増やす(4章)。

「精緻化」とは何か——新しい教材に新しい意味づけや解釈を見つけるプロセス。

たとえば、自分のことばで誰かに説明したり、教室の外の自分の生活とどうかかわるか考えたりして、その教材をすでに知っていることと関連づける。

効果的な精緻化の方法は、新しい教材に関するたとえや視覚イメージを見つけることだ。たとえば、物理学の角運動の原則を理解するために、フィギュアスケーターが両腕を胸元に引き寄せて回転スピードを増すところを視覚化する。熱伝達の原理を学ぶときには、ホットココアのカップを包む手が温まることを想像するとわかりやすい。放射作用なら、寒い冬の日に太陽光で部屋のなかが温まるところを視覚化する。空気の対流については、アトランタの散歩のあとで味わう、生き返るようなエアコンの冷風を思い浮かべる。原子の構造を教える物理学の教師は、原子核のまわりを電子が運動していることを説明するために、太陽系の惑星を引き合いに出すかもしれない。新しい知識を、すでにある知識と結びつけて精緻化するほど、新しい知識への理解は深まり、結びつきが強化されてあとで思い出しやすくなる。

本章のあとのほうで、生物学教授のメアリー・パット・ウェンデロスが学生に大きな「まとめシート」を作成させ、精緻化を進めた方法を紹介する。一週間のうちに学んださまざまな生物系がどのように相互に関連しているか、一枚の大きな紙に図式とキーワードでまとめる作業で、意味の層を増やして概念や構造、相互関係への理解を深める精緻化の一形態だ。運悪くウェンデロスの講義に出られなかった学生も、自分でその手法を試すことができる。

「生成練習」をすると、思考が柔軟になり、新しい学習を受け入れやすくなる。

「生成練習」とは何か——答えや解き方を教わるまえに自力で試してみること。

たとえば、文章中の欠けた単語を埋める（それを書いた人に与えられることばではなく、自分でことばを考える）ような簡単な練習でも、たんに完全な文章を読むより学習が深まり、記憶に残る。

テキストを読んだり講義を聞いたりするより実際にやってみるほうが総じて学習効果が高いことは、多くの人が実感しているだろう。「体験学習」は生成練習のひとつで、課題に取り組み、問題にぶつかり、創造力と蓄積した知識で解決を図る。必要に応じて専門家の意見や教科書、ウェブサイトも参考にする。始めたときにはわからないことばかりで頭を悩ませたとしても、最初から誰かに手取り足取り教えてもらうより、はるかにしっかりと学び、記憶することができる。4章で紹介した園芸家兼作家のボニー・ブロジェットは生成学習の顕著な例だ。

授業で新しい教材を読むときに、出てきそうな主要な概念をあらかじめ予想して自力で説明し、既存の知識と関連があるかどうか考えれば、それが生成学習だ。そのあと教材を読んで、自分の解釈が正しかったかどうか確かめる。最初に努力したことによって、予想と実際の内容がちがっていたとしても、要点や関連性の把握がしっかりとできる。

もし科学や数学の授業で問題の種類ごとに異なる解き方を学ぶのなら、授業を受けるまえに解いてみることだ。セントルイスのワシントン大学物理学科では、授業のまえに予習として問題を解くことを義務づけている。解き方を教えるのは教授の仕事だろうと腹を立てる学生もいるが、事前に問題に取り組むと授業中の学習が強化されることが教授にはわかっているのだ。

「省察」は、学習の層を厚くし、技術を強化する想起練習と精緻化の組み合わせだ。

「省察」とは何か──授業や実践で学んだことを振り返って自問する数分間の練習。何がうまくできたか。さらに向上させるにはどうすればよかったか。いまの学習に関連して、役立ちそうなほかの知識や経験はあるか。習熟度を高めるには、さらにどんなことを学べばいいか。次回にどんな手法を試せばもっとうまくやれるか。

たとえば、生物学教授のメアリー・パット・ウェンデロスは、毎週学生に「学習記録」という成績に影響しないエッセイを書かせている。学生はまえの週に学んだことを振り返り、その内容が授業以外の生活とどうかかわるか考える。この手法は学生の主体性を養う好例であり、スライドや講義ノートを逐一書き写すことに何時間もかけるよりよほど効果的な学習方法だ。

「検定」は、本番のテストで多くの学習者を焦らせる習熟度の錯覚に陥らないために、客観的なフィードバックによって、知っていることと知らないことの判断を調節する。

「検定」とは何か──5章で紹介したように、認知的錯覚には誰もが陥る可能性がある。教科書をすらすら読めることを、基礎概念を理解したと勘ちがいするのは、ほんの一例だ。検定とは客観的な指標を使って錯覚を排除し、実力をより正確に測ることだ。自分の知っていることとできることを正確に把握するのが狙いである。

たとえば、航空機パイロットなら航空計器を使って、飛行機の水平飛行といった致命的な要素について錯覚していないか確認する。学生ならクイズや練習テストをおこなって、習熟に関する自分の認識が正しいかどうか確かめる。重要なのは、自分で出したクイズにきちんと解答することだ。設問を読んで、ああこれならわかると思い、答えを書く努力もせずに次の問題に移ることがよくあるが、答えを書かなければ、やはり知っているという錯覚に陥りやすい。実際には、正確（または完璧）な解答をするのがむずかしいこともあるのだ。本番のテストと同じように練習テストに取り組んで答えを確かめ、学び足りない分野に集中してほしい。

「記憶術」は、学んだことを想起し、任意の情報を記憶にとどめるために役立つ（7章）。

「記憶術」とは何か――頭のなかのファイルキャビネットのようなもの。情報を維持し、必要なときに思い出しやすくする。

たとえば、子供が学校で教わる簡単な記憶術に、アメリカの五大湖を東から西へ順番に憶える「Old Elephants Have Musty Skin〔老いたゾウの皮膚はかび臭い。オンタリオ、エリー、ヒューロン、ミシガン、スペリオルの五大湖と頭韻を踏んでいる〕」というものがある。マーク・トウェインは子供たちにイギリス歴代の王や女王を憶えさせるために、治世の長さに合わせて私有地の曲がりくねった道に順番に杭を打ち、いっしょにそこを歩きながら彼らの外見や逸話を語り聞かせた。オックスフォードのベラビーズ・カレッジの心理学科の学生たちは、学んだことを「記憶の宮殿」と呼ばれる記憶術で整理し、Aレベル試験の小論文でくわしく書けるように準備する。記憶術そのものは学習ツールではないが、学んだことを思い出しやすくする精神構造を作るのに役立つ。

これらの手法を使ってクラスでトップの成績を収めたふたりの学生を紹介しよう。

医学生　マイケル・ヤング

マイケル・ヤングは、ジョージア・リージェンツ大学医学校に入学して四年目の医学生だ。勉強法を工夫することで、どん底だった成績がクラスの上位になった。

ヤングは通常の進学課程をとらずに医学校に入った。クラスメイトには、みなそれぞれ生化学、薬理学といった基礎知識があった。医学校の科目はどんな状況だろうと履修がむずかしいが、基礎のないヤングにとってはとくに厳しかった。

困難はすぐに明らかになった。可能なかぎり授業の勉強に時間をあてたにもかかわらず、最初の試験では六五点しかとれなかった。「はっきり言って、うしろから蹴飛ばされた気分だったよ。完全に打ちのめされた。あれほどむずかしいとは思わなかった。それまであんな授業を受けたことがなかったから。たとえば、一日授業に出ると、パワーポイントのスライドを四〇〇枚渡されたりして、その内容がまた濃いんだ」[*1]。それ以上勉強時間は増やせなかったので、もっと効率よく学ぶ方法を探すしかなかった。

ヤングは学習に関する実証研究を調べはじめ、テスト効果に強い興味を持った。われわれが彼と出会ったのはそれがきっかけだった。医学校で想起練習や間隔練習をするにはどうすればいいかという質問のメールが届いたのだ。ヤングはつらかった当時を振り返って言う。「勉強法について意見を求めたわけじゃなかった。意見は誰にでもあるからね。知りたかったのは、実際の研究にもとづいた正確なデータだった」

医学部進学課程を履修せずになぜ医学校に入れたのかと思うかもしれない。ヤングは心理学の修士号を持ち、薬物依存者のカウンセラーとして臨床機関で働いていた。大勢の医師と仕事をするうちに、だんだん自分も医者になりたいと思うようになった。もとの仕事のほうがよかったかと訊くと、「とくに自分を賢いと思ったことはないけれど、一生のうちにもっと何かしたいという考えが頭を離れなかった」。ある日、彼は地元のコロンバス州立大学の生物学部を訪ね、医者になるにはどの課程を履修すればいいのかと尋ねた。大学の事務員は笑って言った。「いや、うちの卒業生に医者はいないよ。ジョージア大学やジョージア工科大学ならともかく、ここ一〇年、うちから医学校への進学者はいないんだ」。ヤングはそこであきらめず、寄せ集めでいくつかの科目を履修した。たとえば、医学校の生物学で要求される内容は、コロンバス州立大学では漁業の講義でしか学べなかったので、それを履修した。一年間で受講できる医学系の科目をすべて履修し、医学大学院進学適性試験に向けて一カ月猛勉強してぎりぎりで合格し、ついにジョージア・リージェンツ大学に入学したのだった。

その時点で峠を越えたとはとても言えなかった。最初の試験が物語るように、目のまえの道は急登だった。登りきる希望があるとしたら、勉強法を工夫するしかない。そこでどうしたか？　彼は次のように説明する。

本は徹底的に読んでいたけれど、それ以外の勉強法は知らなかった。教材を読むだけで、ほかに何をすればいいかわからない。だから、読んで内容が記憶に定着しなかったとしても、打つ手はなかった。（学習に関する）研究結果を読んでわかったんだけど、ただ情報を受け取るだけじゃなくて、その先の行動が必要だった。

もちろん重要なのは、記憶から情報を呼び出す方法を知ることだ。テストのときに必要だからね。勉強中に思い出せないなら、テストで思い出せるわけがない。

ヤングは勉強するときに以前より注意深くなった。「手を止めては、『いま何を読んだ？　何を意味している？』と考えるようになった。『たぶんこうなる。酵素がこうして、次にこうする』と考えたあと、教科書に戻って、見当ちがいではなかったか、正しく考えていたかと確認するんだ」自然になじむやり方ではなかった。「最初はしっくりこないよ。先に進むのをやめて、いま読んだ内容を再現して、自分でクイズを出していると、とにかく時間がかかる。一週間後にテストが控えていて、しかも範囲が膨大だと、ペースが遅くてすごく不安になる」。しかし、より多くの範囲を勉強する方法としては、長時間の再読しか知らず、それで思うような効果はあがらなかったから、少なくとも結果が出るまでは辛抱強く想起練習をしようと決意した。「そのやり方を自分に信じさせるのが最大の難関だった。でも、最終的にはすばらしい効果があったよ」

実際にすばらしい効果だった。二年生になるころには、ヤングは二〇〇人のクラスの底辺から成績上位者となり、その後も成績を維持した。

ヤングは医学校の勉強で、間隔をあけた想起練習と精緻化をどう活用したか説明してくれた。憶えなければならない教材は山ほどあり、しかも複雑な器官の働きやそれらが相互に及ぼす影響も学ばなければならない。彼のコメントには説得力がある。

重要性を判断する――「講義の教材でパワーポイントのスライドが四〇〇枚あったら、すべてを細かく見直す時間はない。だから、『これは重要だ、これは重要じゃない』と選り分けなきゃならない。医学校は時間をどう有効活用するかですべてが決まる」

自分でクイズをする――「復習するときには、再読だけでなく、学んだことを思い出せるかどうか確かめる必要がある。あれはどういうことだったか、とまず自分でテストしてみて、思い出せなければ、教科書に戻って確かめ、もう一度やってみる」

適切な間隔をあける――「間隔をあけるといいことに気づき、想起練習の時間があくほど記憶の維持に効果的なのはわかったけれど、思い出すときにどれだけうまくいくかという問題もある。たとえば、酵素の長い名前を憶えるときには、その酵素の働きをひとつずつ憶えていって、一〇段階まで憶えたところでひと休みして、最初からすべて思い出せるか確かめる。どのくらい間隔をあけるかというコツをつかんで、安定して思い出せるようになったら、このやり方は信頼できるという自信も生まれるから、継続するのは簡単だ」

意味を理解するためにスピードを落とす――よく意味を理解し、精緻化して記憶に定着させるため、ヤングは教材を読むスピードを落としている。「ドーパミンは腹側被蓋領域から分泌される、という文章を読んでもあまりピンと来なかった」。ことばを「脳に流す」だけでは意味がない。ドーパミンに関する文章を理解するには、より深く掘り下げて、それにかかわる脳内の構造を特定し、画像を確認し、概念をきちんと把握しなければならない。「そのように視覚化して（解剖学的に）どこにあるか知ったことで、かなり憶えやすくなった」。あらゆることについてすべてを学ぶ時間はなくとも、立ち止まって意味を与えれば、記憶は定着しやすくなるという。

ヤングの成績向上は教授やクラスメイトに強い印象を残し、勉強に悩む学生の指導係に任ぜられるという珍しい栄誉も与えられた。ヤングにこうした技術を教えられた学生は一様に成績を伸ばしている。

「みんながすごく興味を持つことに感動したよ。医学校では友人全員に話したけれど、いまでは彼らも真剣に取り組んでいる。みんな学ぶ方法を知りたいんだね」

心理学入門受講生　ティモシー・フェローズ

南カリフォルニア大学のスティーブン・マディガン教授は、心理学入門を受講しているひとりの学生の成績に驚かされた。「むずかしい講座なんだ。いちばん内容の進んだむずかしい教科書を使っていて、新しいことが次から次へと出てくる。学期が四分の三ほど進んだところで、ティモシー・フェローズという学生が、試験、レポート、短答問題、選択問題のすべてで九〇点から九五点をとっていることに気づいた。異常なほどすぐれた成績だ。そこである日、フェローズを呼んで、『どんな勉強をしているのか教えてくれないか』と尋ねてみた[*2]」

二〇〇五年のことだった。マディガンはふだんのフェローズを知らなかったが、キャンパスの近くでサッカーをしている姿を見かけ、勉強以外の生活を楽しんでいることはわかっていた。「心理学は彼の専攻ではなかったが、関心のある科目だったようで、あらゆる技術を駆使していた」。マディガンはいまだにフェローズが説明した勉強法のリストを持っていて、新しく入ってくる学生たちに渡している。
内容はおもに次のようなものだ。

・講義のまえにかならず教科書を読む。
・読みながらテストの問題と答えを予想する。
・読んだことが記憶に定着しているか確かめるために、頭のなかで自問しながら講義を聞く。
・参考書を読み、思い出せない用語や知らない用語を見つけて学習し直す。
・太字の用語とその定義を控えのノートに書き写して、理解できていることを確かめる。
・教授がオンラインで提供している練習テストを受け、知らなかった概念を見つけてかならず習得する。
・講座で得た情報をノートに自分なりにまとめる。
・詳細情報や重要な概念を書き出し、ベッドの上に貼ってときどき自分でテストする。
・講義期間中、間隔をあけて見直しと練習をおこなう。

フェローズの勉強法は、成果が出ることを見つけて継続しているすぐれた例だ。練習の間隔をあけ、学んだことがしっかり定着していて、試験のときにも思い出せる。

生涯学習者へのアドバイス

学生向けにいま紹介した学習法はどの世代でも通用するが、環境としては教室での指導が中心だ。生涯学習者は同じ原則を、それほど固定化されていないさまざまな環境で用いている。

ある意味で人はみな生涯学習者だ。生まれた瞬間から、実験や試行錯誤や偶然の出会いを通してまわりの世界のことを学びはじめる。その過程で問題にぶつかると、前回似たような状況で何をしたか思い出さなければならない。言い換えれば、本書で紹介した生成や間隔練習などの技術は（直感には反するが）生活の一部であり、継続的な学習が必要な趣味や職業のなかでそれらの効果をすでに実感していても不思議はない。

想起練習

ナサニエル・フラーはミネアポリスにあるガスリー・シアターの舞台俳優だ。ある夕食会のあと、同劇場の有名な芸術監督ジョー・ダウリングがわれわれの研究の話を聞いて、すぐさまフラーにインタビューすべきだと提案した。フラーは、通常の練習やリハーサルができなかった代役を急に頼まれても、台詞《せりふ》や動作をすべて完璧にこなして成功させるということだった。

彼は完璧なプロで、長年、役作りの技術を磨いてきた。主役を演じることが多かったが、脇役を演じるときも、主役の代役になるときもあった。どのように練習しているのだろうか。

新しい台本に取りかかるとき、フラーは台本をバインダーに挟み、自分の台詞すべてにハイライトをつける。「まず自分の台詞がどのくらいあるか確認する。一日でどのくらい憶えられそうか予想し、できるだけ早く稽古を始めて憶えていく」[*3]。自分の台詞をハイライトすることで見つけやすくなり、構成もわかりやすくなる。これは学生が再読するために、授業中にむやみにハイライトをつけるのとは目的が異なる。「台詞の作りや、前後関係がわかるんだ」

フラーはいろいろな形態で想起練習をおこなっている。まず、まっさらな紙を用意し、台本の一ページを書き写す。相手役の台詞もそのまま書き写すのは、それらが自分の台詞の手がかりとなり、相手役の感情がこちらの感情にも反映されるからだ。自分の台詞は書いたうえで思い出しながら声に出して練習する。正確に憶えているか試すのだ。まちがえたときには、もう一度書いて声に出す。正しく言えたら、次の台詞の練習に移る。

「役がわかっているということの半分は、自分の台詞を言えることではなく、いつ台詞を言うかわかっているということだ。私はとくに記憶力がいいわけではないけれど、大切なのは、ベストを尽くして台詞を見ずに言えるようにすることだね。憶えるにはその努力が必要だ。

必死で稽古する。でも、これ以上やると逆効果だと思ったらやめる。次の日に戻ってくると、憶えたはずの台詞を忘れている。多くの友人はそこでパニックに陥る。でも、いまでは自信を持って言えることだけど、台詞は抜けていなくて、次に思い出すときにはまえより少しうまく言えるようになっている。そうなったら次の場面に移って、それを芝居の最後まで続けるんだ」

台本を読み進めるときには、つねに憶えて見慣れたページから新しいページに移る。一本一本糸を加えてタペストリーを織り上げていくようなものだ。どの場面もそのまえの場面から意味を引き継ぎ、次の場面に話をつなげていく。終わりまで行くと、逆にまだ慣れていない最後の場面から練習し、よく憶えているひとつまえの場面に戻り、また最後まで練習する。そのあとさらにまえの場面へと戻り、また最後まで練習する。その練習を延々とくり返して、最後は劇の冒頭から通しで演じる。この往ったり来たりの稽古で、慣れていない部分を補強し、役全体の完成度を上げていく。

台詞を憶えるのは視覚的作業（台本を読む）だが、フラーは「体の演技、筋肉の演技」でもあると言う。「だから、役になりきって台詞を口にして、どう感じるか確かめるようにしている」。フラーは台詞の文体、語感、修辞表現を精査する。配役のふるまいや舞台での動き方、顔の表情は、すべてその人物の各場面での裏の感情を表すが、彼は稽古を通してそれらを理解していく。この精緻化によって感情移入し、役との結びつきを強めることができる。

フラーはさらに一段上の想起練習もしている。紙の台本の代わりに、ほかの役者の台詞を（できるだけそれぞれの役になりきって）手のひらサイズのボイスレコーダーにすべて吹きこんでいるのだ。レコーダーを持つと、見なくても親指でスイッチの操作ができる。「再生」ボタンを押せば、ほかの登場人物の台詞が聞こえ、自分の番になったところで「停止」を押して、憶えた台詞を言う。自信がないときには台本を確認し、必要ならもう一度再生して、自分の台詞を言い、場面の先に進む。

代役をするときには、監督と役者がブロッキング（役者たちが舞台の上で互いにどう動くか確認する）をするまえに、自宅の居間を舞台に見立て、ブロッキングを考えながら練習する。レコーダーでほかの役の台詞を聞き、自分の台詞を言い、想像上の場面を移動し、役に命を与え、頭のなかで小道具も使う。代役を務める役者がリハーサルをしているあいだ、観客席のうしろから観察して、舞台で稽古をする役者たちを見ながらその場でブロッキングに合わせて動く。自宅に帰ったあとも居間で舞台を想像して、新しく憶えたブロッキングの練習を続ける。

フラーの学習プロセスには、想起、間隔、交互練習、生成（演じる役の性格、立ち居ふるまい、動機、個性など）、精緻化というふうに、「望ましい困難」が不可分に混じり合っている。これらの技術を通して役を学び、自分にも観客にも役が生きて感じられるように、さまざまなレベルで意味づけをしていくのだ。

生成

二〇一三年、作家のジョン・マクフィーが「ニューヨーカー」誌に、作家のスランプに関するエッセイを寄せた。当時八二歳のマクフィーは、クリエイティブ・ノンフィクションという分野の先駆者として多数の賞を獲得し、有名にもなった輝かしい経歴の高みから書いている。作家のスランプは、読者を魅了したいならどうにかして乗り越えなければならない困難な壁だ。どんな芸術にも言えることだが、執筆活動は創造と発見のくり返しである。作家志望者の多くは、言いたいことが明確にならなければ書き出せないという単純な思いこみから、語る声を見つけられない。マクフィーの解決策は？　母親に手紙を書くのだ。いまどれほどみじめな気持ちか、書きたかった主題（かりにクマとする）にどれほど期待していたか、だがどうしても筆が進まない、結局自分は作家に向いていないのではないか。そのクマがどれほど大きいか、どれほどぐうたらで、一日に一五時間も寝たがるか、などと書き連ねる。「そして冒頭に戻って、『母さんへ』という宛名と、泣き言や愚痴を全部消して、クマだけを残すのだ」

マクフィーの初稿は「ひどいおしゃべり」だ。「そのあとは放っておいて、車で家に帰る。その途中も頭のなかではまだ単語をあれこれいじっている。もっとうまく表現できないか、ある問題を解決する気の利いた言いまわしはないか。下書きが存在しなければ、当然ながら推敲もできない。だから、実際に書いている時間は一日に二、三時間程度かもしれないが、頭のなかでいろいろ考えて、一日二四時間働きつづけている——そう、眠っているあいだも。ただし、それもなんらかの下書きや初稿があればの話だ。下書きができるまで、本当の執筆は始まっていない」*4

ここが重要だ。学習もマクフィーの「ひどいおしゃべり」と同じである。慣れないことを学ぶときには、ぎこちなく不正確な感じがするが、その新しいことを理解しようと集中すれば、脳が勝手にその問題を「いじり」だす。テキストをたんにくり返し読んだり、パワーポイントのスライドを漫然と見ているだけでは頭に入らない。教材を自分のことばで説明し、事実同士を結びつけ、際立たせて、すでに知っていることと関連づけなければならないのだ。学習も執筆と同じで、あえて努力することが大切だ。難問に頭を悩ませると創造意欲が目覚め、過去の似たような経験や隠喩、つまりその問題に応用できる知識はないか探しはじめる。解決策を見つけたくてたまらなくなる。そうして解決策が見つかると、脳の上辺をかすったパワーポイントなどよりずっと深く、既存の知識や技能に組みこまれる。

マクフィーを手本にしよう。つまり、新しいことを学ぶときには、泣き言はやめてクマと格闘することだ。

省察

2章で紹介したメイヨー・クリニックの神経外科医マイク・エバーソールドには、手術の技術を向上させるために「省察」する習慣がある。省察には、想起（どんな行動をとったか。うまくいったか）と生成（次回どうすればもっとうまくいくか）、さらに、頭のなかで映像化してリハーサルすること（縫合をもっと細かくしてはどうか）が含まれる。省察の習慣があったからこそ、薄く破れやすい後頭部の繊細な静脈洞手術を新たな工夫で成功させることができたのだ。

ジョージア・ブルドッグスのコーチ、ヴィンス・ドゥーリー（3章）は選手たちの技術練習と次の土曜の試合に向けた調整に、省察と頭のなかでのリハーサルを取り入れている。ミネアポリスの警官、デイビッド・ジャーマン（5章）は、省察で囮《おとり》捜査の技術を向上させる。学習法としての省察の効果は、元航空機機長チェスリー・サレンバーガーの自叙伝の随所に見られる。彼は二〇〇九年、USエアウェイズ1549便をハドソン川に不時着させることに奇跡的に成功したパイロットだ。その自叙伝を読むと、訓練や個人的な経験、ほかのパイロットの操縦の観察を通して、いかに操縦法への理解を深め、操縦技術を高めたかがよくわかる。単発エンジンの農薬散布用飛行機の操縦桿を初めて握ったところから始まり、ジェット戦闘機時代、旅客機事故の調査をおこなっていた時期、旅客機の不時着水に関するいくつかの事例の詳細分析へと続くのだが、とくに飛行機の上昇下降、速度、翼の水平化に注意していたことがわかる。サレンバーガー機長の技術の進化は、省察の習慣が、本人の実体験や他人の経験の観察結果の蓄積にとどまらないことを証明している。この習慣のもっとも有益なところは、生成、視覚化、頭のなかでのリハーサルがおこなえることだ。

精緻化

われわれがピアニストのテルマ・ハンターにインタビューしたとき、彼女は次の演奏会のためにモーツァルト、フォーレ、ラフマニノフ、ウィリアム・ボルコムの四つの曲を新たに練習していた。八八歳のハンターは、五歳のときにニューヨークのコンクールで初めて優勝して以来、演奏活動を続けてきた。自分は決して天才でもなければ、とくに有名でもないと謙遜するが、実績は高く評価されている。心臓外科医の夫サムと、六人の子供を育てる忙しい生活のかたわら、人生の喜びであるピアノを学び、教え、演奏することを長く楽しんできて、いまだに引っぱりだこの現役ピアニストだ。

新しく練習する曲にさまざまな意味の層を加えることが、ハンターのおもな学び方だ。精緻化が学習と記憶を強化することがはっきりと見て取れる。新しい楽譜を憶えるときには、指で動きを、耳で音を、目で楽譜の音符を、脳で曲の進行を把握して知的に、学ぶ。

そんな彼女も加齢に対して譲るところは譲ってきた。昔は演奏前に指慣らしをしなかったが、いまではしている。「昔ほどの体力はなくなった。指も届きにくい。いまでは思い出すために考えなきゃならない。昔はそんなことはなくて、ひととおり練習すれば自然と憶えられた」[*5]。彼女は楽譜を思い浮かべて、頭のなかで傍注をつける。「練習するときには、たまに『ここで一オクターブ上げる』と声に出すの。でも、同時に心の目で楽譜のその部分を見ている」。ジョン・マクフィーの執筆活動とも共通するが、ハンターは楽譜をあらかた憶えたときのことを次のように語る。「曲全体のことが考えられるから、ドライブに出かける。すると全体像が見えるのね、指揮者になったみたいに、曲の形が。『ああ、あそこはもっとテンポを速くしたほうがいい。速く弾く練習をしてみよう』とか。ピアノから離れて思いつく大きなことがある」

ハンターは毎日練習する。新しい曲のむずかしい部分は、じっくり分析するために時間をかける。最近はチェロ、バイオリンとの共演が多いので、それぞれの解釈を合わせる練習もする。

7章でアンダース・エリクソンの研究を紹介したが、そこでは専門家が長時間かけてひとりで練習し、多様な状況に対応できるメンタルモデルを図書館のように蓄えていた。ハンターが話してくれた体験は、エリクソンの説を裏づけているようだ。彼女はときどきピアノのまえに坐り、むずかしい箇所で指をどう動かすか考えこむことがある。不思議なもので、その曲から一週間離れてまた演奏すると思いがけない運指になって、まったく違和感なく自然に弾けるらしい。矛盾しているようで、そうでもないかもしれない。彼女は長年の経験に裏打ちされた自分の潜在意識を信用している。鍵盤のまえで悩んで苦肉の策を考えるより、潜在意識は自然な解決策を見出せるのだ。ただそれもおそらくマクフィーのクマとの格闘と同じで、演奏の研鑽を積んだからこそ、記憶のひきだしのなかから、状況に即した自然でエレガントな弾き方を選べるにちがいない。

教師へのアドバイス

ここでもまた処方箋を押しつけてしまうのが心配だ。教師たるもの、自分のクラスに合った指導法を見つけなくてはならない。とはいえ、具体例があると参考になるだろうから、学生が教室でよく学ぶのに役立つと思われる基本的な手法を、いくつか紹介しよう。一部の教師がすでに実践している手法を簡単に解説する。押しつけでも、たんなる例示でもない、実現可能なアイデアが見つかることを祈っている。

学生に学びの仕組みを説明する

学生たちのまわりには学習に関する神話や幻想がたくさんある。それらのせいで、知的なリスクをとるかとらないか、いつ、どのように学ぶかといったことについて、不幸な選択をしてしまうこともある。彼らが自分の学習をしっかりと管理できるように、実証研究で証明された学びの仕組みを説明するのは、教師の役目だ。

とくに次の基本的な概念を指導しなければならない。

・学ぶときの困難のなかには、学習を強化して記憶を定着させるものがある。
・簡単な学習はたいてい表面的で、すぐに忘れる。
・知能のすべてが生まれつきではない。努力を必要とする学習によって実際に脳が変化し、神経の新しいつながりが生まれ、知能が向上する。
・解き方を教わるまえに新しい問題を解く努力をするほうが、教わったあとで解くより学習効果が高い。
・どの分野でもすぐれた成果をあげるには、現在の能力水準を越える努力を惜しんではならない。
・努力は本来挫折に終わることも多いが、習熟する方法の調整に欠かせない情報が得られることも多い。

以上のテーマは本書全体に散りばめられていて、とくに4章と7章にくわしい。

学生に勉強法を指導する

学生が勉強法について習うことは、通常ないか、あったとしてもよくまちがったアドバイスを与えられている。その結果、最適とはとても言えない再読や集中学習、詰めこみ学習を重視する。この章の初めで効果的な勉強法を説明した。最初は信じられないかもしれないが、それらを指導し、成果が実感できるまで時間をかけて取り組めば、かならず役に立つだろう。

授業に「望ましい困難」を取り入れる

学生が学習内容を統合し、忘れないようにするには、**できるだけ頻繁にクイズをおこなう**ことだ。それを教師と学生の双方にとって受け入れやすい基本ルールにする。学生側はクイズの効果が実感でき、かつ成績にあまり影響しなければ受け入れやすい。教師側はクイズが単純、手軽で、再試験の手間がかからないほうがいい（一例として、人の学習と記憶に関する大学の講義で毎日クイズをおこなっているキャスリーン・マクダーモットについて、後述する）。

「想起練習」、「生成」、「精緻化」を含む宿題を出す。たとえば、授業で解き方を学ぶまえに、新しい問題を自力で解こうと知恵を絞る練習問題。ダウンロードして教材の復習に使い、わかっていることとわかっていないことを確認するテスト。過去の教材を振り返り、ほかの知識や日常生活の別の場面と関連づける筆記練習。教科書や講義で最近学んだ主要な概念を短い文章にまとめる練習などだ。

割合は低くてもかまわないので、クイズや練習問題の結果を成績に反映させる。練習問題の結果が成績に加算されるクラスでは、加算されないクラスより学生がよく学ぶ。

クイズや練習問題には、その学期の最初のころに扱った概念や知識も含める。そうすることで学生は想起練習を続け、学んだ内容が蓄積され、より複雑なメンタルモデルを構築し、高度な思考を学び、概念やシステムの関係性をより深く理解できるようになる（たとえば、大学の講義でアンディ・ソーベルが簡単なクイズを取り入れた方法を、2章で紹介した）。

授業で取り上げる主題や問題を、間隔をあけて交互に扱い、多様化する。学生がそれぞれの主題についてすでに知っていることを「リロード」し、新しい内容とどう関連するか、どのようにちがうのかと考える機会を頻繁に作る。

「見える」ようにする

「望ましい困難」を授業に取り入れていることと、その理由を、学生に理解させる。この種の学習の苛立たしさやむずかしさをまえもって知っておくと、なぜ継続する価値があるのかがわかる。本章の医学生マイケル・ヤングのエピソードを紹介してもいいだろう。望ましい困難を克服して、最終的にその学習法で成功した過程がよくわかる。

ワシントン大学生物学教授　メアリー・パット・ウェンデロス

生物学を教えるメアリー・パット・ウェンデロスは、学生が課題を習得できるように、授業に望ましい困難を取り入れている。と同時に、学生が自分の学習を効果的に管理し、希望する職業で力を発揮できる方法も指導している。さらに、同じ立場での別の取り組みとして、「ブルームのタキソノミー〔目標分類学〕」にもとづき、学生がどれだけ教材を習得しているかを自己診断し、「統合」と「評価」のレベルを高める方法について考えるのを支援している。

ブルームのタキソノミーは、一九五六年に心理学者ベンジャミン・ブルームを委員長とする教育委員会が開発した分類法で、認知学習を六つのレベルに分ける。すなわち、「知識」の取得（もっとも基礎的なレベル）から、基礎となる事実や概念の「理解」、学んだことを使って問題を解く「応用」、推論するための概念や関係の「分析」、知識や概念を新しい方法でまとめる「統合」、そしてもっとも高度なレベルである「評価」に至る。学習内容を用いて意見や概念を「評価」し、証拠と客観的な事実にもとづいて判断を下すのだ。

ウェンデロスのおもな手法を紹介しよう。

透明性　手始めに、テスト効果、望ましい困難、「知っているという錯覚」の危険性を教える。指導方針を学生に明確に示し、授業でこれらの原則を使う手本を見せると約束する。最近彼女から聞いたところでは、「テスト効果の本来の趣旨は、再読より自分でテストをするほうが学習効果が高いということ。でも、昔から再読をくり返すように指導されてきた学生に実行させるのはすごくむずかしい」[*6]。

四色のハイライトをつけた教科書を見せられることが何度あったか。そんなとき、私はこう言う。「いい成績を取りたくてたくさん勉強したのはよくわかる。青に黄、オレンジ、緑のハイライトまで使ってるんだから」。でも、最初にその作業をしたあとは、いくら時間をかけて再読しても無駄だと説明しなければならない。彼らは「信じられない」と言う。そこで私は、「やるべきことは、少し読んだら自分でテストをすること」と教えるんだけど、学生にはそのやり方がわからない。

だから授業で手本を見せる。五分おきぐらいに、直前まで説明していたことに関する質問をすると、彼らはノートを見はじめる。そこで、「やめなさい。ノートは見ずに、ほんの短いあいだでいいから自分で考えて」と指示する。われわれの脳は森のようなもので、記憶はそのどこかにある。自分はここにいて、記憶があるのは向こう。その記憶につながる道を通る回数が増えるほど、しっかりした道ができ、次にそれが必要になったときに見つけやすくなる。でも、ノートを見ると近道をすることになる。自分で道を探すのをあきらめて、誰かに行き方を教えてもらうということね。そんなふうに説明する。

ほかにも、ウェンデロスは授業でクイズを出して考えさせる。学生たちを当てて、可能性のある答えをホワイトボードに三つ書かせ、残りのみんなに正しいと思う番号と同じ本数の指を上げさせる。次にそれぞれの学生に対して、ちがう本数の指を上げている別の学生と、どちらの答えが正しいか議論するよう指示する。

さらに、学習に関する新しい考え方や、失敗の新しい受けとめ方も教える。学生は試験の問題でまちがえると、よく引っかけ問題だと文句を言う。彼らが試験のせいにしたときには、ウェンデロスは問題解決に向いた考え方ではないと指摘していたが、いまでは学生が残念な結果に終わった試験のあとで訪ねてきて、「知っているという錯覚に陥っていました。どうすればもっと学べますか」と質問するようになった。それこそ彼女が手助けできる問題だ。

テストグループ　ウェンデロスは学生の班を「学習グループ」から「テストグループ」に変えた。学習グループでは、ある問題にいちばんくわしい学生が話し、残りの学生は聞き手にまわる。そこで重視されるのは記憶力だ。一方、テストグループは、教科書を閉じたままひとつの問題について全員で議論する。「誰でもいくらか情報は持っているから、仲間と話して答えを導き出す」。重要なのは調べて理解することだ。
ウェンデロスは、ひとつのテストグループにいる学生たちに、よくわからない概念は何かと尋ねる。そのあとグループのひとりを当てて、ホワイトボードのまえでその概念の説明をさせる。学生が悩みつつ、わかっている答えの一部を書くと、グループのほかのメンバーが質問し、それに学生が答えていくうちに、より大きな概念にたどり着く。その間、教科書はずっと閉じられたままだ。

自由な想起　ウェンデロスは毎回授業の終わりに学生に一〇分与え、白紙に授業で習ったことを思い出して書くよう指導している。一〇分間はかならず坐っていなくてはならない。落ち着かないかもしれないし、二分でアイデアが尽きてしまうかもしれないが、それでも最後まで続ける。一〇分たつと学生は講義ノートを開き、何を思い出し、何を忘れたかを確認し、忘れたことを重点的に復習する。この練習で得た情報は、次の授業のノートと質問の指標になる。自由な想起が学習を牽引し、教材の相互関係をより深く理解することに役立っている。

まとめシート　毎週月曜、学生たちはまえの週に学んだ範囲について、主要な概念、矢印、グラフなどで注釈をつけた図を、一枚の紙にまとめて提出する。ウェンデロスが教えているのは生命現象を機能面から学ぶ生理学なので、まとめシートは、引き出し線や拡大図、矢印などが密集した大きな図になる。そのシートのおかげで、学生はシステム同士のつながりを考えながら一週間の情報を統合することができる。「これがこれを引き起こし、今度はこうなって、あれにフィードバックするというように、生理学では矢印をよく使用する。学生たちは互いに助け合ってもかまわない。提出されるシートさえ独自のものならね」

短答問題　学生の負担がさほどでもないと感じた金曜には、成績にあまり影響しない短答問題を出して、五、六文で解答させることもある。「胃腸管は呼吸器系とどんな点が似ているか」、「テストを返却されたあと、次はどのような工夫をするか」といった質問だ。重要なのは、想起と省察をうながし、その週学んだことを、ほかの無数の関心事や大学生活の楽しみに埋もれるまえに記憶に定着させることだ。「長年のあいだにわかったのは、私がテストまで何もしなければ、学生はテストの前日まで何もしないということ」。短答問題は、理工学系の学生に明快な散文を書く練習をさせることにも役立つ。ウェンデロスは解答に目を通し、授業でもコメントして、きちんと読んでいることを彼らに知らせている。

ブルームのタキソノミー　ウェンデロスはブルームのタキソノミーの概念を少し具体化するために、テストの解答集を作るときに、教材の内容をタキソノミーのそれぞれのレベルに分類して示す。どの設問についても、「知識」レベルの答え、「理解」していることがわかる充実した答え、「分析」を反映したいっそう複雑な答えというふうに、タキソノミーの各レベルの答えを提供するのだ。学生はテストを返されるときに解答集も受け取り、自分の答えがタキソノミーのどのレベルにあるかを確かめ、より高度な学習のために知るべきことを考えさせられる。

成績の差を縮める

ウェンデロスと同僚の教師たちは、授業の構造や能動的な学習の原則をいろいろ工夫して、科学の成績の差を縮めようとしてきた。準備が足りない学生は入門レベルの科学の講座でもたいてい単位を落とす。その結果、科学に興味があって将来成功する適性を秘めた学生も、その関門を通過できない。理由はともかく、彼らは高校や家庭での学習で、大学レベルのきわめてむずかしい内容をどう習得するか学んでこなかったのだ。

ウェンデロスは言う。「科学の道に進んだ私たちのほとんどには、転べばかならず助けてくれる人か、こうやって立つんだよと教えてくれる人がいた。うまくいかなくても、とにかく学びつづけなさいと教えられた。たゆまず努力するようにと」

ウェンデロスらは、「低次構造」のクラス（従来の講義と成績への影響の大きい中間・期末試験をおこなう）と、「高次構造」のクラス（毎日と毎週、成績にあまり影響しない練習問題を解き、試験で高得点を取るのに必要な分析能力を身につける練習をする）の結果を比較する実験をおこなった。また、学生たちに「成長の意識」を持つこと（7章のドゥエックの研究を参照）の重要性、つまり、学習はそもそもむずかしく、知能を向上させるのは努力であることも教えた。

その結果、生物学入門講座の高次構造クラスでは、低次構造クラスより明らかに落第生の割合が減った――成績の悪い学生と優秀な学生の差が縮まり、同時に試験の解答のタキソノミーのレベルが上がった。重要なのは、学生が練習問題をすべて解いたかどうかだけではない。学期中、練習問題が多少なりとも成績に影響するクラスは、同じ練習問題を解いても成績に影響しないクラスより高い成績を収めた。

「学生たちには、日頃の心構えの問題だと説明した」とウェンデロスは言う。「科学で成功するには、そういう規律を身につけなきゃならない。学生たちは、どんな規律にも文化があると教えられたことはないけれど、自分のなりたい専門家と同じ考え方をするように指導する。そうして転んだら、どうやって立ち上がるかを教えるの」[*7]

ニューヨーク州ウェストポイント陸軍士官学校、心理学教授 マイケル・D・マシューズ

ウェストポイントの教育理念はおよそ二〇〇年前、初期の学校長シルバヌス・セイヤーという人物が開発したセイヤー・メソッドと呼ばれる指導法にもとづいている。その指導法によって、学生は講座ごとに特徴的な学習目標を与えられ、その目標に到達することを義務づけられ、授業には毎回、クイズや口頭による復習が取り入れられている。

学生の成績は、学問、軍事、身体能力の三本柱で評価される。工学心理学教授のマイク・マシューズは、学生の負担はきわめて大きく、とうてい時間が足りないと語る。ウェストポイントで生き残るためには、重要なことに的を絞り、残りは脇によけなければならない。「多様な分野でつねに高い成績を期待して、学生たちを忙しくしておく」とマシューズは言う。驚くべきことだが、彼は学生に次のように助言する。「この章を一字一句読んでいたら、効率がいいとは言えない」。重要なのは「目を通す」ことではなく、まず疑問を持って、読みながら答えを探すことだ。[*8]

マシューズの講座にはほとんど講義がない。授業は予習範囲から出題されるクイズで始まる。そのあとはだいたい学生たちの討議だ。部屋の四方の壁に黒板があり、学生グループがそれぞれの黒板のまえで協力し合って、教授の出した問題に答える。その問題は毎日のクイズよりむずかしく、読んだ教科書のなかの考えを統合し、概念的なレベルで適用しなければならない。想起練習、生成、ピア・インストラクションによる学習だ。各グループから学生がひとり選ばれ、クラスのまえでグループが導き出した解答を説明し、そのあとほかの学生から批評される。クラスの討論はすべて、特定の事実ではなく構成に焦点を当てる。黒板のまえに立たない日にも、別の形態の練習や発表、グループワークがあり、手元の教材の基礎となる大きな概念を明らかにして理解することをめざしている。

毎回授業のまえに目標を明確にし、毎日クイズを出し、能動的に問題を解かせてフィードバックを与えると、学生はぼんやりせずに集中し、積極的に授業に参加する。

ウェストポイントで教えられる最重要の技術のなかには、教室の外で学ぶものもある――慣れない土地で進む方向をまちがえないために使われる「方位確認」だ。木や高いところに登り、進行方向にある遠くの目標物を見て、コンパスで目標物が北から何度のところにあるか確かめる。そして茂みのなかに戻り、その方向に進みながら、ときどき足を止めて方位を確認する。教室でおこなうクイズでも、方位の見きわめがうまくなっているかどうかを知ることができる。

マシューズの教え子ふたりは、栄誉あるローズ奨学生だ。直近の例はカイリー・ハンクラー士官候補生（現ハンクラー少尉）で、今後二年間オックスフォード大学で学び、そのあとジョンズ・ホプキンス大学に入学することになっている。方位の話をしてくれたのは彼女だ。「士官学校ではすべてが自己責任で、目標に向かって当事者意識を持たなければなりません」とハンクラーは言う。[*9]

たとえば、医学大学院進学適性試験には、読解、化学、生理学、筆記という四つの主要な科目がある。ハンクラーはそのそれぞれについてもっとも重要と考える目標を設定し、達成に向けて努力した。「三日に一度、テスト練習をして、まちがったところを修正する」。彼女の方位確認だ。「多くの人はすべてを憶えることに何カ月もかけるけれど、私は概念を理解することに時間をかける。だから、私の方位確認はこういう感じになる——この質問はどんなことを訊いているのだろう、より大きなテーマは何だろう、私がこの範囲についてまとめたことと一致しているだろうか」

本書の筆者のひとり、ローディガーは高校時代、ジョージア州ゲインズビルのリバーサイド陸軍士官学校にかよっていた。リバーサイドもセイヤー・メソッドを取り入れていて、学生は毎日クイズや問題を出され、授業中に完成させる課題を与えられた。若い士官候補生の能力はウェストポイントのエリートより多岐にわたっていたが、セイヤー・メソッドはしっかりと機能した。毎日何かに取り組む仕組みは、授業以外であまり熱心に勉強しない学生にとりわけ役立った。セイヤー・メソッドは彼らの継続的な勉強を後押しし、メアリー・パット・ウェンデロスが実証研究で発見したことを裏づけている。すなわち、高次構造のクラスは、効果的な学び方を知らず、それらを開拓する習慣もない学生を支援し、厳しい状況下で成功させるのだ。

セントルイス州ワシントン大学心理学教授　キャスリーン・マクダーモット

ワシントン大学の教授、キャスリーン・マクダーモットは人の学習と記憶に関する大学の講座で、成績にあまり影響しないクイズを毎日おこなっている。学生は二五名で、授業は中間・期末試験を除いて週二回の一四週間。毎回授業の最後に三分から五分で四問のクイズを出す。内容は講義の要点か、教科書の要点、あるいはその両方だ。教材を理解していれば四問すべてに答えられるが、そのためには考えなければならない。クイズの対象範囲はそれまでの講義で扱ったすべての内容で、学生がまだ完全に内容を把握しておらず、見直したほうがよさそうな過去の教材から出題することもある。

マクダーモットは学期の初めに基本ルールをはっきりと示す。学習とテスト効果についての研究結果を説明して、たとえ本人に実感はなかったとしてもクイズが役立つことを説明する。学期中に四回までクイズを受けないことが認められるが、その代わり、あとで言いわけをしても追試はおこなわない。

学生たちは最初、クイズの仕組みに不満をもらす。学期の初めの数週間は、学生から、正当な理由のある欠席だったので、受けられなかったクイズの追試をしてほしいというメールが届く。しかしマクダーモットは、欠席は四回までで追試はなしという説明をくり返す。

クイズのおかげで学生が授業に意欲的に出席するようになったと彼女は言う。四問すべてに正解すると成績にも加算される仕組みにした。学期の終わりごろには、学生たちも、クイズがあるので講義についていきやすく、脇道にそれて軌道修正しなければならないときもわかるようになったと話す。

「クイズで大切なのは、学生にとって明確な基本ルールを作って、教える側が管理しやすくすること」とマクダーモットは語る。「学生は、授業に出てクイズを受けるか、欠席して受けないかを選ぶ。教授は面倒な追試の手配はしない」[*10]

クイズは合計で成績の二〇パーセントを占める。マクダーモットは二回の中間試験と期末試験もおこなう。最後のふたつの試験範囲は、それまでに学んだことすべてだ。それによって、学生は間隔のあいた見直しをするので、学習が強化される。

イリノイ州コロンビア公立学校区

2章で詳説したとおり、われわれはイリノイ州のコロンビア中学校の教師たちに協力してもらい、成績にあまり影響しないクイズをカリキュラムに導入する効果を確かめた。実験に参加した教師や、参加しなかったが有益な結果を知った教師たちは、その後も定期的に授業でクイズや想起練習をおこなっている。当初の研究プロジェクトは高校の歴史や科学の授業にまで広がり、頻繁な想起練習が学習効果を高め、教師が生徒の理解や成績を改善すべき範囲を把握するのに役立っている。

イリノイ州教育委員会は、全米知事協会の主導で教育省に承認された「各州共通基礎スタンダード（コモンコア）」にしたがい、K－12〔幼稚園から高校までの一三年間の教育〕に新しい数学と英語の基準を導入した。コモンコアは、高校卒業者に大学進学か就業の学力があることを判定するための基準だ。コロンビア学区も、学生が州の基準を満たす高度な概念の理解、解釈、問題解決能力を身につけられるように、カリキュラムや試験を全面的に再設計して、筆記や分析を重視するようになった。たとえば、科学のカリキュラムでは、同じテーマを複数の学年で取り上げ、学生が成長のさまざまな段階で、間隔をあけた交互練習を受けられるようにした。物理を例にとると、中学生は六つの基本的な道具（傾斜板、くさび、ねじ、てこ、車輪車軸、滑車）のちがいと働きを学び、のちの学年で何度かその概念の学習に戻って、根本にある物理法則や、道具を組み合わせて多様な問題に適用する方法を学ぶ。

職場の指導者へのアドバイス

この項では、学校の授業ほど構造化されていないさまざまな環境で、教師と同じ原則を活用している現場の指導者の事例を紹介する。

現職研修

ある分野の資格を有する多くの専門家はつねに最新技術を取り入れ、資格を維持するために継続的に学習しなければならない。3章で小児神経科医のダグラス・ラーセンが語ったように、医師向けのその種の研修は、忙しい参加者に配慮して週末のシンポジウムというかたちにまとめられるのが一般的だ。場所はホテルやリゾート地で、食事会やパワーポイントの講義がおこなわれる。想起、間隔、交互練習などの学習法はまったく取り入れられていない。学んだことが記憶に残っていれば御の字だ。

そういう会合に出席するなら、次のようなことをしてはどうだろう。まず、プレゼン資料のコピーを一部もらい、主要な概念について自分でクイズをするために使う。俳優のナサニエル・フラーが、劇の構造や台詞、登場人物のさまざまな面について自分に問いかけるのと同じだ。次に、セミナーで学んだ重要な知識を想起させるクイズをメールで作成し、ひと月に一度ぐらいのペースで自分に送るように設定する。さらに、専門家の仲間に連絡して、彼らの訓練を本書の内容に沿う方向で見直してはどうかと提案する。

テスト効果は「Qストリーム」という新しい訓練システムの基礎にもなっている。トレーナーが携帯端末から定期的に学習者にクイズを送り、間隔をあけた想起練習で学習を強化する商業ベースのシステムだ。同様に、モバイルとウェブベースのソフトウェアを使用する「オスモシス」というプラットフォームも新たに登場し、クラウド経由で学習者に無数のクイズや解説を提供している。オスモシスはテスト効果、間隔練習、ソーシャルネットワークを組み合わせ、開発者の言う「学生主体のソーシャル・ラーニング」を支援するソフトだ。Qストリーム（qstream.com）やオスモシス（osmose-it.com）をうまく使えば、専門家の現職研修もうまく再設計できるかもしれない。類似のプログラムを開発している企業はほかにもたくさんある。

ビジネス講師　キャシー・メイクスナー

メイクスナー・グループはオレゴン州ポートランドにあるコンサルティング会社で、企業の成長戦略を見出し、販売施策を改善する。キャシー・メイクスナーは大企業とでも中小企業とでも仕事をする。メイクスナーと契約して年収を二一〇〇万ドル増やした企業もある。小さいところでは、漢方クリニックのインナー・ゲート・アキュパンクチャー（本章の最後に紹介）が、メイクスナーの助けを借りて、成長しすぎた臨床実務を堅実に管理するノウハウを学んだ。
メイクスナーが培ってきた指導技術は、本書で紹介した学習原則と見事に一致するので、われわれの興味を引いた。具体的には、顧客自身が問題を探って根本の原因を突き止め、可能な解決策を見出し、さまざまな戦略の効果を推測してから本格的に取り組むのを支援している。
メイクスナーは言う。「解決策を教えると、人はその解決策に至るまでの方法を考えなくてすむ。でも、解決策を自分で導き出すとなれば、どうすればいいか本人が考える。右へ行くべきか、左へ行くべきか。私たちは顧客といっしょに選択肢を検討する」[*11]
さまざまな分野の顧客と仕事をした経験で、メイクスナーは道のどこに危険があるか見抜けるようになったという。ロールプレーで問題のシミュレーションをおこなうこともよくある。顧客はみずから解決策を考え、試し、フィードバックを与えられ、うまくいくものを練習する。つまりメイクスナーは、学習の強化に役立ち、市場で顧客が遭遇する状況をより正確に反映した困難を提供している。

保険会社　ファーマーズ・インシュランス

企業の営業研修は複雑になりがちだ。基本的には、企業文化、理念、行動、ブランドを発展させて守ること、各論では、製品の特徴や長所を学ぶ。戦略的な面もあり、ターゲット市場、売上の予測や販売促進策についても学ぶ。アメリカの大手保険会社であるファーマーズ・インシュランスの営業は、おもに約一万四〇〇〇人の専属の独立代理人が担っているので、代理店の代表者たちが起業家として成功し、会社をうまく設立、経営できるようにする訓練が欠かせない。

ファーマーズは、財産保険、損害保険に加えて、年金や投資信託といった投資商品を販売し、年商は二〇〇億ドルに達する。研修の全容を説明すると相当なページ数になるが、本書では新しい代理人に業務委託する際の研修に焦点を当てる。その内容は、営業、市場の仕組み、ビジネス計画、ブランド拡大という四つの分野だ。ファーマーズの新しい代理人の研修は、関連のあるさまざまなトピックを織り交ぜ、互いに意味を与えて能力を発展させる練習のすばらしい手本だ。

同社は毎年二〇〇〇人もの新しい代理人を採用する。彼らの多くは、独立の事業を経営し、定評のある製品群を販売できる機会に魅力を感じて、従来の仕事を辞める。新しく採用されると、ふたつある研修施設のいずれかで、徐々に難易度が高くなる一週間の集中研修プログラムに参加する。まず初めに、参加者は何冊もの雑誌とハサミ、マーカーを渡され、それらを使って、ファーマーズの代理人として五年後に成功しているところを画用紙に表現する。しゃれた家や車を描く人もいれば、子供を大学に送り、老いた両親の世話をしているところを考える人もいる。目的は単純で、思い描く成功に、たとえば年収二五万ドルが必要なら、二五〇〇件の保険契約を獲得しなければならず、そこから逆算して、四年後、三年後、あるいは三カ月後に何をしているべきかというスケジュール表を作るのだ。画用紙のイメージは代理人の目標、スケジュール表はロードマップであり、その後何日、何カ月とかけて学ぶ技術は、目標に到達するためのツールになる。

一週間の研修は、パワーポイントの講義のようなトップダウン型ではなく、「自分が成功するために必要な知識や技術は何か」といったボトムアップ型の学習だ。

営業、市場の仕組み、ビジネス計画、会社価値やブランドの拡大にかかわる主要なトピックを、一連の練習をつうじて学ぶ。ときどきそれぞれのトピックに戻って復習するので、参加者はすでに学んだことを思い出し、新たな広いコンテクストで応用することになる。

たとえば、参加者は到着すると、赤、青、緑のグループに分かれる。赤グループは室内の人たちと「挨拶する」よう指示される。青グループは室内の誰かについて「三つのことを聞き出す」。緑グループは別のひとりの参加者に、「家族」と「以前の仕事」、好きな「娯楽」、いちばん「楽しみなこと」を尋ねる。そのあと受講者が全員集まり、ほかの人について知ったことを共有すると、質問内容が決まっていた緑グループがほかのグループよりはるかに多くのことを聞き出していることがすぐにわかる。

研修が進んだころ、営業に関する質問が出される――見込み客について知る効果的な方法は何か。すると受講者の誰かが、最初の挨拶代わりの練習で大きな成果があったものを思い出すだろう。家族《ファミリー》、仕事《オキュペーション》、娯楽《レクリエーション》、楽しみ《エンジョイメント》を尋ねるのだ。みんなで打ち解けるための手段が、今度は見込み客を知るための手軽なツールとなり、契約獲得につながる（これは各項目の頭文字を取って「FORE」と呼ばれる）。

一週間を通してこの四つの主要な訓練テーマにくり返し触れ、重要な点を強調し、関連する質問にも練習を広げる。あるときにはブレインストーミングをおこなって、どんなマーケティング開発戦略が売上目標に結びつくか意見を出し合う。効果的な営業と市場システムには「5－4－3－2－1」という構造がある。毎月五つの新しいマーケティング活動、四つのクロスマーケティング

〔既存の情報網を活用した顧客の相互紹介〕と顧客維持活動、毎日三つの面会予約、二つの予約実行（見込み客と会う場合、スケジュールの再調整が必要になることが多い）、一顧客から平均二件の保険契約、というものだ。ひと月二二営業日とすると、年間で約五〇〇件の新規契約、その代理人としては五年間で二五〇〇件の成約になる。

　学習法の中心は練習だ。たとえば、見込み客の情報にどう対応するかという練習がある。商品を売るためには、販売方法を知っているだけでなく、商品そのものも熟知していなければならず、それはパワーポイントで商品の特徴の箇条書きを眺めていても身につかない。ひとりが代理人役、もうひとりが顧客の役になって練習し、そのあと交替する。

　そういった練習とあわせて、会社の沿革や企業理念についても学ぶ。たとえばハリケーン・カトリーナの災害からの復興で、ファーマーズの保険がいかに人々の生活に役立ったかということを。

　マーケティングは重要だが、新しい代理店が投入できる資源にはかぎりがある。利益につながる戦略をどう見きわめればいいか、ダイレクトメールのキャンペーンによる利益はどのくらい見込めるか、といった疑問が生じる。それをみんなでじっくりと考え、目安をつける。するとだいたい、ひとりかふたりはダイレクトメールのマーケティングを経験していて、冷静な答えが返ってくる。実際の反応率は、多くの人が期待するような五〇パーセントではなく、一パーセント足らずなのだ。

　見込み客の情報が得られたとき、相手の希望に合う商品をどうやって見つければいいか——便利な「ＦＯＲＥ」に戻るのだ。相手の家族、職業、娯楽、楽しみを尋ねる習慣は、もはやたんに知り合うための手段ではなく、はるかに有効なツールとなる。保険や金融商品が、顧客の資産を守って金銭的な目標達成を助ける、生活上もっとも重要な四つの領域への入口になるのだ。ひとつのテーマから別のテーマに移り、また戻るたびに、理解は深まり、新しい技術が身についていく。

このように、つねに五年先の目標とロードマップを念頭に置いて、中心的なカリキュラムの生成、間隔練習、交互練習をすることで、新しい代理人はファーマーズ・インシュランスの一員としてなすべきことと、その実現方法を学ぶ。

自動車サービス会社　ジフィー・ルーブ

地元の自動車修理工場から訓練の改革など起こりえないと考えていたら、自動車関連サービス企業であるジフィー・ルーブには驚かされるかもしれない。「ジフィー・ルーブ大学」と名づけたウェブベースの総合的な教育講座があって、フランチャイズ店のオーナーが顧客を獲得し、従業員の離職を減らし、提供サービスの幅を広げ、売上を増加させるのを助けているのだ。

ジフィー・ルーブは、アメリカとカナダでオイルやタイヤの交換などの車関連サービスを提供する、二〇〇〇以上のサービスセンターのネットワークだ。シェル石油の子会社だが、販売店はすべて個人のオーナーが運営し、顧客サービスをする従業員も採用している。

どの業界にも言えることだが、即時オイル交換のビジネスも、市場の変化に合わせて技術を進化させなくてはならない。合成潤滑油の登場でオイル交換の頻度は減ったものの、車の構造は複雑になっているので、工場の従業員は高度な訓練を受けて、故障診断コードを理解し、適切なサービスを提供する必要がある。

ジフィー・ルーブの従業員は、熟練したと認定されるまで顧客の車の修理はおこなえない。そのためにまず、ウェブ方式で学ぶ「ジフィー・ルーブ大学」に入る。認定は、特定の仕事に必要なことその手順を、多くのクイズとフィードバックで学ぶ双方向型のｅラーニングから始まる。試験で八〇パーセント以上正解すると、その仕事のＯＪＴを始めることができ、それぞれのサービスの構成要素を順に説明した解説書に沿って、新しい技術を練習する。多ければ三〇項目にものぼる手順を、チームの一員として、呼びかけと応答（たとえば、エンジンの上面で作業をする技術者と、下で作業をする技術者のあいだで）も含めてこなす。監督者が指導しながら、それぞれの手順について成績をつけ、従業員が習熟していることを示すと、監督者の署名の入った認証記録がファイルに保管される。技術者は二年ごとに認証試験を受けて、運用・技術上の変化に適応しながら仕事の基準を満たしていることを示さなければならない。ブレーキの修理やエンジンの診断などの高度なサービス技術も、同じように訓練される。

このｅラーニングや実習訓練は、さまざまな形式のクイズやフィードバック、間隔・交互練習が組みこまれた能動的な学習法だ。進捗はすべて、個人ごとの学習計画が含まれたコンピュータ上の仮想「ダッシュボード」に表示されるので、従業員は自分の成績を確認し、強化すべき技術に注力し、既定の完了スケジュールと比較した自分の状況を把握することができる。ジフィー・ルーブの従業員の多くは、一八歳から二五歳の初めて就職する人たちだ。技術者がある仕事で認定されると、また別の仕事の訓練を始め、最終的には経営も含めた店の仕事のすべてにつうじる。

ジフィー・ルーブ・インターナショナルの学習開発部長、ケン・バーバーに言わせると、訓練内容は従業員の注意力を維持するものでなければならない。われわれが話したとき、バーバーは「店長のある一日」という経営者向けのコンピュータ・シミュレーションゲームの仕上げをしていた。そこでは修理工場の経営者がさまざまな課題に直面し、幅広い選択肢のなかから解決策を選ぶ。経営者の選択でその後のゲームの展開が決まり、フィードバックと、よりよい結果を出すための機会が与えられる。そうして意思決定能力を高めていくのだ。

「ジフィー・ルーブ大学」は開始後六年で訓練のプロから広く称賛され、米国教育協議会からも正式な教育機関として認められた。訓練を通してすべての仕事の認定を受けた従業員は、大学や職業訓練校に進むことができ、七時間分の受講をすませたと見なされる。このプログラムが始まって以降、従業員の離職率は下がり、顧客満足度は上がっている。

「ジフィー・ルーブのフランチャイズで働く従業員のほとんどにとって、これは仕事を始めるための手段です。訓練のカリキュラムは、彼らの成長をうながし、知識を広げるのに役立つ」とバーバーは言う。「成功への道をいっしょに見つけているのです[*12]」

建材メーカー　アンダーセン・ウィンドウズ・アンド・ドアーズ

全米一のシェアを誇る建材メーカー、アンダーセン・ウィンドウズ・アンド・ドアーズでは、改善を重ねる文化が学びの方向を逆転させている――製造にたずさわる作業員が、管理者に工場の効率的な経営方法を教えているのだ。

この話は本章で紹介したほかの事例とふたつの点で異なる。ひとつは職場で学習の文化を作っていること、もうひとつは、学んだことを用いて労働環境を変える権限を従業員に与えていることだ。仕事の問題点を見つけて改善策を提案するよう従業員にうながすことで、同社は本書で説明してきたもっとも強力な学習法のひとつである、問題解決に取り組む姿勢を後押ししている。

ここで注目する部署は「リニューアル・バイ・アンダーセン」で、上げ下げ窓から開き窓、引きちがい窓、大きなはめ殺し窓、従来の形にこだわらない特注製の窓まで、あらゆる種類とサイズの窓の交換をおこなっている。

リニューアル・バイ・アンダーセンの工場は、ミネソタ州コテージ・グローブにあり、上げ下げ窓の生産ラインでは、三六名の作業員が八時間シフトでサッシの製造、窓枠の製造、最終組み立てという三つの作業区画に分かれて働いている。それぞれの区画には四つの作業台があり、そこでの安全、品質、コスト、納品の責任者である班長が指示を出す。反復性ストレス障害を最小限にとどめ、クロストレーニング〔複数の活動を組み合わせた訓練〕の範囲を広げるため、作業員は二時間ごとに作業を交替する。関連はあるが異なるテーマをふたつ以上扱う練習と同じように、頻繁にちがう作業をおこなうことで、班の工程全体が理解でき、想定外のことが起きても幅広く対処する能力が身につく。

当然ながら、すべての作業はそれぞれ手順の記載されたマニュアルに沿っておこなわれる。均一な製品と品質にマニュアルは欠かせない。工場長のリック・ウィンビーンは、マニュアルがなければ四人の作業員が勝手に作って四種類の製品ができてしまうと言う。

新入社員が入ってくると、ウィンビーンの言う「説明－手本－製造－点検」の練習とフィードバックによる指導がある。経験豊富な作業員と組み、実際に仕事をしながらフィードバックを受けて、マニュアルに沿った作業ができるようになる。

作業員はどのように管理者を訓練するのか？　ある作業員が生産性を改善する方法を思いつき、管理者がその案を承認したとする。たとえば、部品が届いたときに作業がはかどり、組み立てが速くなる方法が見つかったら、提案した作業員は新しい基準を設けるために生産ラインを離れる。「すべての社員の意見に価値がある」とウィンビーンは言う。「技術者でも、整備士でも、生産作業員でも変わりはない」[*13]。同様に、目標に到達できない生産ラインがあれば、問題を発見し、工程を見直して解決する方法を求められるのも作業員だ。

指導者としての従業員の役割がもっとも顕著に現れるのは、いわゆる「カイゼン」の業務だ。「カイゼン」は日本語の「改善」に由来する。トヨタ自動車の成功を牽引した概念で、ほかの多くの企業も、継続的な改善の文化を培うために取り入れている。

ウィンビーンは、工場の上げ下げ窓のラインの生産性を大幅に向上させたかったときに、カイゼン計画に取り組むチームを結成した。エンジニア、保守技術者、該当するラインの班長、そして五名の生産作業員からなるチームは、生産ラインの面積を四割減らし、生産を二倍にするというストレッチ目標（小幅な改善ではなく、手法を大きく再構成する必要がある目標）を与えられた。彼らは一週間にわたり、会議室に連日八時間こもって、生産工程の各要素、能力、制約について意見を交わし、よりコンパクトなラインで効率を上げる方法を検討した。そして翌週、ウィンビーンのところへ行って、「これならできると思います」と報告した。

ウィンビーンはそのラインの一二組の作業班のそれぞれに計画を説明し、「これを成功させるには何を変える必要があるか」と尋ねた。作業員と班長は相談し、生産の構成要素を新しい計画に合わせて再設計した。ラインは二回の週末で解体され、ふたつに分かれた。生産が再開され、続く数カ月で改良され、作業員からさらに二〇〇もの改善点が指摘されるプロセス、すなわち、テスト、フィードバック、修正という学習プロセスが生まれた。

その結果、五カ月後に工場はウィンビーンが提示したストレッチ目標を達成し、コストを半分に削減した。転換と徹底した検証のあいだ、生産チームは出荷を遅らせることも、製品の質を落とすこともなかった。工場のあらゆるレベルの従業員から積極的にアイデアを募る「能動参加」の原則は、同社の継続的改善という文化の中心をなす。「能動参加は、互いに信頼し、進んで話し合う経営スタイルだ」とウィンビーンは言う。生産作業員は働きながら作業方法の改善を学び、会社は従業員からの提案を聞き、彼らが改善に参加する環境を作っている。

学習の文化は、従業員に、学ばなければならないという責任感と、仕組みを変える権限を与える。発生する問題は「失敗」ではなく「情報」だ。問題の解決（生成）と他者への指導（精緻化）による学習は、従業員一人ひとりと、彼らが働く生産ラインが業績を絶えず改善するための原動力になる。

漢方治療院　インナー・ゲート・アキュパンクチャー

正しい学習と指導がおこなわれると、生涯の進路が決まることもある。三〇代の夫で二児の父であるエリック・アイザックマンは、漢方医として鍼《はり》治療やマッサージ、薬草療法による治療をおこなっている。この章の最後に、彼の駆け出しのころの転機になった、オレゴン州ポートランドにあるインナー・ゲート・アキュパンクチャーの話をしよう。効果的な治療には成功したが、経営に苦労していたクリニックのエピソードだ。

エリックとビジネスパートナーのオリバー・レオネッティは、漢方医学の修士号を取得したのち、二〇〇五年に漢方治療院のインナー・ゲートを開業して、伝手《つて》やマーケティングの工夫によって患者を増やしていった。ポートランドは代替治療のクリニックが仕事をしやすい土地柄だ。ビジネスが成長するにつれて、費用もかさんだ。エリックたちはより広い物件を借り、予約などの運用を手がける助手を雇い、三人目の医師を招き入れ、事務員もひとり採用した。「毎年三五パーセントから五〇パーセント成長していた」と彼はわれわれのインタビューで振り返った。「成長が大きすぎて、欠けているものが見えなかった。費用を管理するシステムも、明確な目標も、経営階層もなかった。ビジネスのやり方がまるでわかっていないのはすぐに明らかになった」[*14]

たまたま彼の患者のひとりがビジネス講師キャシー・メイクスナーで、彼女は助力を申し出た。「管理不在の成長は怖い。まえに飛び出すのはいいけれど、そのあともがくことになる」。エリックとオリバーに次々と質問をしたメイクスナーは、経営システムがないに等しいという彼らの考えにさっそく注目した。三人はこまめにコーチングのセッションをおこない、エリックとオリバーは、運営マニュアル、職務記述書、財務目標、医師の成績評価方法など、欠けていた経営基盤を整えていった。

すべてのビジネスはふたりの主人に仕えている——顧客と、収益だ。「うちの医師は施術以上のことを学ぶ必要がある」とエリックは過去の経験を思い出して言った。「初診で患者さんと新しい関係を築く方法や、保険の適用範囲を理解してもらう方法も学ばなきゃならない。患者さんを満足させることが最重要課題だけれど、経費を払うには収益がないとね」

メイクスナーはコーチングに生成、省察、精緻化、リハーサルを取り入れ、配慮の足りない部分を見つけたり、エリックらの理解を深めたりする質問を投げかけた。医師たちは、有能な経営者になって従業員に権限を与えるための行動やツールを学んだ。

彼らは来院患者数や、通院をやめた患者の数、紹介元などの基本情報を把握するシステムを開発した。保険会社から受け取る医療費が一ドルあたり三〇セントだったのを、適切な金額までどう増やすかを学んだ。初診患者に対する一定の手順（テンプレート）を用意した。医師と従業員で会話のロールプレーイングもおこなった。

クリニックの立て直しの主眼は、エリックが同僚に対して有能なコーチ、教師になることだった。「直感で仕事をするのをやめたんだ」とエリックは言う。たとえば、初診時の新しい手順は、症状を理解し、有効と思われる治療法を決め、それを患者にわかりやすく説明し、診療報酬と保険の適用について話し合い、治療計画を提案するのに役立つ。

「医師は次のようなロールプレーをする。まず自分が患者役で相手が医師役だ。互いに質問や反対意見を出し、返答する練習や、患者とクリニックの双方に有益な結論を出す練習をする。そして今度は役割を入れ替える。ロールプレーの様子を録音して、相手が患者にどう答えたか、自分の返答はどうだったかというふうに、ちがいを確かめる」

要するに、シミュレーション、生成、テスト、フィードバック、練習によって学んでいる。

本書の執筆時点で、開業八年目のインナー・ゲートには四人の医師と一〇人の管理スタッフがいる。五人目の医師も加わるところで、共同経営者たちは二番目のクリニックを開業する場所を探している。エリックとオリバーは学ぶことにも教えることにも力を注ぎ、その情熱を堅実な事業に変えて、ポートランドでもトップクラスの漢方治療クリニックを運営するようになった。

本書では一貫して「教育」より「学習」に重点を置いて説明した。学ぶ責任はそれぞれの個人にあり、教育（訓練）の責任は社会制度にある。教育にはむずかしい問題が多々ある。たとえば、正しいことを教えているか。充分早い時期から子供を教育しているか。教育の結果をどう評価すべきか。若者たちは目先の大学の単位のために自分の将来を犠牲にするようなことをしていないか。

これらは喫緊の問題であり、本腰を入れて取り組む必要がある。しかし、それと並行して、本書で紹介したきわめて効率のいい学習法は、いままさに何かを学んでいる人や、教師、組織の指導者がすぐに取り入れられるものだ。費用はかからず、構造改革の必要もなく、その効果は本物で、長続きする。ぜひ試していただきたい。

謝辞

本書の執筆はまさに共同事業だった。著者一同は足かけ三年にわたり、きわめて実り多い方法で協力し、多くの方々や組織に多大な支援と意見をいただいた。

ミズーリ州セントルイスのジェイムズ・S・マクドネル基金からは「教育実務向上のための認知心理学応用」という研究助成金を授与され、主任研究員のヘンリー・ローディガー、マーク・マクダニエルをはじめとする一一人の研究者が、一〇年にわたって、認知科学を教育科学に取り入れる共同研究をおこなうことができた。本書には、マクドネル基金の支援で実施した研究を多数引用している。多くのことを学ばせてくれた残る九名の研究仲間――カリフォルニア大学ロサンジェルス校のロバート・ビョルク、エリザベス・ビヨルク、ケント州立大学のジョン・ダンロスキー、キャサリン・ローソン、ワシントン大学のラリー・ジャコビー、デューク大学のエリザベス・マーシュ、ワシントン大学のキャスリーン・マクダーモット、コロンビア大学のジャネット・メトカルフェ、カリフォルニア大学サンディエゴ校のハル・パシュラー――に感謝したい。アドバイスと支援を与えてくれたマクドネル基金のジョン・ブルーアー理事長とスーザン・フィッツパトリック副理事長には、ジェイムズ・S・マクドネルのご家族と同様、とくに謝意を捧げる。

ローディガーとマクダニエル、キャスリーン・マクダーモットによる学校環境での共同研究に助成金を提供してくれた、教育科学学会（CASL、アメリカ教育省）の「認知と学生の学習プログラム」にも感謝する。イリノイ州のコロンビア中学校、コロンビア高校でわれわれがおこなった研究は、この支援がなければ実現しなかった。CASLのプログラム担当者のエリザベス・アルブロ、キャロル・オドネル、エリン・ヒギンズにも感謝する。また、コロンビアの学校の教師、校長、生徒の皆さん、とくにロジャー・チェンバレン（研究開始時のコロンビア中学校長）と、教室での研究に真っ先に協力してくれたパトリス・ベインには深くお礼申し上げたい。そのほかの教師の皆さん、テレサ・フェーレン、アンドリア・マッツェンバッハー、ミシェル・スパイビー、アミー・コッホ、ケリー・ラングラフ、カーレイ・オットウェル、シンディ・マクマラン、ミッシー・スティーブ、ニール・オドネル、リンダ・マローンも授業での実験を許可してくれた。この研究では、クリスティ・デュプレー、リンゼイ・ブロックマイヤー、バービー・ヒールザー、リサ・クレッシー、マルコ・チャコン、アンナ・ディンドルフ、ラウラ・ダントニオ、ジェシー・ブリック、アリソン・オーベンハウス、ミーガン・マクドニエル、アーロン・セビーという、すばらしい研究助手たちが手伝ってくれた。プージャ・アガーワルは、ワシントン大学の大学院生時代にこの研究を日々細かく管理し、博士号取得後の研究生としても監督し、全般にわたって尽力してくれた。本書の実用的な提案の多くは、この教室での実験の成果である。

サンディエゴのバイオ製薬企業ダート・ニューロサイエンスは、われわれの記憶術の研究に惜しみなく助成金を与えてくれた。ローディガーを主任研究員とし、デイビッド・バロタ、キャスリーン・マクダーモット、メアリー・パイクが参加したこの研究では、数名のメモリー・アスリート〔記憶術の競技者〕にテストをおこなった。本書でエピソードを使わせてもらったジェイムズ・パターソンに謝意を表する。また、そもそも記憶力の達人を研究するという名案を提案してくれたダートの最高科学責任者ティム・タリーの助力は、とりわけありがたく思っている。

助成機関は惜しみなく支援してくれたが、ここでいつもの免責事項を述べておきたい。本書に示された意見は、ジェイムズ・S・マクドネル基金、教育科学学会、アメリカ教育省、ダート・ニューロサイエンスの見解を表すものではない。

ローディガーとマクダニエルは、本書で紹介した研究に協力してくれた多くの学生や博士研究員に、改めて感謝したい。ローディガーとともに本書に関連するプロジェクトにたずさわった大学院生は、プージャ・アガーワル、アンドリュー・バトラー、アンディ・デソト、マイケル・グード、ジェフ・カーピック、アダム・パットナム、ミーガン・スミス、ビクター・スンガセティ、フランクリン・ザロム。博士研究員には、プージャ・アガーワル、ジェイソン・フィンリー、ブリジッド・フィン、リサ・ジェラーチ、キース・ライル、デイビッド・マッケイブ、メアリー・パイク、ヤナ・ワインスタインらがいる。さらに、この研究にたずさわった研究員は、ジェーン・マコーネル、ジーン・オートマン＝ソトマイヤー、ブリタニー・バトラー、ジュリー・グレイ。マーク・マクダニエルから、本書と関連のある研究に取り組んだ教え子たち、エイミー・カレンダー、シンシア・ファドラー、ダン・ハワード、キューエン・ニューエン、マシュー・ロビンズ、キャシー・ワイルドマン、そして研究助手のマイク・カーヒル、メアリー・ダービッシュ、イーイー・リュー、アマンダ・マイヤーに謝意を表する。関連するプロジェクトには、マクダニエルの教え子の博士研究員、ジェリー・リトル、キース・ライル、アナヤ・トマス、ルーサン・トマスも参加した。

本書で重要な概念を説明する際に、学習や記憶に関する体験を共有してくれたさまざまな職業の皆さんにもお世話になった。ジフィー・ループ・インターナショナルのケン・バーバー、ボニー・ブロジェット、ミア・ブランデット、ダーウィン・ブラウン、マット・ブラウン、パトリック・カスティーヨ、ヴィンス・ドゥーリー、マイク・エバーソールド、ナサニエル・フラー、キャサリン・ジョンソン、セイラ・フラナガン、ボブ・フレッチャー、アレックス・フォード、スティーブ・フォード、デイビッド・ガーマン、ジーン・ジヤーメイン、ルーシー・ジェロルド、ブルース・ヘンドリー、マイケル・ホフマン、ピーター・ハワード、カイリー・ハンクラー、テルマ・ハンター、エリック・アイザックマン、カレン・キム、ヤング・ナム・キム、ナンシー・レイジソン、ダグラス・ラーセン、スティーブン・マディガン、キャシー・メイクスナー、マイケル・マシューズ、キャスリーン・マクダーモット、リニューアル・バイ・アンダーセンのマイケル・マクマーチーとリック・ウィンビーン、ジェフ・モスリー、ジェイムズ・パターソンとベラビーズ・カレッジの学生たち（ステファニー・オン、ヴィクトリア・ゲボルコワ、ミシェラ・ソンヒュン・キム）、ビル・サンズ、アンディ・ソーベル、ファーマーズ・インシュランスのアネット・トンプソンとデイブ・ナイストロム、ジョン・ウェーレンバーグ、メアリー・パット・ウェンデロス、マイケル・ヤングに感謝する。「トレーニング」誌のロリー・フライフェルドには、企業研修の第一人者を紹介してもらった。

数人が親切にも本書の初期の草稿や抜粋した章を読んでくれた。エレン・ブラウン、キャスリーン・マクダーモット、ヘンリー・モイヤーズ、トマス・モイヤーズ、スティーブ・ネルソンにお礼を言いたい。科学分野の慣例として、原稿段階で本書の校閲をおこなうために、出版社は五名の科学の専門家を匿名で雇い入れた。あとで名乗り出てくれたボブ・ビョルク、ダン・シャクター、ダン・ウィリンガム、そして名前のわからない残りのふたりにも感謝する。

最後に、本書の編集者のエリザベス・ノル、本書の質を高めてくれたハーバード大学出版のプロのスタッフの見識、指導、献身に謝意を表する。

訳者あとがき

よくある勉強法——教科書やノートにひたすら線を引き、蛍光ペンで強調する。頭に入るまでテキストを何度も読み返す。すらすら読めるようになることが、習得した証拠である。そして、試験前の一夜漬け。

よくある指導法——学習者が答えや技術を憶えこむまで、短期集中で反復練習させる。学ぶ途中で誤ったことを憶えてしまわないように、練習中の誤りはできるだけ減らす。それぞれの学習者の個性にあわせて、できるだけ楽に早く学べるように教え方を設計する。

これらがすべてまちがっているとしたら?

「まちがっている」という言い方は正確ではないかもしれない。たいてい短期的には、こうしたやり方のほうが効果があがる。しかし、学びたい技術や知識が本当に「身につく」かというと、はなはだ疑問だ。そこを、おもに心理学の実験を通して、科学的に解説したのが本書である。

数多くあげられた実例のなかに、こんなものがある。児童たちをふたつのグループに分けて、玉入れを学ばせた。ひとつのグループは、九〇センチ離れたところから何度も籠に投げ入れる練習をした。もうひとつのグループは、六〇センチと一二〇センチ離れたところから練習した。三カ月後、九〇センチ離れたところから玉を入れるテストをしたところ、九〇センチでずっと練習していたグループより、六〇センチと一二〇センチで練習したグループのほうがはるかに成績がよかったのだ。有名な実験らしいが、ここからわかるのは、長期的には、一点集中型の練習より多様な練習のほうが学習効果が高いということだ。

本書の著者は、ワシントン大学セントルイス校の心理学教授であるヘンリー・ローディガーとマーク・マクダニエル、そして著述家・小説家のピーター・ブラウンだ。科学的根拠にもとづいた学習のしかたを提案しながら、読み物としても楽しめる内容になっているのは、三人の共同作業があればこそだ。

筆者たちは、そうして学びに関する「常識」を次々と覆していく。IQは変わるか、脳は鍛えられるか、といった身近な（切実な?）問題にも答えてくれる。そのなかでちょっと勇気づけられるのは、スタンフォード大学心理学教授のキャロル・S・ドゥエックの研究だ。知能は生まれつきのものだと考える人は、失敗を怖れ、避けようとする。失敗するのは能力が生来劣っているからとみなしてしまうからだ。しかし、努力次第で知能は上がると考える人は、失敗をむしろ歓迎していろいろなことに挑戦し、実際に能力を伸ばしていく。学習の「成果」より、後者のような「成長の意識」が重要だというのだ。努力の大切さは、このように心理学の実験でも確認されている。

結局、どうすればいいのか?　筆者たちは、日常的な学習法として、想起練習、交互練習、多様練習、さらに、成績評価のためではなく学習ツールとしてテストを活用することなどを、具体例をあげながら説明していく。

全体の主張をあえてひと言でまとめると、「急がばまわれ」になるのではないか。今日、グローバル企業は人材に「即戦力」や「成果」を求める。そういう考え方がいまや教育や指導の現場にも及んで、すぐに効果のあがる学習法が主流になっているようだ。先の例で言えば、九〇センチからの玉入ればかり練習する状態である。しかし本来、人の教育とは、数日や数カ月で目に見える成果を期待するのではなく、数年、数十年の単位で考えるべきものだろう。本書の重要なアドバイスのひとつである「苦労して学べ」は、短期的な成果に振りまわされず、教育の本来の役割を取り戻そう、それがひいては個人の真の実力になる、という提言にほかならない。

肩肘張らない話題もたくさんある。大量の情報を記憶して必要なときに取り出す「記憶術」の具体的な手法も紹介されていて、非常に興味深い（やり方を示されても、なかなかむずかしそうだが）。大作家のマーク・トウェインが自分の講演で話題の順序を憶えた方法や、わが子たちにイギリス歴代の王とその統治年代を憶えさせた方法も微笑ましく、なるほどと感心させられる。ほかにも、飛行機の操縦技術の学び方、陸軍士官学校の訓練内容、ピアノやバイオリンの曲の習得のしかたなど、いろいろな事例を拾い読みするだけでも楽しいだろう。

本書が薦める「努力を要する学習」は、単純な集中練習とちがって、すぐに好結果が得られるとはかぎらない。しかし、実践は明日からでもできて、本文にあるとおり、努力そのものが人の能力の限界を広げていく。あきらめずに努力すれば、長期的な効用はさまざまな実験結果によって保証されている。

何かを学んでいるかた、学びたいかた、逆に指導したり教えたりする立場のかたに、大いに参考になる内容だと思う。日々の活動に応用していただけるとうれしい。

依田　卓巳

二〇一六年三月

＊26　2013年1月4日、ミズーリ州セントルイスでピーター・ブラウンとヘンリー・ローディガーがおこなったジェイムズ・パターソンのインタビュー。

＊27　2013年4月18日、ミネソタ州セントポールでピーター・ブラウンがおこなったカレン・キムのインタビュー。

8章　学びを定着させる

＊1　2013年5月21日、ピーター・ブラウンがおこなったマイケル・ヤングの電話インタビュー。ヤングに関する引用はすべてこのインタビューから。

＊2　2013年5月20日、ピーター・ブラウンがおこなったスティーブン・マディガンの電話インタビュー。

＊3　2013年4月29日、ミネソタ州ミネアポリスでピーター・ブラウンがおこなったナサニエル・フラーのインタビュー。

＊4　ジョン・マクフィー、"Draft no. 4," *New Yorker*, April 29, 2013, 32-38.

＊5　2013年4月30日、ミネソタ州セントポールでピーター・ブラウンがおこなったテルマ・ハンターのインタビュー。

＊6　2013年5月7日、ワシントン州シアトルでピーター・ブラウンがおこなったメアリー・パット・ウェンデロスのインタビュー。

＊7　生物学入門講座で落第を減らすために高次構造クラスの効果を調べた実証実験は、S. Freeman, D. Haak, & M. P. Wenderoth, Increased course structure improves performance in introductory biology, *CBE Life Sciences Education* 10 (Summer 2011), 175-186、および、S. Freeman, E. O'Connor, J. W. Parks, D. H. Cunningham, D. Haak, C. Dirks, & M. P. Wenderoth, Prescribed active learning increases performance in introductory biology, *CBE Life Sciences Education* 6 (Summer 2007), 132-139.

＊8　2013年5月2日、ピーター・ブラウンがおこなったマイケル・マシューズの電話インタビュー。

＊9　2013年5月21日、ピーター・ブラウンがおこなったカイリー・ハンクラーの電話インタビュー。

＊10　2013年6月20日、サウスカロライナ州フォリービーチでピーター・ブラウンがおこなったキャスリーン・マクダーモットのインタビュー。

＊11　2013年7月18日、ピーター・ブラウンがおこなったキャシー・メイクスナーの電話インタビュー。

＊12　2013年7月1日、ピーター・ブラウンがおこなったケン・バーバーの電話インタビュー。

＊13　2013年7月17日、ピーター・ブラウンがおこなったリチャード・ウィンビーンの電話インタビュー。

＊14　2013年6月2日、ピーター・ブラウンがおこなったエリック・アイザックマンの電話インタビュー。

ガジン」に掲載されたポー・ブロンソンの記事“How not to talk to your kids”から。

＊19　ポール・タフ『成功する子　失敗する子』（英治出版、2013）

＊20　アンダース・エリクソンの計画的な練習に関する研究は、マルコム・グラッドウェル『天才！』（講談社、2009）をはじめとして数多く引用されている。入手可能なエリクソンの研究の入門書として、K. A. Ericsson & P. Ward, Capturing the naturally occurring superior performance of experts in the laboratory: Toward a science of expert and exceptional performance, *Current Directions in Psychological Science* 16 (2007), 346-350.

＊21　古代ギリシャ時代から、イメージを思い浮かべることが学習と記憶の助けになることは認められていたが、心理学者がこのテーマについて実証研究を始めたのは1960年代に入ってからだ。アラン・ペイビオは、管理環境における研究で想像の効果を確認した。ペイビオの初期の研究をまとめた文献として、A. Paivio, *Imagery and Verbal Processes* (New York: Holt, Rinehart, and Winston, 1971).

＊22　1914年12月に「ハーパーズ」誌に掲載されたマーク・トウェイン著“How to Make History Dates Stick”は、次のサイトでも読める。www.twainquotes.com/HistoryDates/HistoryDates.html（2013年10月30日現在）

＊23　記憶術（さらに、心理学者や教育者の記憶術に対する態度）は、何世紀もの歴史のなかで、幾度となく運命の逆転を味わってきた。ギリシャ・ローマ時代から中世にかけては、膨大な情報を憶える必要のある知識階級に重宝がられていた（たとえば、古代ローマの元老院で2時間の演説をおこなうなど）。近年では、機械的学習にしか役に立たないとはねつけられているが、本章で論じたとおり、公平な見方ではない。ジェイムズ・パターソンとその学生たちのように用いれば、記憶術は（古代ギリシャやローマのように）情報を想起するための組織化システムとなりうる。簡単に言えば、記憶術は複雑な情報を理解するには不向きだが、学んだ情報を想起しやすくする点では、きわめて有効な手段になるのだ。ジェイムズ・ワーシーとリード・ハントが共著書で記憶術に関する心理学的研究の歴史をうまく紹介している。*Mnemonology: Mnemonics for the 21st Century* (New York: Psychology Press, 2011).

＊24　ジェイムズ・パターソンは、ヨーロッパや中国、さらにアメリカにも広がりつつある競技の「メモリー・アスリート」だ。ジョシュア・フォアは、ベストセラーとなった著書『ごく平凡な記憶力の私が1年で全米記憶力チャンピオンになれた理由』（エクスナレッジ、2011）で、この新興サブカルチャーについて書いている。シャッフルされたトランプを1枚ずつ上から憶えるのにはどのくらいの時間が必要だろうか。ふつうは相当な時間がかかる。トップクラスのメモリー・アスリートなら2分だ。サイモン・ラインハルトがひと組のトランプを21.9秒で暗記した動画は、www.youtube.com/watch?v=sbinQ6GdOVk（2013年10月30日現在）。これは当時の世界記録だが、ラインハルトはみずからそれを塗りかえた（本書執筆時で21.1秒が世界記録）。彼は練習では20秒台を切っているものの、公式戦ではまだ達成していない（2013年5月8日、ミズーリ州セントルイスでロディ・ローディガーら数名がラインハルトと食事に同席したときの会話から）。

＊25　ミシェラ・ソンヒュン・キムの記憶術を活用した体験談は、2013年2月8日にピーター・ブラウンがジェイムズ・パターソンと個人的にやりとりしたメールから。

＊5　Cromby, T. Newton, and S. J. Williams, Neuroscience and subjectivity, *Subjectivity* 4 (2011), 215-226.

＊6　この研究の入手可能な入門書として、Sandra Blakeslee, "New tools to help patients reclaim damaged senses," *New York Times*, November 23, 2004.

＊7　P. Bach-y-Rita, Tactile sensory substitution studies, *Annals of the New York Academy of Sciences* 1013 (2004), 83-91.

＊8　髄鞘形成に関する研究は、R. D. Fields, White matter matters, *Scientific American* 298 (2008), 42-49, and R. D. Fields, Myelination: An overlooked mechanism of synaptic plasticity?, *Neuroscientist* 11 (December 2005), 528-531. さらにわかりやすい解説に、Daniel Coyle, *The Talent Code* (New York: Bantam, 2009) がある。

＊9　神経細胞新生に関する参考文献として、P. S. Eriksson, E. Perfilieva, T. Björk-Eriksson, A. M. Alborn, C. Nordborg, D. A. Peterson, & F. H. Gage, Neurogenesis in the adult human hippocampus, *Nature Medicine* 4 (1998), 1313-1317、および、P. Taupin, Adult neurogenesis and neuroplasticity, *Restorative Neurology and Neuroscience* 24 (2006), 9-15.

＊10　引用は、Ann B. Barnet & Richard J. Barnet, *The Youngest Minds: Parenting and Genes in the Development of Intellect and Emotion* (New York: Simon and Schuster, 1998), 10.

＊11「フリン効果」はジェイムズ・フリンの名前に由来する。フリンは20世紀の先進国におけるIQ値の上昇傾向をいち早く報告した。J. R. Flynn, Massive IQ gains in 14 nations: What IQ tests really measure, *Psychological Bulletin* 101 (1987), 171-191.

＊12　この部分はおもに、リチャード・ニスベット『頭のでき』（ダイヤモンド社、2010）からの引用。

＊13　引用された研究は、J. Protzko, J. Aronson, & C. Blair, How to make a young child smarter: Evidence from the database of raising intelligence, *Perspectives in Psychological Science* 8 (2013), 25-40.

＊14　引用された研究は、S. M. Jaeggi, M. Buschkuehl, J. Jonides, & W. J. Perrig, Improving fluid intelligence with training on working memory, *Proceedings of the National Academy of Sciences* 105 (2008), 6829-6833.

＊15　ワーキングメモリの訓練結果の再現に失敗したという報告は、T. S. Redick, Z. Shipstead, T. L. Harrison, K. L. Hicks, D. E. Fried, D. Z. Hambrick, M. J. Kane, & R. W. Engle, No evidence of intelligence improvement after working memory training: A randomized, placebo-controlled study, *Journal of Experimental Psychology: General* 142 (2013), 359-379.

＊16「成長の意識」に関するキャロル・ドゥエックの研究は、多くの文献にまとめられている。すぐれた要約として、Marina Krakovsky, "The effort effect," *Stanford Magazine*, March/April 2007. ドゥエックによるふたつの論文は、H. Grant & C. S. Dweck, Clarifying achievement goals and their impact, *Journal of Personality and Social Psychology* 85 (2003), 541-553、および、C. S. Dweck, The perils and promise of praise, *Educational Leadership* 65 (2007), 34-39 を参照。また、ドゥエックの著書に、『「やればできる！」の研究』（草思社、2016）がある。

＊17　ドゥエックに関する引用は、Krakovsky, "Effort effect" から。

＊18　ドゥエックに関する引用はすべて、2007年2月11日の「ニューヨーク・タイムズ・マ

決に焦点を当てた論文として、M. L. Gick & K. J. Holyoak, Schema induction and analogical transfer, *Cognitive Psychology* 15 (1983), 1-38. 学習者はある問題を解く例をひとつだけ学ぶか、2種類の問題を比較して解法の共通要素を見つけるよう指示された。すると、ふたつの問題を比較した学習者のほうが、ひとつだけ学んだ学習者より、一般的な解法を抽出し、新しい問題にうまく当てはめて解くことができた。

＊15　規則学習者と先例学習者に関する参考文献として、M. A. McDaniel, M. J. Cahill, M. Robbins, & C. Wiener, Individual differences in learning and transfer: Stable tendencies for learning exemplars versus abstracting rules, *Journal of Experimental Psychology: General* 143 (2014). 実験室の学習課題を用いたこの新しい研究では、特定の例を憶え、概念の説明に使われる例と関連づけて概念を学びやすい人（事例学習者）がいる一方、概念の説明に使われる例に反映された根本的な抽象概念に焦点を当てる人（抽象学習者）もいることが明らかになった。さらに、個人の概念学習の傾向は、まったくちがう概念的学習の実験でも変わらなかった。つまり、広範な概念学習において、事例学習か抽象学習かという個人の傾向はかなり安定しているということだ。興味深いことに、最初の結果として、大学の化学入門講座で抽象学習者が事例学習者より高い成績を収めた。

7章　能力を伸ばす

＊1　ウォルター・ミシェルによる、子供への褒美を遅らせる古典的な実験は、W. Mischel, Y. Shoda, & M. L. Rodriguez, Delay of gratification in children, *Science* 244 (1989), 933-938 でわかりやすく説明している。心理学専攻でない一般読者向けの入門書として、Jonah Lehrer, "Don't! The secret of self-control," *New Yorker*, May 18, 2009, 26-32. 2011年の改訂版は、W. Mischel & O. Ayduk, Willpower in a cognitive-affective processing system: The dynamics of delay of gratification, in K. D. Vohs & R. F. Baumeister (eds.), *Handbook of Self-Regulation: Research, Theory, and Applications* (2nd ed., pp. 83-105) (New York: Guilford, 2011).

＊2　カーソンに関する記述は、歴史学者ボブ・グレアムの運営するウェブサイトに転載されている。祖先はカリフォルニアに初めて移住したアメリカ人で、www.longcamp.com/kit_bio.html（2013年10月30日現在）に引用された記事は、1847年夏に「ワシントン・ユニオン」紙に掲載され、1847年7月3日の"*Supplement to the Connecticut Courant*" に再掲された。Hampton Sides, *Blood and Thunder* (New York: Anchor Books, 2006), 125-126 はこの旅に関してフレモントがカーソンに与えた指示について説明している。

＊3　脳の可塑性に関する研究は、J. T. Bruer, Neural connections: Some you use, some you lose, *Phi Delta Kappan* 81, 4 (1999), 264-277. ゴールドマン＝ラキックに関する引用はすべて、ブルーアーの論文で引用されたゴールドマン＝ラキックのアメリカ教育委員会での発言から。脳損傷の治療に重点を置いた、脳の可塑性に関するその後の研究として、D. G. Stein & S. W. Hoffman, Concepts of CNS plasticity in the context of brain damage and repair, *Journal of Head Trauma Rehabilitation* 18 (2003), 317-341.

＊4　H. T. Chugani, M. E. Phelps, & J. C. Mazziotta, Positron emission tomography study of human brain function development, *Annals of Neurology* 22 (1987), 487-497.

した。彼らが熟知しているふだんのコンテクスト（ココナッツを売ることなど。ただし、実験でのロールプレー）や、ちがうコンテクスト（バナナを売ることなど）のなかの文章問題、あるいは、コンテクストなしの形式的な計算問題といった、さまざまなコンテクストで類似のかけ算の問題を解かせ、成績を比較した。子供たちはふだんのコンテクストで出された問題はほぼ100パーセント正解したが、ちがうコンテクストでは正答率が下がり、形式的な問題として出題されるとわずか3分の1しか正解できなかった。重要なのは、ふだんのコンテクストの問題を解くときには具体的な分類法を用いて解いていたのに、形式的な問題を出されると、学校で教わったよく理解していない解き方で解こうとした点だ。子供たちが独自に発達させた数学の解法は、学問的なテストで有効に働かなかった。

＊11　競馬の予想屋に関する研究として、S. J. Ceci & J. K. Liker, A day at the races: A study of IQ, expertise, and cognitive complexity, *Journal of Experimental Psychology: General* 115 (1986), 255-266. この研究は、繋駕競走の熟練した予想屋と、経験の浅い予想屋をグループに分けておこなった。熟練グループと経験不足グループのIQは同程度だったが、熟練者は実際のレース結果でも、実験環境のレースでも、はるかに高い成績を残した。熟練者の成功は、きわめて複雑な比較考量と、馬やレースのコンディションにかかわる情報の組み合わせによると考えられる。

＊12　ダイナミック・テストの概念について、ロバート・スタンバーグとエレナ・グリゴレンコが次の資料で論じている。*Dynamic Testing: The Nature and Measurement of Learning Potential* (Cambridge: Cambridge University Press, 2002).

＊13「構造構築」の基礎研究は、M. A. Gernsbacher, K. R. Varner, & M. E. Faust, Investigating differences in general comprehension skills, *Journal of Experimental Psychology: Learning, Memory, and Cognition* 16 (1990), 430-445から始まった。この論文は、いくつかの巧みな実験結果を示して、構造構築論——理解力のすぐれた学習者は、多数の出典からの物語を（読んでも、聞いても、絵で見ても）整理し、まとめることができるが、理解力の乏しい学習者は物語を断片的なかたちでしかまとめられない——の発展に寄与した。さらに、構造構築力の低い学習者は見当ちがいの情報に惑わされやすいことも示唆している。彼らが不効率で断片的なまとめしかできない理由のひとつだろう。関連するもうひとつの論文が、A. A. Callender & M. A. McDaniel, The benefits of embedded question adjuncts for low and high structure builders, *Journal of Educational Psychology* 99 (2007), 339-348. ここでは、構築力の低い学習者が、標準的な学校の教材（教科書の各章）から構築力の高い学習者ほど多くを学べないことが示された。ただ、構築力の低い学習者も、重要な概念に注目しやすいように章のなかに質問を組み入れる（さらに質問に答えさせる）と、構築力の高い学習者と同じレベルまで学べるようになった。

＊14　概念の学習に関する議論は、ふたつの研究を参考にしている。T. Pachur, & H. Olsson, Type of learning task impacts performance and strategy selection in decision making, *Cognitive Psychology* 65 (2012), 207-240. 概念的な学習の典型的な研究方法は、1度にひとつの例を取り上げ、学習者がそれと似たものの分類を学ぶ（たとえば、一連の症例を見せられ、どのような病気か診断する）。この実験ではそこを変更して、同時にふたつの例（ふたつの症例）を提示し、学習者にふたつのうちどちらが特定の分類に入りそうか判断させた。比較によって、事例を暗記することより、根本的な規則を抽出して分類することに注意が向いた。同様のテーマだが問題解

だは自我を抑え、地位についたときに埋め合わせればいい」。ベーコンのエッセイ“*Of Great Place*”から。

＊2　2012年8月27日、ミネソタ州セントポールでピーター・ブラウンがおこなったブルース・ヘンドリーのインタビュー。ヘンドリーに関する引用はすべてこのインタビューから。

＊3　Betsy Morris, Lisa Munoz, and Patricia Neering, “Overcoming dyslexia,” *Fortune*, May, 2002, 54-70.

＊4　Annie Murphy Paul, “The upside of dyslexia,” *New York Times*, February 4, 2012. ガイガーとレトビンの研究はG. Geiger & J. Y. Lettvin, Developmental dyslexia: A different perceptual strategy and how to learn a new strategy for reading, *Saggi: Child Development and Disabilities* 26 (2000), 73-89.

＊5　調査結果は、F. Coffield, D. Moseley, E. Hall, Learning styles and pedagogy in post-16 learning, a systematic and critical review, 2004, Learning and Skills Research Centre, London. 学生の引用（「本を読んだり、人の話を聞いたりしても無駄ですね」）は同資料の137ページから。「相互に対立矛盾する主張」の引用は、Michael Reynolds, Learning styles: a critique, *Management Learning*, June 1997, vol. 28 no. 2, p. 116.

＊6　学習法に関する資料の多くは、H. Pashler, M. A. McDaniel, D. Rohrer, & R. A. Bjork, Learning styles: A critical review of concepts and evidence, *Psychological Science in the Public Interest* 9 (2009), 105-119から採用した。この論文は、指導法が学び方に合っていない場合と比べて、合っている場合には学習効果が向上するのかという実証研究の結果を検討している。ふたつの重要な発見は、(1) 管理実験の完璧な基準を満たした研究はごく少ない、(2) 発表された数例の実験では、指導法を学び方に合わせても成果は改善されないことが一貫して示されている。ひとつの重要な結論として、この課題にはさらに実験が必要だが、現時点では、共通して有効な学び方はほとんど確認されていない。

＊7　知能に関する古典的見解ですぐれているのは、Earl Hunt, *Human intelligence* (Cambridge: Cambridge University Press, 2010).

＊8　ハワード・ガードナーの理論は著書“*Multiple Intelligences: New Horizons*” (New York: Basic Books, 2006) などでくわしく説明されている。

＊9　ロバート・スタンバーグ、エレナ・グリゴレンコらの研究結果は複数の出典から。この理論に関するわかりやすい説明は、R. J. Sternberg, Grigorenko, E. L., & Zhang, L., Styles of learning and thinking in instruction and assessment, *Perspectives on Psychological Science* (2008) 486-506. スタンバーグ、グリゴレンコらの別の興味深い研究では、分析、創造性、実技のいずれかで（ほかのふたつと比較して）より高い能力を示した大学生を選別し、分析的指導、創造的指導、実技的指導に焦点を当てたクラスに振り分けた。すると、強みの能力に合った指導を受けた学生のほうが、強みと合わない指導を受けた学生より一定の成績評価で好結果を出す傾向が見られた。参照：R. J. Sternberg, E. L. Grigorenko, M. Ferrari, & P. Clinkenbeard, A triarchic analysis of an aptitude-treatment interaction, *European Journal of Psychological Assessment* 15 (1999), 1-11.

＊10　ブラジルの児童に関する研究は、T. N. Carraher, D. W. Carraher, & A. D. Schliemann, Mathematics in the streets and in the schools, *British Journal of Developmental Psychology* 3 (1985), 21-29. この興味深い研究は、ブラジルの通りや市場で働く非常に貧しい家庭の5人の子供に注目

よび、W. Hirst, E. A. Phelps, R. L. Buckner, A. Cue, D.E. Gabrieli & M.K. Johnson Long-term memory for the terrorist attack of September 11: Flashbulb memories, event memories and the factors that influence their retention, *Journal of Experimental Psychology: General* 138 (2009), 161-176.

*15 エリック・メイザーの教材は、ユーチューブの講義動画 "Confessions of a converted lecturer" から。引用元：www.youtube.com/watch?v=WwslBPj8GgI（2013年10月23日現在）

*16 叩いたリズムの曲名を推測する際の「知識の呪い」の研究は、L. Newton, Overconfidence in the communication of intent: Heard and unheard melodies (Ph.D. diss., Stanford University, 1990).

*17「ダニング＝クルーガー効果」の出典は、Justin Kruger & David Dunning, Unskilled and unaware of it: How difficulties in recognizing one's own incompetence lead to inflated self-assessments, *Journal of Personality and Social Psychology* 77 (1999), 1121-1134. この論文にもとづいて、後続の研究や論文が多数生まれている。参照：D. Dunning, *Self-Insight: Roadblocks and Detours on the Path to Knowing Thyself* (New York: Psychology Press, 2005).

*18 学生主導の学習に関するエピソードとして、Susan Dominus, "Play-Dough? Calculus? At the Manhattan Free School, Anything Goes," *New York Times*, October 4, 2010、および、Asha Anchan, "The DIY Approach to Education," *Minneapolis StarTribune*, July 8, 2012.

*19 学生が長期的な学習に必要な時間よりも早めにフラッシュカードを抜き取ることを示した研究は、N. Kornell & R. A. Bjork, Optimizing self-regulated study: The benefits — and costs — of dropping flashcards, *Memory* 16 (2008), 125-136、および、J. D. Karpicke, Metacognitive control and strategy selection: Deciding to practice retrieval during learning, *Journal of Experimental Psychology: General* 138 (2009), 469-486.

*20 エリック・メイザーは著書 "*Peer Instruction: A User's Manual*" (Upper Saddle River, NJ: Prentice-Hall, 1997) で自身の指導法を紹介している。また、注15のユーチューブの講義 "Confessions of a converted lecturer" で指導法を実演している。引用元：http://www.youtube.com/watch?v=WwslBPj8GgI（2013年10月23日現在）

*21 ダニングに関する引用は、2010年6月24日付の「ニューヨーク・タイムズ」紙のエロール・モリスのコラム "The anosognosic's dilemma: Something's wrong but you'll never know what it is (pt. 5)" から。

*22 2011年12月13日、ミネソタ州ミネアポリスでピーター・ブラウンがおこなったキャサリン・ジョンソンのインタビュー。

*23 この章では、さまざまな錯覚や、流暢性にもとづくバイアス、後知恵バイアスなどを避けて、学習を管理する方法に多くのページを割いた。これらのテーマに関する知識を増やしたい読者に役立つ、自己管理学習のすぐれた論文として、R. A. Bjork, J. Dunlosky, & N. Kornell, Self-regulated learning: Beliefs, techniques, and illusions, *Annual Review of Psychology* 64 (2013), 417-444.

6章「学び方」を越える

*1 フランシス・ベーコン（1561年−1626年）はイギリスの哲学者、政治家。該当箇所をすべて引用すると、「高みへとのぼる階段は曲がりくねっている。党派があるなら、のぼるあい

＊4　2010年6月24日、「ニューヨーク・タイムズ」紙のエロール・モリスのコラム、The anosognosic's dilemma: Something's wrong but you'll never know what it is (pt. 5) から。

＊5　L. L. Jacoby, R. A. Bjork, & C. M. Kelley, Illusions of comprehension, competence, and remembering, in D. Druckman & R. A. Bjork (eds.), *Learning, remembering, believing: Enhancing human performance* (pp. 57-80) (Washington, DC: National Academy Press, 1994).

＊6　キャロル・ハリス／ヘレン・ケラーに関する研究は、R. A. Sulin & D. J. Dooling, Intrusion of a thematic idea in retention of prose, *Journal of Experimental Psychology* 103 (1974), 255-262. 記憶の錯覚の概要は、H. L. Roediger & K. B. McDermott, Distortions of memory, in F. I.M. Craik & E. Tulving (eds.), *The Oxford Handbook of Memory* (pp. 149-164) (Oxford: Oxford University Press, 2000).

＊7　イマジネーション膨張は、人生初期の記憶に関する研究と実験室実験の両方で確認されている。それぞれの文献をひとつずつあげると、Garry, C. G. Manning, E. F. Loftus, & S. J. Sherman, Imagination inflation: Imagining a childhood event inflates confidence that it occurred, *Psychonomic Bulletin & Review* 3 (1996), 208-214、および、L. M. Goff & H. L. Roediger, Imagination inflation for action events: Repeated imaginings lead to illusory recollections, *Memory & Cognition* 26 (1998), 20-33.

＊8　誘導尋問に関する実験は、E. F. Loftus & J. C. Palmer, Reconstruction of automobile destruction: An example of the interaction between language and memory, *Journal of Verbal Learning and Verbal Behavior* 13 (1974), 585-589.

＊9　催眠術が記憶に与える危険性に関する論文の一例として、P. A. Register & J. F. Kihlstrom, Hypnosis and interrogative suggestibility, *Personality and Individual Differences* 9 (1988), 549-558. 法的環境での記憶の問題についてまとめたものに、H. L. Roediger & D. A. Gallo, Processes affecting accuracy and distortion in memory: An overview, in M. L. Eisen, G. S. Goodman, & J. A. Quas (eds.), *Memory and Suggestibility in the Forensic Interview* (pp. 3-28) (Mahwah, NJ: Erlbaum, 2002).

＊10　ドナルド・M・トムソンに関するエピソードはB. Bower, Gone but not forgotten: Scientists uncover pervasive unconscious influences on memory, *Science News* 138, 20 (1990), 312-314.

＊11「知識の呪い」、「後知恵バイアス」などのテーマについては、Jacoby, Bjork, & Kelley, Illusions of comprehension, competence, and rememberingのほか、多数の論文がある。比較的新しい流暢性の効果に関する論考は、D. M. Oppenheimer, The secret life of fluency, *Trends in Cognitive Science* 12 (2008), 237-241.

＊12「記憶の社会的感染」：H. L. Roediger, M. L. Meade, & E. Bergman, Social contagion of memory, *Psychonomic Bulletin & Review* 8 (2001), 365-371.

＊13「偽の合意効果」に関するふたつの重要な論考が、T. L. Ross, The false consensus effect: An egocentric bias in social perception and attribution processes, *Journal of Experimental Social Psychology* 13 (1977), 279-301、および、G. Marks, N. Miller, Ten years of research on the false-consensus effect: An empirical and theoretical review, *Psychological Bulletin* 102 (1987), 72-90.

＊14　9・11に関するフラッシュバルブ記憶については、J. M. Talarico & D. C. Rubin, Confidence, not consistency, characterizes flashbulb memories, *Psychological Science* 14 (2003), 455-461、お

527.

＊17　学校の児童にアナグラムを解かせたフランスの研究は、F. Autin & J. C. Croziet, Improving working memory efficiency by reframing metacognitive interpretation of task difficulty, *Journal of Experimental Psychology: General* 141 (2012), 610-618.「まちがい祭」に関しては、Lizzy Davis, "Paris Stages 'Festival of Errors' to Teach French Schoolchildren How to Think," 引用元：http://www.guardian.co.uk/world/2010/jul/21/france-paris-festival-of-errors（2013年10月22日現在）

＊18　2013年3月10日、ピーター・ブラウンがミネソタ州セントポールのボニー・ブロジェットにおこなった電話インタビュー。ブロジェットに関する引用はすべてこのインタビューから。

＊19　ビョルク夫妻の引用は、E. L. Bjork & R. A. Bjork, Making things hard on yourself, but in a good way: Creating desirable difficulties to enhance learning, in M. A. Gernsbacher, R. W. Pew, L. M. Hough, and J. R. Pomerantz (eds.), *Psychology and the real world: Essays illustrating fundamental contributions to society* (pp. 56-64) (New York: Worth, 2009).

5章　知っていると錯覚しない

＊1　自分が何を知っているか、自分の能力をどう評価するかを把握する「メタ認知」分野は、心理学で急速に研究が進んでいる。メタ認知に関する一般参考文献としてすぐれているのが、John Dunlosky and Janet Metcalfe, *Metacognition* (Los Angeles: Sage, 2009). ダニエル・カーネマン『ファスト＆スロー』（早川書房、2014）も、脳が陥りやすい多くの錯覚について考察している。さまざまな錯覚に関する初期の議論については、Thomas Gilovich, *How We Know What Isn't So: The Fallibility of Human Reason in Everyday Life* (New York: Free Press, 1991). より短い論考は、H. L. Roediger, III, & A. C. Butler, Paradoxes of remembering and knowing, in N. Kapur, A. Pascual-Leone, & V. Ramachandran (eds.), *The Paradoxical Brain* (pp. 151-176) (Cambridge: Cambridge University Press, 2011).

＊2　2011年12月12日、ミネソタ州ミネアポリスでピーター・ブラウンがおこなったデイビッド・ガーマンのインタビュー。ガーマンに関する引用はすべてこのインタビューから。

＊3　チャイナエアラインの事故の調査報告は、National Transportation Safety Board, "Aircraft Accident report-China Airlines Boeing 747- SP N4522V, 300 Nautical Miles Northwest of San Francisco, California, February 19, 1985," March 29, 1986. 引用元：http://www.rvs. uni-bielefeld.de/publications/Incidents/DOCS/ComAndRep/ChinaAir/AAR8603.html（2013年10月24日現在）

カーナハン知事の事故に関する国家運輸安全委員会の調査報告は、D. A. Lombardo, 'Spatial disorientation' caused Carnahan crash," Aviation International News, AINonline, July 2002. 引用元：http://www.ainonline.com/aviation-news/aviation-international-news/2008-04-16/spatial-disorientation-caused-carnahan-crash（2013年10月24日現在）

ジョン・F・ケネディ・ジュニアの事故に関する国家運輸安全委員会の調査報告は、N. Sigelman, "NTSB says spatial disorientation caused Cape Air crash," Martha's Vineyard Times, mntimes.com. 引用元：http://www.mvtimes.com/ntsb-says-spatial-disorientation-caused-cape-air-crash-960/（2013年10月24日現在）

mental contributions to society (pp. 56-64) (New York: Worth, 2009).

＊11　「再統合」という用語には、心理学と神経科学で複数のちがった意味がある。中核となる意味は、もとの記憶をよみがえらせ、（想起練習によって）ふたたび統合することを指す。だが、もとの記憶がよみがえったときに新しい情報が加わると、再統合でもとの記憶が変わる可能性がある。再統合は神経生物学者、認知心理学者の両方が研究してきた。この分野の文献への導入となるのが、D. Schiller, M. H. Monfils, C. M. Raio, D. C. Johnson, J. E. LeDoux, & E. A. Phelps, Preventing the return of fear in humans using reconsolidation update mechanisms, *Nature* 463 (2010), 49-53、および、B. Finn & H. L. Roediger, Enhancing retention through reconsolidation: Negative emotional arousal following retrieval enhances later recall, *Psychological Science* 22 (2011), 781-786.

＊12　交互練習に関する研究は、M. S. Birnbaum, N. Kornell, E. L. Bjork, & R. A. Bjork, Why interleaving enhances inductive learning: The roles of discrimination and retrieval, *Memory & Cognition* 41 (2013), 392-402.

＊13　文字が欠けたり、変わったフォントを使ったりした文章は、読むのがむずかしいので速度は落ちるが、読者の記憶に残りやすいことを、複数の研究が証明している。参照：M. A. McDaniel, G. O. Einstein, P. K. Dunay, & R. Cobb, Encoding difficulty and memory: Toward a unifying theory, *Journal of Memory and Language* 25 (1986), 645-656、および、C. Diemand-Yauman, D. Oppenheimer, & E. B. Vaughn, Fortune favors the bold (and the italicized): Effects of disfluency on educational outcomes, *Cognition* 118 (2010), 111-115. 講義が教科書の章と一致している場合と一致していない場合を調べた研究は、S. M. Mannes & W. Kintsch, Knowledge organization and text organization, *Cognition and Instruction* 4 (1987), 91-115.

＊14　生成に記憶の定着を高める効果があるという研究には、L. L. Jacoby, On interpreting the effects of repetition: Solving a problem versus remembering a solution, *Journal of Verbal Learning and Verbal Behavior* 17 (1978), 649-667、および、N. J. Slamecka & P. Graf, The generation effect: Delineation of a phenomenon, *Journal of Experimental Psychology: Human Learning and Memory* 4 (1978), 592-604 などがある。最近の研究でも、学習前の生成が成果を高めることが示されている。参照：L. E. Richland, N. Kornell, & L. S. Kao, The pretesting effect: Do unsuccessful retrieval attempts enhance learning? *Journal of Experimental Psychology: Applied* 15 (2009), 243-257.

＊15　書いて学ぶ研究に関する引用は、K. J. Gingerich, J. M. Bugg, S. R. Doe, C. A. Rowland, T. L. Richards, S. A. Tompkins, & M. A. McDaniel, Active processing via write-to-learn assignments: Learning and retention benefits in introductory psychology, *Teaching of Psychology* (in press).

＊16　B・F・スキナーは学校での学習のみならず、アメリカ社会のほかのトピックに関しても、影響力のある興味深い考えを数多く示した。スキナーの主著『科学と人間行動』（二瓶社、2003）の原語版は、B・F・スキナー財団のウェブサイトから無料でダウンロードできる。B. F. Skinner, Teaching machines, *Science* 128 (1958), 969-977 も参照。「誤りなし学習」は、記憶障害者の教育には重要と思われるが、たいていの教育現場では、（フィードバックで修正されるかぎり）誤りは学習を妨げず、むしろ助ける。例として、B. J. Huelser & J. Metcalfe, Making related errors facilitates learning, but learners do not know it, *Memory & Cognition* 40 (2012), 514-

(vol. 2, pp. 35-67) (Hillsdale, NJ: Erlbaum, 1992). この概念は直感に反している。なぜ課題がむずかしいほど学習と記憶の維持に効果があるのだろう。本章の残りのページでこの謎を解き明かし、なぜそうなるのかを説明する。

*3 心理学者は、学習・記憶のプロセスを、符号化（情報の取得）、蓄積（情報の長期保存）、想起（情報の後利用）の3段階に分ける。ある出来事をいつでも思い出せるなら、この3段階が正常に機能している。忘却（あるいは、誤った記憶の形成、つまり偽の「記憶」を事実と思いこんで想起すること）はどの段階でも起こりうる。

*4 統合に関する古典的な論文は、J. L. McGaugh, Memory — a century of consolidation, *Science* 287 (2000), 248-251. 比較的新しく、分量の多い論考に、Y. Dudai, The neurobiology of consolidations, or, how stable is the engram?, *Annual Review of Psychology* 55 (2004), 51-86. 眠って夢を見ることが記憶の統合を助けることを実証した証拠は、E. J. Wamsley, M. Tucker, J. D. Payne, J. A. Benavides, & R. Stickgold, Dreaming of a learning task is associated with enhanced sleep-dependent memory consolidation, *Current Biology* 20 (2010), 850-855.

*5 エンデル・タルヴィングは、思い出すという行為が、蓄積された情報（記憶痕跡）と、それを呼び起こす環境のなかの手がかりとの成果物であることを指摘し、想起の手がかりの重要性を強調した。手がかりが強力であればあるほど、痕跡が薄くても思い出せる。参照：E. Tulving, Cue dependent forgetting, *American Scientist* 62 (1974), 74-82.

*6 ロバート・ビョルクは、もとの出来事をある程度忘れると、同じ出来事を2度目に見たときに学ぶことが増えると強調した。たとえば、間隔をあけて思い出すと、その出来事の記憶が強化される（間隔効果）。その他の例は、N. C. Soderstrom & R. A. Bjork, Learning versus performance, in D. S. Dunn (ed.), Oxford Bibliographies in Psychology (New York: Oxford University Press, in press).

*7 心理学では、昔学んだことが新しい学習の妨げになることを「負の転移」と言う。古い情報を忘れることが新しい情報の学習にどう役立つかは、R. A. Bjork, On the symbiosis of remembering, forgetting, and learning, in A. S. Benjamin (ed.), *Successful Remembering and Successful Forgetting: A Festschrift in Honor of Robert A. Bjork* (pp. 1-22) (New York: Psychology Press, 2010).

*8 まだ記憶に残っている情報が積極的に思い出せないという状況は、記憶の重要な問題だと強調されてきた（タルヴィングの言う「手がかりに依存する忘却」）。蓄積された情報は「有効」、想起できる情報は「利用可能」である。本章で説明した、そのままでは思い出せないが選択肢を示されると簡単に見分けられる昔の住所は、「有効」な記憶が強力な想起の手がかりによって意識に浮かび上がり、「利用可能」になる一例だ。識別テストのほうがたいてい想起テストより強力な手がかりとなる。

*9 野球選手の打撃練習に関する研究は、K. G. Hall, D. A. Domingues, & R. Cavazos, Contextual interference effects with skilled baseball players, *Perceptual and Motor Skills* 78 (1994), 835-841.

*10「リロード」は、あとで概念や技術を再構築することを指すビョルク夫妻の用語。この概念に関して入手可能なすぐれた文献は、E. L. Bjork & R. A. Bjork, Making things hard on yourself, but in a good way: Creating desirable difficulties to enhance learning, in M. A. Gernsbacher, R. W. Pew, L. M. Hough, & J. R. Pomerantz (eds.), *Psychology and the real world: Essays illustrating funda-*

vantageous when it promotes discriminative contrast, *Applied Cognitive Psychology* 26 (2012), 97-103. 作品を混ぜ合わせることで、作家ごとの特徴が見分けやすくなることがわかった（これを「識別的差異」という）。

＊8　事例の識別能力の向上が概念の学習に役立つことを証明した研究として、L. L. Jacoby, C. N. Wahlheim, & J. H. Coane, Test-enhanced learning of natural concepts: effects on recognition memory, classification, and metacognition, *Journal of Experimental Psychology: Learning, Memory, and Cognition* 36 (2010), 1441-1442.

＊9　2011年12月23日、ミズーリ州セントルイスでピーター・ブラウンがおこなったダグラス・ラーセンのインタビュー。ラーセンに関する引用はすべてこのインタビューから。

＊10　ダグラス・ラーセンによる研究は、D. P. Larsen, A. C. Butler, & H. L. Roediger, Repeated testing improves long-term retention relative to repeated study: a randomized controlled trial. *Medical Education* 43 (2009), 1174-1181、および、D. P. Larsen, A. C. Butler, A. L. Lawson, & H. L. Roediger, The importance of seeing the patient: Test-enhanced learning with standardized patients and written tests improves clinical application of knowledge, *Advances in Health Science Education* 18 (2012), 1-17、および、D. P. Larsen, A. C. Butler, & H. L. Roediger, Comparative effects of test-enhanced learning and self-explanation on longterm retention, *Medical Education* 47, 7 (2013), 674-682.

＊11　2012年2月18日、ジョージア州アセンズでピーター・ブラウンがおこなったヴィンス・ドゥーリーのインタビュー。ドゥーリーに関する引用はすべてこのインタビューから。

＊12　学習に関心のある心理学者は、瞬間的な成果と、根本的な学習（後日なんらかの介入によって思い出すもの）を長く区別してきた。簡単な例として、誰かに第5代アメリカ大統領はジェイムズ・モンローだと教えられたとしよう。その日いっぱい、あるいはその後1週間なら、第5代大統領は誰かと訊かれても答えることができる。聞いたばかりだからだ（つまり、瞬間的な力、あるいは心理学者のロバート、エリザベス・ビョルク夫妻の言う「想起力」による）。だが、1年後に第5代大統領を尋ねられたときには、習慣的な力、あるいはビョルク夫妻の言う「蓄積力」が試される。参照：R. A. Bjork & E. L. Bjork, A new theory of disuse and an old theory of stimulus fluctuation, in A. F. Healy, S. M. Kosslyn, & R. M. Shiffrin (eds.), From *learning processes to cognitive processes: Essays in honor of William K. Estes* (vol. 2, pp. 35-67) (Hillsdale, NJ: Erlbaum, 1992) を参照。近年の議論について、N. C. Soderstrom & R. A. Bjork, Learning versus performance, in D. S. Dunn (ed.), Oxford Bibliographies online: Psychology (New York: Oxford University Press, 2013) doi 10. 1093/obo/9780199828340-0081.

4章　むずかしさを歓迎する

＊1　ミア・ブランデットに関する引用はすべて、2013年2月9日および3月2日に、ピーター・ブラウンがテキサス州オースティンから、日本のキャンプ富士にいたブランデットにおこなった電話インタビューにもとづく。

＊2「学習における望ましい困難」という表現が最初に使われた論文は、R. A. Bjork & E. L. Bjork, A new theory of disuse and an old theory of stimulus fluctuation, in A. F. Healy, S. M. Kosslyn, & R. M. Shiffrin (eds.), *From learning processes to cognitive processes: Essays in honor of William K. Estes*

て紹介する。

3章 練習を組み合わせる

＊1 玉入れの調査報告書は、R. Kerr & B. Booth, Specific and varied practice of motor skill, *Perceptual and Motor Skills* 46 (1978), 395-401.

＊2 多数の管理された環境でさまざまな教材、訓練法を用いた実験がおこなわれ、学習と記憶維持という点から見て、集中練習（同じことをひたすらくり返す、好んで採用される学習法）が間隔・交互練習に劣っていることがはっきりと証明された。間隔練習が記憶に与える影響についての文献を調査した論文は、N. J. Cepeda, H. Pashler, E. Vul, J. T. Wixted, & D. Rohrer, Distributed practice in verbal recall tasks: A review and quantitative synthesis, *Psychological Bulletin* 132 (2006), 354-380.

＊3 外科手術に関する研究は、C-A. E. Moulton, A. Dubrowski, H. Mac-Rae, B. Graham, E. Grober, & R. Reznick, Teaching surgical skills: What kind of practice makes perfect?, *Annals of Surgery* 244 (2006), 400-409. この研究では、外科研修医を通常の外科処置の1日集中講座か、間隔をあけながら数週間で4つの短い指導をおこなう試験的な講座に無作為に振り分けた。その結果、間隔をあけた指導のほうが記憶の維持と外科技術の応用に効果を発揮することがわかり、その医学校では、特定の外科手術の技術をひとつの集中講座に詰めこむ従来の指導法が見直された。

＊4 数学の問題を交互に練習するメリットを証明した研究として、D. Rohrer & K. Taylor, The shuffling of mathematics problems improves learning, *Instructional Science* 35 (2007), 481-498. 数学の教科書の標準的な練習は、問題の種類ごとにまとまっている。この実験室実験では、新しい問題が種類ごとに出される従来の練習法より、ちがう種類の問題を混ぜ合わせて出す練習法（交互練習）のほうが学年末試験の成績がよくなることが確認された。

＊5 練習法によって運動記憶の統合にちがいが現れた調査として、S. S. Kantak, K. J. Sullivan, B. E. Fisher, B. J. Knowlton, & C. J. Winstein, Neural substrates of motor memory consolidation depend on practice structure, Nature Neuroscience 13 (2010), 923-925.

＊6 アナグラムの研究は、M. K. Goode, L. Geraci, & H. L. Roediger, Superiority of variable to repeated practice in transfer on anagram solution, *Psychonomic Bulletin & Review* 15 (2008), 662-666. 被験者はひとまとまりの単語のアナグラムを解く課題を与えられた。あるグループでは、練習するたびに、対象となる特定の単語に同じアナグラムが使われた（集中練習）が、もう一方のグループでは、対象となる特定の単語ごとに、ちがうアナグラムが使われた（多様練習）。最後の課題で出題されたのは、同じアナグラムでくり返し練習したグループが取り組んだものだったにもかかわらず、驚いたことに多様練習をしていたグループのほうがすぐれた成績を収めた。

＊7 画家の作風の学習に関する研究は、N. Kornell & R. A. Bjork, Learning concepts and categories: Is spacing the "enemy of induction"?, *Psychological Science* 19 (2008), 585-592. これらの実験では、大学生はあまり有名ではない多数の画家の作風を学んだが、画家ごとに作品を学んだときより、交互に作品を学んだときのほうが、それぞれの作風をよく学習した。だが不思議なことに、客観的な学習結果とは裏腹に、ほとんどの学生は集中学習のほうがよく学べたと主張した。もうひとつの有用な研究は、S. H. K. Kang & H. Pashler, Learning painting styles: Spacing is ad-

Cognitive Psychology 22 (2008), 861-876.

＊14　テストの種類を比較した研究は、S. H. Kang, K. B. Mc-Dermott, H. L. Roediger, Test format and corrective feedback modify the effect of testing on long-term retention. *European Journal of Cognitive Psychology* 19 (2007), 528-558、および、M. A. McDaniel, J. L. Anderson, M. H. Derbish, & N. Morrisette, Testing the testing effect in the classroom. *European Journal of Cognitive Psychology* 19 (2007), 494-513. これらの実験は、ひとつは研究所で、もうひとつは大学の講義で並行しておこなわれ、フィードバックつきの短答式テストのほうが、フィードバックつきの識別テストより最終テストで好結果を出すことがわかった。つまり、選択式の問題より、短文で答える問題のように想起する努力が必要なものほどテスト効果が強化される。しかし、いくつかの研究では、選択式のテストでもとくにくり返しおこなえば、短答式テストと同じくらい有効であることが示されている。参照：K. B. McDermott, P. K. Agarwal, L. D'Antonio, H. L. Roediger, & M. A. McDaniel, Both multiple-choice and short-answer quizzes enhance later exam performance in middle and high school classes, *Journal of Experimental Psychology: Applied* (in press).

＊15　学生の勉強法としてのテストの活用を研究したのは、J. D. Karpicke, A. C. Butler, & H. L. Roediger, III, Metacognitive strategies in student learning: Do students practice retrieval when they study on their own?, *Memory* 17 (2009), 471-479、および、N. Kornell & R. A. Bjork, The promise and perils of self regulated study, *Psychonomic Bulletin & Review* 14 (2007), 219-224. これらは、大学生の勉強法として想起練習を使った結果を報告している。

＊16　テストを受けることで、たとえ情報を正確に思い出せなかったとしても、新しい教材からの学習は強化される。参照：K. M. Arnold & K. B. McDermott, Test-potentiated learning: Distinguishing between the direct and indirect effects of tests, *Journal of Experimental Psychology: Learning, Memory and Cognition* 39 (2013), 940-945.

＊17　ローステークス・テストを頻繁に実施した研究に、F. C. Leeming, The exam-a-day procedure improves performance in psychology classes, *Teaching of Psychology* 29 (2002), 210-212がある。著者によると、毎回授業の初めに短いテストをおこなうと、学期中に4回しかテストのない場合と比べて学生の出席率が上がり、学習したという実感も増した。クイズをおこなった範囲とおこなわなかった範囲では、学年末テストの成績にも差が出て、学生の実感が正しかったことがわかった。教室で実施されたもうひとつの興味深い研究として、K. B. Lyle & N. A. Crawford, Retrieving essential material at the end of lectures improves performance on statistics exams, *Teaching of Psychology* 38 (2011), 94-97.

想起練習とテスト効果に関するふたつの追跡調査：H. L. Roediger & J. D. Karpicke, The power of testing memory: Basic research and implications for educational practice, *Perspectives on Psychological Science* 1 (2006), 181-210. この論文は、ほとんど100年にわたって実験室と教室でおこなわれた研究を包括的に追跡調査し、テストが強力な学習ツールになることを確認した。想起練習の直接的な効用に加えて、頻繁なテストの多くの効用を確かめた最近の追跡調査は、H. L. Roediger, M. A. Smith, & A. L. Putnam, Ten benefits of testing and their applications to educational practice, in J. Mestre & B. H. Ross (eds.), *Psychology of Learning and Motivation* (San Diego: Elsevier Academic Press, 2012). 本章では、テストを用いた学習法の数多くの潜在的なメリットをまとめ

iel, & K. Mc-Dermott, Test-enhanced learning in the classroom: Long-term improvements from quizzing, *Journal of Experimental Psychology: Applied* 17 (2011), 382-395, and M. A. McDaniel, P. K. Agarwal, B. J. Huelser, K. B. McDermott, & H. L. Roediger, Test-enhanced learning in a middle school science classroom: The effects of quiz frequency and placement, *Journal of Educational Psychology* 103 (2011), 399-414. この姉妹論文は、中学校の社会と科学の試験成績にクイズが与える効果を、管理された環境で初めて確認した調査の報告だ。この結果によって、クイズをしないか、単元・学期末・学年末試験の範囲をたんに復習する場合と比べて、クイズを実施すると成績が改善されることが実証された。また場合によっては、適切なときに1度復習クイズをするだけでも、くり返しクイズを実施したのと同じくらい、試験で効果が発揮されることもわかった。このプロジェクトに最初にかかわった主任研究員、教師、校長による興味深い論文として、P. K. Agarwal, P. M. Bain, & R. W. Chamberlain, The value of applied research: Retrieval practice improves classroom learning and recommendations from a teacher, a principal, and a scientist. *Educational Psychology Review* 24 (2012), 437-448.

＊9　2011年10月27日、イリノイ州コロンビア中学校でピーター・ブラウンがおこなったロジャー・チェンバレンのインタビュー。チェンバレンに関する引用はすべてこのインタビューから。

＊10　2011年12月22日、ミズーリ州セントルイスでピーター・ブラウンがおこなったアンドリュー・ソーベルのインタビュー。ソーベルに関する引用はすべてこのインタビューから。

＊11　この実験は、H. L. Roediger & J. D. Karpicke, Test-enhanced learning: Taking memory tests improves long-term retention, *Psychological Science* 17 (2006), 249-255. 勉強した文章を再読するより想起練習するほうが、2日後、1週間後により多く思い出せることを示した。単語リストを使って同様の結果を確認した先行研究として、C. P. Thompson, S. K. Wenger, & C. A. Bartling, How recall facilitates subsequent recall: A reappraisal. *Journal of Experimental Psychology: Human Learning and Memory* 4 (1978), 210-221. この実験で、集中学習と想起練習を比べたところ、直後のテストでは前者がすぐれていたが、のちのテストでは後者が勝った。

＊12　フィードバックの効果に関する研究は多数あり、そのひとつが、A. C. Butler & H. L. Roediger, Feedback enhances the positive effects and reduces the negative effects of multiple-choice testing. *Memory & Cognition* 36 (2008), 604-616. この実験では、フィードバックのみでもテスト効果を強化するが、フィードバックを少し遅らせるとさらに有益であることが示された。また、フィードバックは選択式テストの結果にポジティブな影響を与え、ネガティブな影響を減らすこともわかった。運動技術に関する古典的な文献として、A. W. Salmoni, R. A. Schmidt, and C. B. Walter, Knowledge of results and motor learning: A review and critical reappraisal. *Psychological Bulletin* 95 (1984), 355-386. ここで著者たちは、運動学習へのフィードバック効果に関して、次のような仮説を示した。フィードバックをいつもすぐに返していると、直後に成果は見られても、長期的な学習にはマイナスになりうる。練習中の記憶維持には役立つが、のちのテストでは忘れてしまうからだ。

＊13　文章を見ながら答えるテストの研究は、P. K. Agarwal, J. D. Karpicke, S. H. K. Kang, H. L. Roediger, & K. B. McDermott, Examining the testing effect with open-and closed-book tests, *Applied*

*12　R. J. Sternberg, E. L. Grigorenko, & L. Zhang, Styles of learning and thinking matter in instruction and assessment, *Perspectives on Psychological Science* 3 (2008), 486-506.

*13　コロンビア中学校でのプロジェクトに関する報告は、M. A. McDaniel, P. K. Agarwal, B. J. Huelser, K. B. McDermott, & H. L. Roediger (2011). Test-enhanced learning in a middle school science classroom: The effects of quiz frequency and placement. *Journal of Educational Psychology*, 103, 399-414.

*14　学習ツールとしてのテストの概念は2章でくわしく紹介する。本章（および、ほかの認知心理学の教育への応用例）に関する一般的な参考書として、M. A. McDaniel & A. A. Callender, Cognition, memory, and education, in H. L. Roediger, *Cognitive Psychology of Memory*, vol. 2 of *Learning and Memory: A Comprehensive Reference* (Oxford: Elsevier, 2008), pp. 819-844.

2章　学ぶために思い出す

*1　2011年12月31日、ミネソタ州ワバシャでピーター・ブラウンがマイク・エバーソールドにおこなったインタビュー。エバーソールドに関する引用はすべてこのインタビューから。

*2　忘却曲線に関する初期の研究結果は、1885年にヘルマン・エビングハウスにより出版され、1913年に英訳版 "*On Memory*" が出版された。最新版は、H. Ebbinghaus, *Memory: A contribution to experimental psychology* (New York: Dover, 1964). エビングハウスはよく、記憶に関する科学研究の「父」と呼ばれる。

*3　アリストテレス、ベーコンの引用元：H. L. Roediger & J. D. Karpicke, The power of testing memory: Basic research and implications for educational practice, *Perspectives on Psychological Science* 1 (2006), 181-210.

*4　Benedict Carey, "Forget what you know about good study habits," *New York Times*, September 7, 2010. ここで引用された研究は、H. L. Roediger & J. D. Karpicke, Test-enhanced learning: Taking memory tests improves longterm retention, *Psychological Science* 17 (2006), 249-255.

*5　A. I. Gates, Recitation as a factor in memorizing, *Archives of Psychology* 6 (1917) and H. F. Spitzer, Studies in retention, *Journal of Educational Psychology* 30 (1939), 641-656. 小中学校の生徒を対象としたこのふたつの大規模な研究によって、テストを受けるか教科書を暗唱すると記憶が長持ちすることが初めて実証された。

*6　テストのくり返しと勉強のくり返しを比較した研究は、E. Tulving, The effects of presentation and recall of material in free-recall learning, *Journal of Verbal Learning and Verbal Behavior* 6 (1967), 175-184. テストを受けることで忘れる量が減るという研究は、M. A. Wheeler & H. L. Roediger, Disparate effects of repeated testing: Reconciling Ballard's (1913) and Bartlett's (1932) results, *Psychological Science* 3 (1992), 240-245.

*7　生成の効果を明らかにした実験として、L. L. Jacoby, On interpreting the effects of repetition: Solving a problem versus remembering a solution, *Journal of Verbal Learning and Verbal Behavior* 17 (1978), 649-667. この実験室での研究により、対象情報の生成は、極端にむずかしいものでなくても、たんなる復習と比べて記憶を長く維持する効果があることがわかった。

*8　コロンビア中学校での調査をまとめた2論文：H. L. Roediger, P. K. Agarwal, M. A. McDan-

注

1章　学びは誤解されている

＊1　「メンタルモデル」という用語は本来、配電網や自動車のエンジンを理解するときのような複雑な概念化を表すために考案された。本書では、それを運動技術（運動スキーマとも言う）に当てはめている。

＊2　学生の勉強法に関するデータは、J.D. Karpicke, A.C. Butler, H.L. Roedigerによる調査、Metacognitive strategies in student learning: Do students practice retrieval when they study on their own?, *Memory* 17 (2010), 471-479.

＊3　2011年3月28日、ミネソタ州ヘイスティングスでピーター・ブラウンがおこなったマット・ブラウンのインタビュー。マット・ブラウンに関する引用はすべてこのインタビューから。

＊4　アドバイスの引用元：http://caps.gmu.edu/educationalprograms/pamphlets/StudyStrategies.pdf（2013年11月1日現在）

＊5　アドバイスの引用元：http://www.dartmouth.edu/~acskills/docs/study_actively.doc（2013年11月1日現在）

＊6　ニュースペーパーズ・イン・エデュケーションが配信する「セントルイス・ポストディスパッチ」紙の勉強のアドバイス。http://nieonline.com/includes/hottopics/Testing%20Testing%20123.pdfの“Testing 1, 2, 3! How to Study and Take Tests,” p14（2013年11月2日現在）

＊7　くり返し目にするだけでは、ペニー硬貨の細部のデザインや建物内の消火器の設置場所は記憶できないことを示した研究として、R. S. Nickerson & M. J. Adams, Long term memory of a common object, *Cognitive Psychology* 11 (1979), 287-307, A. D. Castel, M. Vendetti, & K. J. Holyoak, Inattentional blindness and the location of fire extinguishers, *Attention, Perception and Performance* 74 (2012), 1391-1396.

＊8　タルヴィングによる実験結果の報告として、E. Tulving, Subjective organization and the effects of repetition in multi-trial free recall learning, *Journal of Verbal Learning and Verbal Behavior* 5 (1966), 193-197.

＊9　再読が記憶の保持にあまり役立たないことを示した実験は、A. A. Callender & M. A. McDaniel, The limited benefits of rereading educational texts, *Contemporary Educational Psychology* 34 (2009), 30-41.

＊10　学生が勉強法として再読を好むという調査は、Karpicke et al., Metacognitive strategies. 次のデータも参照した。J. McCabe, Metacognitive awareness of learning strategies in undergraduates, *Memory & Cognition* 39 (2010), 462-476.

＊11　知っているという錯覚は本書全体のテーマである。一般的な参考書として、トーマス・ギロビッチ『人間この信じやすきもの』（新曜社、1993）

書籍

ブルックス、デイビッド『人生の科学――「無意識」があなたの一生を決める』(夏目大訳、早川書房、2012)

Coyle, D. *The Talent Code: Greatness Isn't Born. It's Grown. Here's How*. New York: Bantam Dell, 2009.

ドイジ、ノーマン『脳は奇跡を起こす』(竹迫仁子訳、講談社インターナショナル、2008)

デュヒッグ、チャールズ『習慣の力 *The Power of Habit*』(渡会圭子訳、講談社、2013)

ダンロスキー、ジョン+メトカルフェ、ジャネット『メタ認知　基礎と応用』(湯川良三他訳、北大路書房、2010)

Dunning, D. *Self-Insight: Roadblocks and Detours on the Path to Knowing Thyself* (Essays in Social Psychology). New York: Psychology Press, 2005.

ドゥエック、キャロル・S『「やればできる!」の研究――能力を開花させるマインドセットの力』(今西康子訳、草思社、2016)

フォア、ジョシュア『ごく平凡な記憶力の私が1年で全米記憶力チャンピオンになれた理由』(梶浦真美訳、エクスナレッジ、2011)

ギロビッチ、トーマス『人間この信じやすきもの――迷信・誤信はどうして生まれるか』(守一雄他訳、新曜社、1993)

グラッドウェル、マルコム『第1感――「最初の2秒」の「なんとなく」が正しい』(沢田博他訳、光文社、2016)

同『天才!　成功する人々の法則』(勝間和代訳、講談社、2009)

Healy, A. F. & Bourne, L. E., Jr. (Eds.). *Training Cognition: Optimizing Efficiency, Durability, and Generalizability*. New York: Psychology Press, 2012.

カーネマン、ダニエル『ファスト&スロー――あなたの意思はどのように決まるか?』(村井章子訳、早川書房、2014)

Mayer, R. E. *Applying the Science of Learning*. Upper Saddle River, NJ: Pearson, 2010.

ニスベット、リチャード・E『頭のでき――決めるのは遺伝か、環境か』(水谷淳訳、ダイヤモンド社、2010)

Sternberg, R. J., & Grigorenko, E. L. *Dynamic Testing: The Nature and Measurement* of *Learning Potential*. Cambridge: University of Cambridge, 2002.

タフ、ポール『成功する子　失敗する子――何が「その後の人生」を決めるのか』(高山真由美訳、英治出版、2013)

Willingham, D. T. *When Can You Trust the Experts: How to Tell Good Science from Bad in Education*. San Francisco: Jossey-Bass, 2012.

Worthen, J. B., & Hunt, R. R. *Mnemonology: Mnemonics for the 21st Century* (Essays in Cognitive Psychology). New York: Psychology Press, 2011.

推薦文献

以下は、本書で紹介した原則の基礎の説明と、さらにくわしい解説を与えてくれる参考文献である。これらは氷山の一角にすぎず、同じ手法に取り組んだ科学論文は数多く存在する。注には、読者がさらに深く掘り下げて学べるように、本文で参照した研究と引用を記載した。ここでは詳細には踏みこまず、豊富な情報を適度に紹介するよう心がけた。

学術論文

Crouch, C. H., Fagen, A. P., Callan, J. P., & Mazur, E. (2004). Classroom demonstrations: Learning tools or entertainment? *American Journal of Physics*, 72, 835-838. 教室での学習が広がるように、「生成」を興味深い手法で取り入れている。

Dunlosky, J., Rawson, K. A., Marsh, E. J., Nathan, M. J., & Willingham, D. T. (2013). Improving students' learning with effective learning techniques: Promising directions from cognitive and educational psychology. *Psychological Science in the Public Interest* 14, 4-58. 実験室と教育現場の両方で教育成果を改善する練習であることが判明した手法と、うまくいかなかった手法を紹介している。それぞれの手法を支持する（またはしない）研究文献に関する綿密な考察もおこなう。

McDaniel, M. A. (2012). Put the SPRINT in knowledge training: Training with SPacing, Retrieval, and INTerleaving. In A. F. Healy & L. E. Bourne Jr. (eds.), *Training Cognition: Optimizing Efficiency, Durability, and Generalizability* (pp. 267-286). New York: Psychology Press. この章では、ビジネスから医療まで常時教育がおこなわれている多くの訓練現場で、数日間の「集中講座」に訓練が詰めこまれやすいことを指摘している。間隔練習や交互練習のほうが学習や記憶の維持に効果的だという根拠がまとめられ、それらを訓練に取り入れる方法がいくつか紹介されている。

McDaniel, M. A., & Donnelly, C. M. (1996). Learning with analogy and elaborative interrogation. *Journal of Educational Psychology* 88, 508-519. この実験では、イメージの視覚化や自己クイズのような、教材の学習に役立つ精緻化の方法が試されている。この一覧のほかの文献より専門的な内容。

Richland, L. E., Linn, M. C., & Bjork, R. A. (2007). Instruction. In F. Durso, R. Nickerson, S. Dumais, S. Lewandowsky, & T. Perfect (eds.), *Handbook of Applied Cognition* (2nd ed., pp. 553-583). Chichester: Wiley. 生成を含めて、「望ましい困難」をどのように教育現場に導入すべきか、いくつかの事例を紹介している。

Roediger, H. L., Smith, M. A., & Putnam, A. L. (2011). Ten benefits of testing and their applications to educational practice. In B. H. Ross (ed.), *Psychology of Learning and Motivation*. San Diego: Elsevier Academic Press. 学習法としての想起練習にともなう数多くのメリットをまとめている。

【ま行】

【や行】

【ら行】

【わ行】

【な行】

【は行】

【た行】

【さ行】

索引

[著者]

ピーター・ブラウン(Peter C. Brown)

1959年生まれ。ノンフィクション作家・小説家。著書に *Jumping the Job Track, The Fugitive Wife* などがある。

ヘンリー・ローディガー(Henry L. Roediger III)

1947年生まれ。ワシントン大学心理学部教授。イェール大学にて心理学博士号取得。認知心理学と教育現場をつなぐことをめざし、学習と記憶の専門家として200本以上の研究論文を発表。想起練習がいかに記憶を強化するか、なぜ人は誤った記憶を構築するのか、特別な記憶能力を持つ人の記憶術などがおもな研究テーマ。

マーク・マクダニエル(Mark A. McDaniel)

1952年生まれ。コロラド大学にて心理学博士号取得。ワシントン大学心理学部教授。同大学「認知・学習・教育・統合研究センター(CIRCLE)」所長。学習と記憶を専門とし、展望的記憶、認知的加齢、認知心理学の教育への応用がおもな研究テーマ。共著書に *Memory Fitness: A Guide for Successful Aging, Prospective Memory: Cognitive, Neuroscience, Developmental, and Applied Perspectives* などがある。

[訳者]

依田卓巳(よだ・たくみ)

1962年生まれ。翻訳家。東京大学法学部卒。訳書にマゾワー『国際協調の先駆者たち』、ウェイド『宗教を生みだす本能』、ランガム『火の賜物』、レイサム『ワーク・モティベーション』(以上、NTT出版)、ボーゲルスタイン『アップルvs.グーグル』(新潮社)ほか多数。

使える脳の鍛え方——成功する学習の科学

2016年4月21日　初版第1刷発行
2016年5月30日　初版第3刷発行

著　者　ピーター・ブラウン＋ヘンリー・ローディガー＋マーク・マクダニエル
訳　者　依田卓巳

発行者　長谷部敏治

発行所　NTT出版株式会社
〒141-8654 東京都品川区上大崎3-1-1 JR東急目黒ビル
営業担当　TEL 03(5434)1010　FAX 03(5434)1008
編集担当　TEL 03(5434)1001
http://www.nttpub.co.jp/

装　幀　松田行正

印刷・製本　中央精版印刷株式会社

ISBN 978-4-7571-6066-8　C0037